한국인프리미어리거영웅전

한국인
프리미어리거
영웅전

초판 1쇄 펴낸 날 2012. 2. 24

지은이　　홍재민 · 조한복
발행인　　홍정우

편집인　　이민영
디자인　　문인순
마케팅　　김성규, 한대혁
발행처　　브레인스토어
등록　　　2007년 11월 30일(제313-2007-000238호)
주소　　　(121-841)서울시 마포구 서교동 465-11 동진빌딩 3층
전화　　　(02)3275-2915~7
팩스　　　(02)3275-2918
이메일　　brainstore@chol.com
홈페이지　www.grbs.co.kr

ⓒ 브레인스토어 · 홍재민 · 조한복, 2012
ISBN 978-89-94194-26-4(13690)

값은 뒤표지에 있습니다.
잘못 만들어진 책은 구입하신 서점에서 바꾸어 드립니다.

박지성이 열고 이청용이 잇다

한국인 프리미어리거 영웅전

홍재민·조한복 지음

브레인스토어

2006/2007시즌 이영표를 취재하기 위해 토트넘 홋스퍼의 홈경기장 화이트 하트 레인에 갔다. 현장에 가보니 경기 취재 신청자가 너무 많아서 한국의 일부 취재진이 기자석이 아닌 실내 기자실에서 TV로 경기를 봐야 했다. 프리미어리그 현장에서 그리 드문 일이 아니라 그러려니 싶던 순간 벽에 붙어있는 기자석 배치도를 보고 발끈하고 말았다. 일본의 한 통신사가 떡 하니 기자석에 배정되어있는 게 아닌가. 지나가는 구단의 언론 담당자를 불러 세우고 "한국 선수가 있는 토트넘이 한국보다 일본 언론사에게 취재 우선순위를 주는 건 무슨 처사냐?"라며 따졌다. 담당자는 난처한 표정을 지으며 "뭔가 착오가 있었던 것 같다. 앞으로 절대 이런 일 없도록 하겠다"라며 즉석에서 사과했다. 그 일이 있는 후로는 화이트 하트 레인에서 한국 취재진이 일본 언론에 밀리는 일은 일어나지 않았다.

영국_{잉글랜드}에는 외국인이 정말 많다. 런던을 방문하는 외국인이 한 해에만 무려 3천만 명이 넘는다. 런던 시내에서는 표준 영어를 듣기가 힘들 정도다. 그곳의 프로축구리그 잉글리시 프리미어리그에서도 상황은 마찬가지다. 이젠 외국인 선수가 더 많다. 프리미어리그 현장에 가보면 선수, 코치, 감독, 취재진 할 것 없이 외국인 천지다. 그러나 그렇게 많은 외국인들 중에서 아시아 출신은 거의 없다. 취재진에는 일본, 중국, 태국 등의 언론사를 볼 수 있지만 이들 모두 구경꾼에 지나지 않는다. 마땅한 취재 대상이 없는 탓이다. 유일무이하게 그라운드 안과 밖에서 '할 일'이 있는 아시아 사람들이 바로 한국인이다. 경기장 안에서 박지성과 이영표, 설기현, 이청용 등의 선수들이 뛴다. 기자석과 기자실에는 그들을 열심히 쫓아다니면서 취재하는 한국 언론사 인력들이 있다. 아무리 인지도와 경제력에서 앞서는 일본 언론사라고 해도 프리미어리그 현장에서는 국적 선수를 취재하는 한국 언론사보다 우선순위가 높을 수 없다. 윌리엄 왕자의 결혼식 현장 취재에서는 모르겠지만 최소한 프리미어리그에서는 한국 선수를 취재하는 한국 미디어가 가장 높은 우선순위를 차지한다.

그라운드 안에서도 한국인 선수에 대한 평가는 매우 높다. 슈퍼스타들이 워낙 많이 모인 리그인 탓에 영국 현지에서의 대중적 인기 면에서는 다소 뒤처질 수 있지만 영국 축구계 안에서만큼은 한국 축구가 더 이상 주변인이 아니다. 물론 처음부터 그렇진 않았다. 박지성과 이영표가 영국 무대에 처음 섰던 2005년 당시만 해도 프리미어리그 바닥에서 한국이란 존재는 정말 미미했다. 난생 처음 보는 한국인 선수들을 영국인 팬들은 기대감보다는 신기함으로 쳐다봤다. 어느 날 갑자기 기자실에 나타나기 시작한 한국 취재진을 향한 영국 현지 기자들의 눈빛도 별반 다르지 않았다. '어쩌다 운 좋게 프리미어리그까지 온 친구들'이라는 편견이 심했다. 한국이라는 특정 국가에 대한 경시가 아니라 여전히 축구의 변방으로 남아있는 아시아에 대한 축구적 우월의식 탓이었을 것이다. 게다가 2001년 아스널에 입단했던 일본의 이나모토 준이치가 남긴 '나쁜 예'가 그런 편견을 부추겼다. 매 경기 수많은 일본 취재진을 몰고 다녔던 이나모토는 아스널 공식전 2경기라는 초라한 기록만 남긴 채 1년 만에 팀을 옮겨야 했다. 풀럼에서는 나쁘지 않은 활약을 펼쳤지만 아스널에서의 실패가 각인한 강한 이미지를 쇄신하기엔 역부족이었다.

그런 곳에서 박지성과 이영표가 데뷔 시즌부터 성공을 거두자 다들 '기대 이상의 활약'이라며 흥미로워했다. 그러나 그걸로 그치지 않았다. 다음 시즌이 되자 챔피언십 스타 출신인 설기현이 승격팀 레딩으로 이적해 개막전부터 '맨 오브 더 매치'에 뽑히는 맹활약을 펼쳤다. 그 해 겨울에는 아시아 축구에선 적수가 없는 이동국이 한국인 선수로는 처음으로 K리그에서 프리미어리그로 직행했다. 그 뒤로 김두현, 조원희가 명맥을 이었고, 2009년에는 한국 축구의 미래로 손꼽히는 이청용이 볼턴으로, 기성용이 스코틀랜드 최고 명문 셀틱으로 날아들었다. 2011년에도 어김없이 한국은 두 명의 프리미어리거를 배출했다. 약관의 공격수 지동원이 선덜랜드로, 대한민국 대표 공격수 박주영이 아스널의 유니폼을 입었다.

일본 축구가 갔다가 뜨거운 맛만 보고 돌아왔고, 인구 13억 명의 중국에서도 맨체스터 시티에서 잠시 뛰었던 순지하이 외에는 모조리 실패했던 프리미어리그에서 유독 한국인 선수들만 끈질긴 생명력을 선보이며 예외와 모범을 만들고 있다. 세계 최고라고 하는 프리미어리그에서 이제 한국인 선수는 더 이상 어쩌다 기회를 얻게 된 행운아가 아니다. 그들은 전세계 205개국 TV중계라는 지상 최고 인기 스포츠 콘텐츠인 프리미어리그를 채우고 있는 당당한 구성원이다. 프리미어리그에는 이제 한국이 있다. 그라운드 위에서는 한국인 선수가 뛰고 있고, 그 모습을 관찰하는 기자석에는 한국 취재진이 앉아있다. 멀리 떨어진 한반도에서는 수많은 팬들이 프리미어리그에 열광한다.

이 책에는 흔히 말하는 '해외파'에 대한 이야기를 담았다. 하지만 '해외파'라는 통칭은 어쩐지 약간 우원迂遠하고 거리감이 느껴진다. 우리는 그들을 영국 현지에서 지켜본 덕분에 다른 이들보다는 조금 더 생생하고 현장감 있게 기억할 수 있었다. 무엇보다 한국인 프리미어리거뿐만 아니라 그들이 속한 거대한 프리미어리그 숲 전체를 골고루 볼 수 있어서 정말 다행스럽다.

한 가지 미리 말해두고 싶은 사실은 영국 체류기간과 현장 취재 이력 등을 감안해 시즌별로 작업을 분배하게 됐다. 처음으로 한국인 프리미어리거가 탄생한 2005/2006시즌은 공동작업을 했고, 2006/2007시즌과 2007/2008시즌은 홍재민이, 2008/2009시즌부터 2010/2011시즌까지는 조한복이 집필했다. 부족한 기록이나 기억의 파편 조각을 서로 채워주며 사실 왜곡이 발생하지 않도록 애썼다.

2012년 2월
홍재민, 조한복

제 1 장

프리미어리그와 만나다

1. 어색한 데이트가 시작되었다

영국을 아는가? 아니 정확히 말하자면 "2005년 전까지 영국을 알고 있었나?"라고 고쳐 물어보자. 여왕, 비, 데이비드 베컴, 비틀즈, 프리미어리그, 셜록 홈즈, 해리 포터… 아마도 대부분 들어본 건 많은데 '지식'이라고까지 하기엔 약간 부족한 느낌이다. 특히 영국 축구의 상징 프리미어리그에 대해선 더욱 그랬다. 어쩌다 새벽시간 케이블 TV채널을 이리저리 돌리다 재수 좋게 걸리는 크리스티아누 호날두의 페인팅, 뤼트 판 니스텔로이의 환상적인 위치 선정, 껌 씹느라 바쁘게 움직여대는 알렉스 퍼거슨 감독의 아구놀림을 접할 수 있었다. 하지만, 대부분의 한국인에게 축구는 여전히 월드컵과 동의이음어였다. 프리미어리그를 비롯한 영국 축구는 2002년 월드컵의 폭풍이 지나간 다음에도 대중보다는 마니아의 영역에 포함되어 있었다. 즉 대다수의 사람들과는 전혀 상관없는 남의 나라 남의 일이란 말씀. TV화면 속에서 가죽 팬티 차림으로 멋지게 칼을 휘두르는 브래드 피트의 모습과 별반 차이가 없는 그런 대상이었다.

그랬던 '남의 일'들이 2005년 여름 갑자기 짠 하고 '우리 일'이 되어버렸다. TV화면에서나 볼 수 있었던 축구 영웅 캐릭터들이 어느 날 갑자기 한국의 아들 박지성의 팀 동료가 되어버리는 기가 막힌 일이 벌어진 것이다.

"안녕하세요? 저는 루니예요. 지쑹의 맨유 입단을 축하해요. 이쪽은 퍼거슨 감독님이세요. 여기서는 '퍼기'라는 애칭이 있는데 저희가 그렇게 부르진 못하죠, 하하하…."

살다 보니 참 이런 일도 다 일어난다.

영국에서도 맨체스터 유나이티드가 박지성을 영입했다고 난리가 났다, 라는 건 솔직히 지나친 자화자찬이었다. 난리가 났던 건 사실인데, 그 이유가 첼시에 밀려 고전하고 있던 맨유가 이름도 들어보지 못한 한국 선수를 영입하는 엉뚱한 짓을 벌였기 때문에 떠들썩했다. 리그 우승을 빼앗아간 첼시는 잉글랜드 최고 유망주 숀 라이트-필립스와 유럽 최고 수비형 미드필더 마이클 에시앙을 고가 매입하는 판국에 리그 우승을 탈환하겠다는 맨유가 영입한 게 30대 중반의 풀럼 골키퍼와 이름도 낯선 한국인 선수였다. 2005년 여름 프리미어리그의 분위기가 딱 그랬다. 이른바 맨유제국에 금이 가기 시작한 것이다. 그때까지는 알렉스 퍼거슨 감독이 '짱'이었는데, 이젠 포르투갈에서 날아와 첫날부터 "저는 특별하니까요"라는 특별한 혀놀림으로 주제 무리뉴가 일약 미디어의 스윗하트Sweetheart 로 떠올랐다. 자고로 미디어는 다양한 기삿거리를 최대한 많이 던져주는 취재 대상을 사랑하는 법. 천하제일 명장 퍼거슨의 감독 인생에 최대 고비가 찾아왔다. 그런네 이름을 어떻게 읽을지도 잘 모를 한국인 선수라니!

거짓말 같지만 영국에서 한국의 존재감이란 정말 미미하다. 한국인이 서양인을 보고 "미국인"이라고 부르듯 그네들은 동양인을 보면 백이면 백 '중국인'이

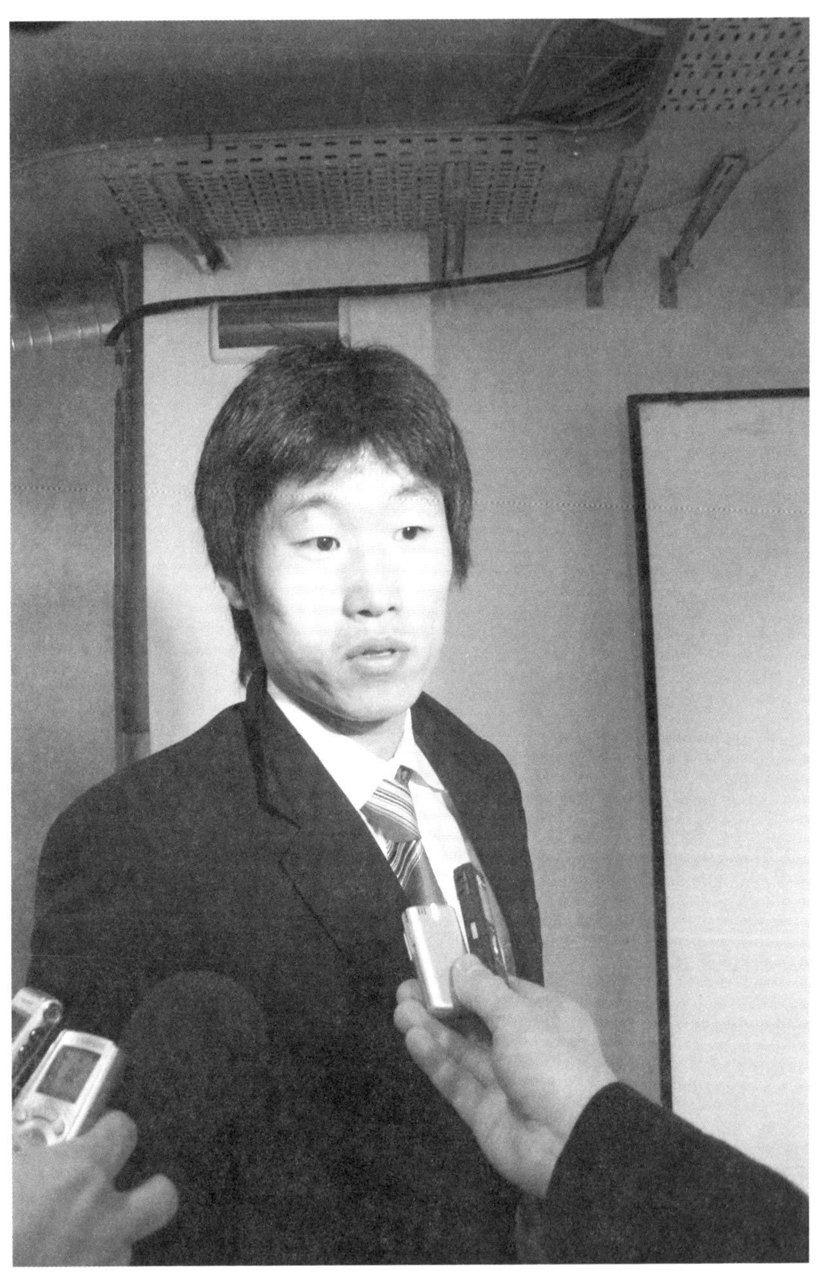

박지성의 맨유 입단에 대한 영국 현지의 반응은 한국처럼 뜨겁지 않고 오히려 차가웠다.

라고 생각한다. 외국에서는 남한보다 오히려 북한이 더 유명하다. 영국에서 지내며 "그럼 넌 중국어 하는 거야?"라는 질문을, 믿기지 않겠지만 꽤 많이 받았다. 몰라서 그런 것이니 화낼 수도 없지만 한국의 존재감이 이렇게 작구나 라는 걸 실감할 때마다 기분 좋을 리가 없다. 한국 관련어 중 가장 유명한 단어를 뽑아보면 개고기, 북한, 김정일 정도고 가방 끈이 좀 길다 싶으면 "그래, 한국은 원래 노동시간 길기로 유명하잖아" 정도의 대화가 이루어진다. 2002 월드컵마저 잉글랜드는 일본에서만 경기를 치렀기 때문에 영국에서 출판되는 축구 서적 대부분 2002년 월드컵 개최지를 '일본'으로만 표기할 정도다. 앞서 말했듯이 20세기 이후 한국과 영국은 진지한 만남을 가져본 적이 거의 없었던 탓에 서로에 대한 지식도 거의 전무하다. 영국인이 한국을 모르는 만큼 한국인도 영국에 대해서 별로 아는 게 없으니 피차일반이다.

요지는 맨유의 박지성 영입에 대한 영국 현지의 반응이 한국에서처럼 대단한 화제나 기대에 찬 목소리가 아니라 그냥 어색하고 생뚱맞고 차가웠다는 사실이다. 바로 전 시즌 UEFA챔피언스리그에서 PSV에인트호번의 4강 진출이라는 작은 기적을 이끈 주역 박지성이었지만 영국 내에서 인지도는 거의 제로에 가까웠다. 이는 영국 축구계 특유의 문화나 분위기 탓일 수도 있다.

영국 축구계는 예로부터 자존심이 워낙 세고 심하게 말하면 자기밖에 모르는 못된 습성을 지녔다. 이탈리아, 스페인, 독일 등 유럽 굴지의 리그라고 해도 영국 축구 팬들은 거의 관심이 없어 그곳의 스타플레이어에 대해서도 일반 팬들은 거의 알지 못한다. 축구의 나라라곤 하지만 영국에서 유럽의 기타 리그 중계를 보려면 별도의 위성 수신 안테나를 달아야 한다. 스페인의 라 리가도 '위대하신 데이비드 베컴' 님께서 레알 마드리드로 행차하신 덕분에 겨우 중계되기 시작했다. 세리에A, 라 리가, 분데스리가에도 관심이 없는데 하물며 박지성이 뛰었던 PSV에인트호번에 대해서 알 리가 없다. 기껏해야 '뤼트 판 니스텔로이가 뛰었던 팀' 정도의 얄팍한 수준의 지식이었다. 이런 현지 분위기는 박지성의 입장에서 보면 양날의 검과 같다고 할 수 있었다. 유리한 점은 언론과 팬들 모두 박지성에 무지했던 만큼 편견도 없다는 의미가 된다. 즉 앞으로 잘만 하면 좋은 이미지만 쌓을 수 있는 긍정적인 상황이다. 반대로 모르기 때문에 다른 유명 선수에 비해 잘해도 칭찬 받기가 쉽지 않다는 단점도 있다. 한국도 그렇듯이 세상으로부터 인정받기가 어디 그리 쉬운가? 남들이 한 발 뛸 때 박지성은 두 발, 세 발 더 뛰어야지만 비로소 "맨유 선수답다", "역시 퍼거슨 감독의 안목은 대단하다"라는 칭찬을 받을 수 있다.

박지성 그리고 한국 축구와 프리미어리그와의 첫 만남은 기대와 희망보다는 이렇게 낯설었다고 해야 하는 게 더 정확한 표현이었다. 한국에서는 당연히 한국 축구사에 길이 남을 쾌거로 평가해야 하지만 어쨌거나 그 쾌거가 일어난 영국 현지에선 그랬다. 지나치게 비관적이지도 자기비하도 아니라 그냥 그렇게 한국과 잉글랜드는 살아가는 방식이 다른 만큼 박지성이란 선수에 대한 평가와 기대도 다를 수밖에 없다. 이미 네덜란드에서 유럽 문화를 체득한 박지성이라도 잉글랜드라는 사회에 적응하기 위해서는 또 다른 종류의 노력이 필요했다. 나중에 박지성이 직접 밝힌 것처럼 네덜란드에서 배웠던 영어와 맨체스터에서 통용되는 영어는 거의 서로 다른 언어라고 해도 좋을 만큼 차이가 크다.

퍼거슨 감독은 스코틀랜드 억양, 루니는 리버풀 사투리, 긱스, 스콜스, 네빌은 맨체스터 사투리, 리오 퍼디난드는 런던 사투리. 아무리 토익TOEIC에서 만점을 받은 수재라고 해도 이들의 영어를 제대로 알아들을 한국인은 거의 없다. 영국인도 못 알아듣는 마당에 영어 잘하는 한국인이라고 해서 뭐 용빼는 재주 있겠나. 특히 퍼거슨 감독이나 루니의 경우 영어에 익숙하지 못한 사람이 들으면 영어인지 의심이 들 정도로 사투리가 심하다. 맨유에서 뛰다가 바르셀로나로 이적한 제라르 피케조차 "훈련시간에 퍼거슨 감독의 말을 알아듣는 외국인 선수는 거의 없다"라고 폭로했을 정도니까 퍼거슨 감독식 영어가 얼마나 '대략난감' 인지는 대충 짐작이 갈 것이다. FIFA월드컵과 UEFA챔피언스리그 준결승전이라는 선택 받은 축구선수만이 밟아볼 수 있었던 무대를 모두 경험한

올드 트라포드에서 맨유의 경기가 열리는 날의 모습. 많은 팬들이 몰려 인기를 실감하게 한다.

박지성이지만 2005년 6월 처음 밟은 올드 트라포드와 캐링턴 트레이닝 그라운드의 잔디는 모두 새로울 수밖에 없었다. 처음부터 다시 시작해야 했다.

★ "감사합니다, 미스터 퍼거슨!"

박지성의 맨유 공식 데뷔는 2005년 8월 9일 이루어졌다. 전 시즌 3위로 내려앉은 덕분에 맨유는 프리미어리그 개막에 앞서 UEFA챔피언스리그 조별리그 진출을 위한 3차 예선을 치러야 했다. 상대는 헝가리 챔피언 데브레첸이었다. 번거로운 예선 경기였지만 한국 언론에겐 초미의 관심사로 떠올랐다. 6월 맨유에 입단한 박지성의 공식전 데뷔 가능성이 높았기 때문이다. 맨유의 홈 경기장 올드 트라포드에는 많은 한국 기자들이 몰려들었다. 평소와는 전혀 다른 기자실의 모습에 현지 기자들도 박지성 효과를 실감할 수 있었다.

박지성은 교체 명단에 이름을 올렸다. 크리스티아누 호날두와 대런 플레처가 좌우 측면 공격수로 선발 출전했다. 전반 7분 만에 웨인 루니가 가볍게 선제골을 터트렸다. 후반 들어 뤼트 판 니스텔로이와 크리스티아누 호날두의 연속 골로 3-0의 여유 있는 리드를 잡자 퍼거슨 감독은 벤치 선수들에게 워밍업을 지시했다. 나흘 뒤에 프리미어리그 개막전을 치러야 하니 선수단의 체력 안배가 필요했기 때문이다. 알란 스미스가 먼저 투입되었고, 후반 22분 크리스티아누 호날두를 대신해 드디어 박지성이 경기장 안으로 발을 내디뎠다. 박지성 개인은 물론 한국 축구 차원에서도 역사적인 순간이었다.

경기가 끝나고 진행된 알렉스 퍼거슨 감독의 기자회견에서 현지 기자들의 질문이 쏟아진 가운데 한국 취재진이 질문 기회를 얻었다. 박지성의 기용 결정 이유를 물었고, 퍼거슨 감독은 성실하게 대답했다. 박지성에 대한 칭찬과 기대를 한껏 들려줬는데, 여기서 중대 문제 발생. 한국 기자들 중 퍼거슨 감독의 영어를 알아듣는 이가 아무도 없었던 것이다. 잘 알려진 대로 퍼거슨 감독의 영어는 강한 스코틀랜드 억양을 가진 탓에 영국인조차 정확한 워딩이 불가능할 때가 많다. 현지 기자들은 한국 기자들의 난감한 표정을 쳐다보면서 재미있어 했다. 그런데! 여기서 다시 깜짝 놀랄 만한 사건(?)이 벌어졌다. 질문을 던진 한국 기자가 손을 들고 "저, 죄송한데, 다시 한 번 천천히 말씀해주시겠습니까?"라고 당당히 요청한 것이다. 영국 기자들은 깜짝 놀라 그를 쳐다봤다. '저 친구 이제 욕 좀 먹겠구먼. 저 노인네 성격에 절대로 그냥 넘어갈 리가 없지' 라는 표정이었다. 하지만, 퍼거슨 감독은 순수한 한국 취재진에 한없이 친절했다. 퍼거슨 감독은 웃으며 "지금 질문하신 분, 혹시 세상에서 가장 완벽한 영어가 스코틀랜드 영어라는 거 아세요? 인버네스(Inverness, 스코틀랜드 북부 도시로 미확인 괴물 네시 호수로 유명)에서 하루만 있어도 아마 완벽한 영어를 배울 수 있을 거예요"라며 좌중을 웃음바다로 만들었다. 자기 영어가 외국인에게 벅차다는 사실을 잘 알고 있는 퍼거슨 감독 나름의 분위기 전환용 조크였다. 더 재미있는 건 그의 대답을 들은 한국 기자의 대답. "감사합니다. 감사합니다, 미스터 퍼거슨(Mr. Ferguson)" 영국 기자들 재미있어 죽겠단다. 퍼거슨 감독의 농담도 당연히 알아듣지 못했을뿐더러 '미스터 퍼거슨(Mr. Ferguson)' 이라는 외국인다운 경칭까지 썼으니 말이다. 영국 기자들은 퍼거슨 감독을 부를 때 그냥 "알렉스(Alex)" 또는 '알렉스 경(Sir Alex)"이라고 부른다. 영국에서 "미스터(Mr.)" 호칭은 호텔, 레스토랑, 고급 식당 등의 직원이 고객을 부를 때 주로 사용된다. 동등한 입장으로 현장에 있는 기자가 그런 호칭을 사용하니 어색하기도 하고 또 재미있게 들릴 수밖에 없었다.

★ 세상에서 가장 오래된 프로축구리그 '풋볼리그'

영국은 근대축구의 발상지다. 지구 반대편에 있는 한국의 축구 담당기자조차 '축구 종가' 라고 영국 대표팀을 수식할 정도다. 역사상 최초의 축구협회인 잉글랜드축구협회의 공식 명칭은 'The Football Association'이다. 그러나 보통 국가명이나 지역명을 빼고 그냥 '축구협회(The FA)'라고 부른다. 오만함이라기보다는 오랜 세월을 거쳐 통용되다가 굳어진 명칭이다. The FA는 1863년에 설립되었다. 올해로 무려 148살이나 된다. 1872년 역사상 최초의 축구대회 'FA컵'이 개최되었고, 1888년 역사상 최초의 프로축구리그인 '풋볼리그'가 출범했다. 협회 명칭처럼 리그명도 단순히 '축구리그'라는 고유명사를 사용한다. 12개 팀으로 시작한 풋볼리그는 라이벌 리그 '풋볼 얼라이언스'를 2부로 흡수하는 등의 과정을 거쳐 총 4개 리그, 92개 팀 시스템으로 정착되었다. 1992년 최상위 리그(22개 팀)가 독립해서 새로운 리그를 꾸렸는데, 바로 지금의 '프리미어리그'다. 풋볼리그는 3개 리그, 70개 팀으로 축소되었다. 유럽축구연맹의 권고로 1995년 프리미어리그가 20개 팀으로 줄어듦에 따라 프리미어리그 20개 팀, 풋볼리그 72개 팀(3개 리그)의 지금의 형태를 갖추게 되었다.

풋볼리그 원년 시즌 순위표(1888/1889시즌)

1. 프레스턴 노스 엔드 (Preston North End)

2. 애스턴 빌라 (Aston Villa)

3. 울버햄턴 원더러스 (Wolverhampton Wanderers)

4. 블랙번 로버스 (Blackburn Rovers)

5. 볼턴 원더러스 (Bolton Wanderers)

6. 웨스트 브로미치 앨비언 (West Bromich Albion)

7. 애크링턴 (Accrington)

8. 에버턴 (Everton)

9. 번리 (Burnley)

10. 더비 카운티 (Derby County)

11. 노츠 카운티 (Notts County)

된 모습으로 만족감을 숨기지 못했다.

숨막혔던 데뷔전을 성공적으로 마친 이영표는 이후 토트넘 부동의 왼쪽 풀백으로 자리를 꿰차고 승승장구를 이어갔다. 그리고 영국의 지독한 겨울 추위가 찾아온 12월 초 이영표와의 단독 인터뷰를 위해 치그웰 트레이닝 그라운드를 찾았다. 한적한 주택가의 좁은 골목길을 따라 들어가 "도대체 이리로 가면 뭐가 나오는 거야?"라는 의심이 들 때쯤 토트넘의 클럽 엠블럼이 새겨져 있는 정문이 눈에 들어왔다. 아담한 클럽하우스 한 켠에 자리잡고 기다리고 있으니 지금 막 훈련을 마친 이영표가 특유의 눈웃음을 보이며 반갑게 인사를 건넸다.

"좋은 감독님, 좋은 선수들과 함께해서 굉장히 좋네요. 멤버 구성이 워낙 좋아서 전력이 강한 것 같아요. 여기 1군 선수들은 전부 자기 나라 국가대표라고 보시면 될 거예요. 정말 쟁쟁하죠."

이런저런 이야기를 나누고 있을 때 갑자기 한쪽에서 "안녕하세요!"라는 인사말이 날아와 그쪽으로 고개를 향해 보니 팀의 간판스타 로비 킨이 손을 흔들고 활짝 웃으며 인사를 보내고 있었다. 다들 재미있어 하면서 화답하니 이번에는 "사랑해!"라고 한글 인사 2연타 작렬이다. 기고만장한 슈퍼스타들과는 전혀 다른 킨의 모습에 인터뷰 현장은 한바탕 웃음꽃이 필 수 있었다. 킨의 한국어 선생님 정체를 캐물으니 킨은 손가락으로 이영표를 가리키며 싱글벙글이다.

"피스컵2005년 여름 때 토트넘이 한국에 갔었잖아요. 여기 친구들 모두 한국에서 굉장히 재미있게 보낸 것 같더라고요. 한국 문화에 대해서도 이것저것 물어보고, 한국어 인사말도 다들 조금씩 하고… 아무튼 분위기 좋아요!"

★ 축구? 비즈니스? 알란 슈거에게 물어보세요

과거 단순히 우승을 위해서만 싸우던 영국 축구 클럽들도 1992년 프리미어 리그의 출범과 함께 축구만큼이나 돈벌이도 중요하다는 시대 변화를 깨닫는다. 발 빠르게 대처한 맨체스터 유나이티드는 바야흐로 '세계 최고 인기팀'의 지위를 굳혀 하늘 높이 날고 있다. K리그 구단들도 하나같이 "선진 구단 경영기법을 배워 자생력을 갖추자!"라고 외친다. 그런데, 정말 축구 클럽이 돈을 벌 수 있는 걸까? 영국 기업가 알란 슈거(Alan Sugar)는 "No!"라고 외친다.

한국에는 거의 알려지지 않았지만 영국 내에서 슈거는 굉장한 유명 기업가다. 그는 〈암스트라드(Amstrad)〉라는 IT기업의 창업주이자 영국 공영방송 BBC의 서바이벌 프로그램 〈견습생(Apprentice*)〉의 멘토로 등장해 큰 인기를 누렸다.

〈암스트라드〉 회사는 영국 내에만 8백만 명 이상의 가입자를 보유한 〈스카이 스포츠〉의 위성수신 안테나를 독점 납품했다. 1991년 슈거는 토트넘을 인수했다. 기존의 구단주들과 달리 슈거는 철저한 사업 마인드로 토트넘을 경영했다. 팬들로부터 큰 인기를 얻는 테리 베나블스 감독을 경질하거나 위르겐 클린스만의 영입, 폴 인스의 영입 거절 등 통상적인 구단주들과는 다른 행보를 보여 축구계에 큰 파문을 던졌다. 한마디로 인기나 팬 여론보다 사업성을 중시한 판단들이었다.

냉철한 비즈니스 논리가 통하지 않는 축구계에 염증을 느낀 슈거는 결국 2001년 자신의 지분 대부분을 현 구단주인 〈ENIC〉(다니엘 리비 회장은 ENIC 소속 임원)에 넘겨 시끌시끌했던 10년간의 클럽 경영에서 완전히 발을 뺐다. 그 과정에서 슈거는 유명한 어록을 하나 남겼는데 바로 "축구 클럽은 오렌지 과즙 기 같다. 오렌지를 넣고 돌리면 과즙은 선수들에게 몽땅 가버리고 구단에 남는 거라곤 물 빠진 오렌지 껍데기뿐"이라는 말이다. 슈거의 주장은 간단하다. 돈을 벌기 위한 수단으로 축구 클럽은 대단히 비효율적이라는 것이다. 아무리 돈을 벌어도 선수 연봉, 에이전트 비용 등 뒷문으로 고스란히 빠져나가는 축구 클럽의 경영 관행을 신랄하게 꼬집었다. 슈거의 이런 비판은 최근 불어닥친 해외 '슈퍼 리치'들의 무분별한 클럽 경영 세태에 대한 따끔한 충고라고 할 수 있다.

*〈견습생(Apprentice)〉은 최고의 비즈니스맨을 뽑는 서바이벌 프로그램이다. 미국 버전의 부동산 제왕 도날드 트럼프 역할을 영국에서 슈거가 담당했다. 비즈니스 과제를 하나씩 주고 매주 한 명씩 탈락시켜 최종 우승자를 슈거가 직접 자기 회사에 채용한다. 슈거가 탈락자를 손가락으로 가리키며 외치는 "넌 해고야!(You're fired!)"라는 통보는 영국 내에서 유행어가 되기도 했다.

★이 맨유가 그 맨유랑 달라?

맨체스터 유나이티드, 리버풀, 아스널… 이름만 들어도 환상적인 이미지가 떠오르는 세계적 인기 클럽들이다. 그런데 이 세상에 그들이 유일하지 않다는 사실을 알고 계신가? 여기 지구상에 존재하는 '짝퉁 아닌 짝퉁' 인기팀들을 소개한다.

맨체스터 유나이티드 (지브롤터)

스페인 아래에 위치한 영국의 직할식민지 지브롤터에는 깜짝 놀랄 만한 축구 클럽이 있다. 이름하여 맨체스터 유나이티드!! 저작권 소송이라도 걸리면 어쩌려고 이런 위험한 이름을 선택했을까? 하지만 걱정할 필요는 없다. 1957년 지브롤터의 아마추어 축구 팬들이 '진짜' 맨체스터 유나이티드의 당시 감독 맷 버스비에게 편지를 보내 "저희가 '맨체스터 유나이티드'라는 이름을 써도 될까요?"라고 정중히 물었고 버스비 감독이 흔쾌히 허락해 지금에 이르게 되었다. 참고적으로 지브롤터에는 '뉴캐슬 유나이티드'도 있다!

리버풀 (우루과이)

우루과이의 수도 몬테비데오를 연고로 하는 1부 리그 클럽의 이름이 '리버풀 FC'다. 20세기 초 리버풀로부터 석탄을 실은 선박의 왕래가 잦았고 일부 영국 클럽들은 몬테비데오에 전지훈련 캠프를 차리면서 리버풀에 대해 친근감을 가지게 됐다. 1915년 이곳 가톨릭계 학생들은 자신들이 결성한 축구 클럽의 이름을 바로 리버풀로 붙였다. 현재 리버풀은 우루과이 최상위 리그인 프리메라 디비시온에 속해있다. 2005/2006시즌에는 '원조' 리버풀의 붉은색 홈 유니폼과 똑같은 디자인의 원정 유니폼을 선보이기도 했다.

아스널 레소토 (레소토)

남아공 영토 안에 섬처럼 떠있는 독립국가 레소토(1966년 독립)에서 1983년 아스널 팬들이 모여 축구 클럽을 만들자고 대동단결한 결과가 '아스널 레소토'의 탄생이다. 재미있게도 이들은 애칭까지 '원조' 아스널의 '원조' 별명과 같은 '거너스(Gunners)'. 1989년과 1991년에 각각 리그와 컵을 동시 제패한 더블을 달성했는데 기가 막히게도 잉글랜드의 아스널이 자국 리그에서 우승한 것과 정확히 일치한다.

3. 박지성 덕 좀 본 날

어딜 가나 튀는 사람이 있다. 언행이 튈 수도 있고 외모 자체가 다른 이들과 달라 어쩔 수 없이 돋보이는 경우도 있다. 일부러 특별하게 보이기 위해 외모를 이용하는 경우라면 모를까 그걸 원하지 않는 사람에겐 참 신경 거슬리는 일이다.

맨체스터 유나이티드에 있는 박지성도 사실 무진장 튀어 보인다. 우리는 큰 차이를 못 느끼지만 영국인들에게 프리미어리그 경기에서 뛰는 동양인은 무척이나 돋보이고 그냥 지나칠 것도 다시 한 번 눈길이 가는 그런 존재다. 가뜩이나 축구에 관한 한 우월의식을 품은 지가 100년도 넘은 사회 안에 홀로 뚝 떨어신 동양인 박지성은 남들 다 하는 슈팅을 때려도 "우와~"라는 과찬을 받고, 반대로 남들도 저지르는 실수에 대해선 "에이~"라며 더 심한 비아냥을 듣곤 한다. 그래서 원래 외국인 선수는 고달픈 적응기가 불가피하다.

다행히 박지성은 입단 초기부터 리그 경기에서 쏠쏠치 않게 출전 기회를 얻었다. 개막전 선발 출전이라는 행운도 있었고 경기에서 골대를 맞히며 가능성도 보였다. 하지만 두 달여가 되도록 골 소식이 없자 "거봐, 동양인 선수가 뻔하지 뭐"라는 불신이 슬슬 고개를 들기 시작했다. 물론 보는 시각의 차이였다. 한국 축구계에서는 "박지성이 골을 넣지 못했지만 승리에 일조했다"라든가 "안 보이는 곳에서 공헌이 대단하다"라며 후한 평가 일색이었다. 영국에서도 그렇게 바라보는 사람도 분명히 있었다. 또 하나 다행인 점은 신입생에게 주어지는 '허니문' 특전도 존재한다는 사실이다. 신입생에게는 일정 기간의 허니문, 즉 무슨 짓을 하든 예쁘고 긍정적으로 받아들여지는 심정적 적응기가 주어진다. 박지성 본인은 "빨리 골을 넣어야 할 텐데"라고 조급함을 가질 수도 있겠지만 어쨌든 당시 박지성은 허니문 단계에 있었다.

유별나거나 낯선 것은 박지성뿐만 아니라 영국 현지에서 그를 쫓아다니는 한국 언론도 마찬가지였다. 취재 현장에 등장한 까만머리 부대는 구석에 모여있어도 어떻게든지 눈에 띌 수밖에 없다. 그리고 한국 취재진은 낯선 영국 취재 환경을 접하면서 다양한 '컬쳐 쇼크'를 경험해야 했다. 국내 축구의 취재 환경과는 너무나 달랐기 때문이다. 한국에서는 매년 초 대한축구협회와 한국프로축구연맹에서 국내 언론사를 대상으로 일괄적으로 AD카드취재증를 발급하고, 현장 취재인 경우 별도의 사전 요청 없이 그 카드만 갖고 경기장에 가면 기자석이 확보되어 있다.

그러나 프리미어리그에서는 전혀 달랐다. 매 경기 때마다 홈팀의 언론 담당관에게 사전에 취재 신청 공문을 보내고 취재권한을 얻어야 하는 번거로움을 거쳐야 한다. 취재를 요청하는 매체는 많고 경기장에 갖춰진 기자석은 한정되어 있는 탓이다. 잉글랜드 대부분의 경기장은 오래되었기에 기자석 수가 매우 적다. 한국이야 2002년 FIFA 월드컵을 치렀던 국제적 규모의 경기장인 덕분에 기자석 규모가 엄청나지만 잉글랜드는 시설 면에서 굉장히 낙후되었다. 2005년 당시 아스널이 홈구장으로 사용하던 하이버리 스타디움이나 풀럼의 크레이븐 코티지Craven Cottage는 기자석 숫자가 한국으로 따지면 거의 공설운동장 수준밖에 되지 않아 외신 매체는 거의 순번이 돌아가지 않는다. 당연히 영국 현지 언론이 최우선적으로 취재 권한을 배정 받고 로이터Reuter, 레퀴프L'equipe 등의 국제적인 신뢰도를 자랑하는 통신사나 유력지가 차순위 대우를 받는다. 이들 입장에선 한국의 언론은 전혀 생경한 매체인 탓에 이 과정에서 항상 후순위로 밀린다.

참고적으로 국내 독자에게 '유럽 현지 매체' 로 소개되는 수많은 온라인 매체들은 취재 권한이 아예 돌아가지 않는다. 이런 사정을 모르는 외신 기자들 중에는 국제기자증 하나만 믿고 경기장을 찾았다가 문전박대를 당하고 나서 부랴부랴 암표를 구하느라 진땀을 빼는 친구들도 적지 않다. 다행히 한국 선수가 뛰는 맨체스터 유나이티드와 토트넘 홋스퍼는 한국 언론에 높은 우선순위를 배정하며 배려했다. 물론 그것도 결국 구단 홍보와 직결된다는 나름대로의 장삿속이긴 하지만 말이다.

10월 1일 템즈 강변에 자리잡은 크레이븐 코티지에서 벌어진 풀럼과 맨유의 경기에도 결국 취재 허가를 받지 못했다. 크레이븐 코티지는 영국 정부로부터 문화재로 지정되어 있을 만큼 오래된 시설이다. 20세기 초 디자인이 아직도 고스란히 남아있는 탓에 기자석 규모도 정말 작다. 심지어 기자석이 목조 의자일 정도다. 맨유라는 인기팀이 이곳에서 경기를 하는 날이면 외신 매체는 취재권 얻기가 하늘에 별 따기가 된다. 경기 이틀 전 풀럼의 언론 담당관으로부터 취재 요청 거절 이메일을 받았다. 박지성의 선발이 확실시되는 상황에서 정말 난감한 상황이 아닐 수 없었다. 고민 끝에 짜낸 아이디어가 영국 축구의 명물 '펍Pub, 선술집' 이었다.

런던의 최중심 트라팔가 광장 근처에는 런던에서 가장 큰 규모의 스포츠 펍이 있다. 바로 옆으로 그 유명한 〈오페라의 유령Phantom of the Opera〉을 공연1986년 10월 9일 초연 이래 21년째 같은 공연을 하고 있다!하는 '허 마제스티 시어터Her Majesty's Theatre' 가 있어 한국 관광객이라면 한 번쯤 이 펍을 본 적이 있을 것 같다. 널찍한 2층에 자리를 잡고 풀럼과 맨유의 생중계를 시청했다아~ 시청이라니!!. TV화면 위로 양 팀의 출전명단이 뿌려졌고 역시나 박지성은 선발 출전이었다. 기쁘기도 하지만 현장에 가지 못했다는 사실에 '또' 안타까웠다솔직히 짜증에 가까웠다.

경기 시작 2분 만에 풀럼의 미국인 공격수 콜린스 존이 깜짝 선제골을 터트렸다. 비록 현장이 아니라 시내 펍에 앉아있는 신세지만 은근히 박지성이 걱정스러웠다. 성적 부진으로 퍼거슨 감독이 경질설에 시달리고 있는 마당에 풀럼 같은 약팀에 잡혀버리면 당연히 팬들에게 덜 친숙하고 또 '튀어' 보이는 박지성에게 불똥이 튈 게 뻔하기 때문이다. 원래 팀 성적이 떨어지면 새로 영입된 선수들이 제1 타깃이 되는 법이니까. 그런데 전반 17분 중원에서 볼을 잡은 박지성이 갑자기 아크 정면을 향해 앞으로 쭉쭉 뻗어나가기 시작했다. 생각지 못한 박지성의 드리블에 펍 안에 있던 팬들이 갑자기 "계속 가! 계속 가!"라고 외치기 시작했다. 페널티박스 안까지 파고든 박지성은 수비수의 다리에 걸려 넘어졌고 뒤따라오던 주심은 주저 없이 페널티킥 지점을 손으로 가리켰다. TV화면 안에선 웨인 루니가 박지성을 축하했고 펍 안에선 난데없이 동양인 테이블에 축하가 쏟아졌다. 박지성이 해냈다는 뜻이었다. 깜짝 놀라면서도 정말 기분 좋은 경험이 아닐 수 없었다. 뤼트 판 니스텔로이가 페널티킥을 성공시켜 승부는 원점으로 돌

맨유 공식 매거진과 맨유 연간 회원권.

아갔다. 그런데 1분 뒤 또 대형사고 발생. 땅볼로 날아온 패스를 박지성이 논스톱 인사이드 패스로 무인지경의 루니에게 연결시켰다. 박지성이 패스 한방으로 루니에게 단독 찬스를 만들어준 것이다. 골을 터트린 것은 루니였지만 〈스카이스포츠〉의 카메라는 박지성을 크게 비췄다. 박지성이 만든 골이라는 뜻이었다. 주위 테이블에서 수많은 엄지손가락 제스처가 우리 테이블로 날아들었다. 이거 이거 장난 아니다.

그러나 전반 28분 풀럼의 니클라스 옌센이 동점골을 터트려 스코어는 다시 2-2 동점이 되었다. 박지성이 힘들게 세운 공헌이 이렇게 허무하게 지워지는구나 싶었던 전반 45분 오른쪽 측면에서 오프사이드 트랩을 완벽하게 무너트린 박지성에게 단독 찬스가 만들어졌다. 나도 모르게 입에서 "야, 때려!"라는 작은 외침이 새어 나왔다. 골키퍼가 각도를 좁히기 위해 박지성을 향해 튀어 나왔고 박지성은 중앙으로 쇄도한 판 니스텔로이에게 땅볼 패스를 내주는 이타적인 플레이로 완벽한 세 번째 골을 '또다시' 만들었다. 펍 안에서 난리가 났다. 워낙 맨유 팬들이 많았던 덕분에 맨유가 골을 넣을 때마다 환호성이 터져 나온 데다 세 골 모두를 '한국인' 박지성이 만들어냈으니 만족감이 대단했다. 옆 테이블에 앉아 있던 한 맨유 팬이 악수를 청해왔다. 난 그냥 TV화면 속에서 멋진 활약을 펼치고 있는 저 친구와 같은 나라에서 왔을 뿐인데… 어쨌든 예스!

이날의 공헌은 박지성이 프리미어리그에 자리잡는 데에 있어서 결정적인 역할을 했다. 영국에서는 보통 경기 중계가 끝난 뒤에도 전문가의 경기 분석이 20~30분씩 이어진다. 콧대 높은 〈스카이스포츠〉의 간판 해설자 앤디 그레이 2010년 여성 비하 발언으로 해고되었다!는 박지성의 움직임과 패스를 집중적으로 소개하며 박지성이란 이름 석자를 전국의 시청자들 머릿속에 콕콕 쑤셔 넣었다. 일반

연예인처럼 축구선수도 꾸준한 인지도 쌓기보다 이런 획기적인 대형 경기 하나 만으로 갑자기 유명해지곤 한다. 박지성에 대해서 반신반의하던 현지 팬들에겐 특히나 이런 강렬한 활약이 더욱 효과적일 수밖에 없다. 최소한 이날 템즈 강변에 모였던 관중, 전국 자기 집 안방에서 TV생중계를 봤던 시청자들, 런던 시내 스포츠 펍에 모여 박지성과 비슷하게 생긴 동양인 주위에 앉아있던 손님들, 그리고 이날 밤 BBC가 방영한 하이라이트 프로그램 〈매치 오브 더 데이Match of the Day〉를 본 전국 3백만 가구의 시청자들에겐 이날 처음 '박지성'이란 생경한 이름이 기억된 하루였다. 봤지? 저 친구가 한국에서 온 박지성이라고!

★ 최초의 '코리안 프리미어리거 더비' 현장

2005년 10월 22일 맨유의 홈구장 올드 트라포드에선 역사적 경기가 벌어졌다. 맨체스터 유나이티드의 박지성과 토트넘 홋스퍼의 이영표가 맞붙는 역사상 최초의 프리미어리그 태극전사 맞대결이 펼쳐진 것이다. 이날 하루에만 올드 트라포드에는 20여 명의 한국 취재진이 몰려들었다. 2002년 월드컵 4강 신화의 주인공 두 명이 최고의 무대에서 맞대결을 펼친다니 이거 정말 대박 건수가 아닐 수 없지 않은가. 한국인 취재진이 대거 몰린 진귀한 광경에 올드 트라포드 기자실의 터줏대감 격인 현지 기자들은 재미있다는 표정이었다. 런던에서 맨체스터로 향하는 고속도로(M6)가 때아닌 정체로 인해 킥오프 시간을 15분이나 넘겨 겨우 현장에 도착할 수 있었다. 취재증을 담당하는 여직원은 "어휴, 수고하셨네요. 오늘 고속도로가 정말 막혔죠? 지금이라도 도착한 게 다행이에요. 어서 들어가세요"라며 친절하게 맞이해줬다. 긴장된 태극전사 맞대결은 1–1로 종료되었다.

경기가 끝나고 한국 취재진은 맨유의 언론 담당관 다이아나 로(맨유의 전설적 스타플레이어 데니스 로의 딸)에게 몰려가 박지성의 인터뷰를 요청했다. 그런데 금발의 미녀 로는 매몰차게 "안돼요"라는 한마디로 요청을 일언지하에 거절했다. 놀랐다기보다 "이 사람이 제정신인가? 한국 취재진에게 한국인 선수 인터뷰 기회를 주지 않다니"라며 다들 갸우뚱한 반응이었다. 하지만 로는 "선수 인터뷰 요청은 하프타임 때 해야 돼요. 지금은 너무 늦었네요"라며 올드 트라포드의 취재 규정을 간단명료하게 전달했다. "처음이라서 몰랐으니 이번만 좀 봐주세요"라고 로를 붙잡고 설득했지만 그녀는 꿈쩍도 하지 않고 계속 "노", "노", "노"를 외칠 뿐이었다. 로컬 룰을 몰랐던 탓이라곤 하지만 원칙을 굽히지 않는 영국 특유의 문화에 한국 취재진 모두 고개를 가로저어야 했다.

기자회견 중인 퍼거슨 감독과 맨유 언론 담당관 다이아나 로. 맨유 언론 담당관은 구단의 모든 공식 기자회견에 동석한다. 현재 다이아나 로는 퇴사한 상태다.

★레드냅의 '참을 수 없는' 팬사랑

2008년부터 토트넘의 지휘봉을 잡고 있는 해리 레드냅 감독은 영국 축구 팬들 사이에서 인기가 높다. 직설적이면서도 유머 감각이 넘치는 입담 덕분이다. 길거리에서 만나는 팬들과도 스스럼 없이 어울리는 털털한 성격도 유명하다.

1998년 웨스트 햄에서 지휘봉을 잡고 있던 시절, 레드냅 감독은 여름 프리 시즌 친선전에서 옥스포드 시티를 상대했다. 그런데 전반 내내 웨스트 햄 열혈 팬임을 한눈에 알 수 있는, 스킨헤드와 웨스트 햄 문신을 한 팬이 레드냅 감독 바로 뒤에서 팀의 공격수 리 채프먼을 향해 욕지거리를 쏟아냈다. 참다 참다 못 한 레드냅 감독이 뒤돌아 그 팬에게 말했다. "당신이 그렇게 축구 잘해?" 그리 곤 레드냅 감독은 그 팬에게 로커룸으로 내려오라고 한 뒤 유니폼을 입혀 후반 전에 투입시켰다. 잠깐! 이 에피소드의 최고 백미가 남아있다. 교체 투입된 그 팬이 골을 넣었다는 사실!

4. 데뷔골이라는 자신감

상인이 처음 물건을 파는 일을 '마수걸이', 한자어로는 '개시 開始' 라고 한다. 기분 좋은또는 수지맞는 마수걸이가 하루의 장사운을 결정한다는 징크스를 믿는 상인들은 지금도 굉장히 많다. 운동선수도 마찬가지다. 깔끔한 첫 출발은 마음을 편하게 만들어주는 특효약이다. 배 아플 땐 엄마 손, 옆구리가 시릴 땐 여자친구, 피로할 땐 박카스, 자신감이 필요할 땐 마수걸이 골이 정답이다.

그런데 박지성의 마수걸이 골 소식은 맨유에 입단한 지 5개월이 넘도록 들려오지 않았다. 물론 측면 공격수인 만큼 골을 직접 해결하는 것보다 앞선에서 뛰는 동료 골잡이에게 기회를 만들어주는 게 최우선 임무이긴 하지만, 맨유라는 곳이 어디 어시스트 하나만으로 버틸 수 있는 곳이랴. 특히나 이곳 맨유에는 조지 베스트, 스티브 코펠, 데이비드 베컴 등의 화려한 측면 공격수 선배들의 전통이 이어져 내려온다. 10월 풀럼 원정에서 대활약을 펼치긴 했지만 역시 득점 없이는 치열한 주전 경쟁에서 기를 펴고 살 수가 없다.

설상가상 팀 분위기도 최악이다. 2005년 12월 7일 맨유는 UEFA챔피언스리그 D조 최종전에서 포르투갈의 벤피카에 2-1로 패해 11년 만에 조별리그 탈락의 고배를 마셨다. 박지성은 그날 경기에서 후반전에 교체 투입되었던 터라 뜻하지 않게 맨유의 하락세를 상징하는 꼴이 되고 말았다. 맨유의 조별리그 탈락 확정을 알리는 주심의 종료 휘슬이 울린 그 순간 그라운드 위에 남아있는 맨유 선수들의 망연자실한 표정이 TV카메라에 잡힐 수밖에 없었는데 하필이면 박지성이 그 중 한 명이었기 때문이다.

UEFA챔피언스리그 조별리그 탈락으로부터 불과 2주 뒤인 12월 20일 맨유는 버밍엄 시티와 칼링컵 8강전을 치르기 위해 '영국의 배꼽' 버밍엄에 위치한 세인트 앤드류스St Andrew's를 찾았다. 사흘 전 같은 버밍엄을 연고지로 하는 애스턴 빌라와의 프리미어리그 원정 경기를 치렀으니 사흘 간격으로 선수단 전체가 맨체스터와 버밍엄 사이를 오가는 고된 행보를 감수해야 했다.

UEFA챔피언스리그에서 일찌감치 탈락을 맛본 맨유는 12월 들어 3일, 7일, 11일, 14일, 17일, 20일에 각각 경기를 치르는 살인 행군의 한가운데에 있었다. 마음도 불편해 죽겠는데 하필이면 이럴 때 또 경기가 한꺼번에 밀려오는 설상가상, 진퇴양난의 기로에서 허우적대는 꼴이다. 박지성도 11일 선발vs 에버턴, 14일 교체vs 위건, 17일 선발vs 애스턴 빌라로 정신없는 출전을 묵묵히 소화해내고 있었다. 불과 사흘 전 애스턴 빌라 원정역시 버밍엄에 있는에서 풀타임을 소화한 터라 버밍엄 시티와의 칼링컵 8강전에서는 아마도 벤치 멤버로 돌리겠니 싶었지만 '전혀 아니올시다' 였다. 퍼거슨 감독은 또다시 박지성을 선발로 내세웠다. 동일한 운동량이라고 해도 환경이 달라지면 피로도가 더 심할 수밖에 없는 게 사람의 심리가 아닌가. 그래서 퍼거슨 감독의 박지성 2경기 연속 선발 결정은 솔직히 약간 불안해 보였다. 물론 박지성의 입장에서는 아무리 피곤해도 경기에만 출전할 수 있다면 얼마든지 '땡큐' 라는 심리상태일 수밖에 없지만 축구선수가 보통 이럴 때 부상을 당한다는 속설이 있는지라 박지성의 칼링컵 8강 선발 출전은 '기쁨 반 불안 반' 의 소식이었다.

홈팀 버밍엄 시티는 맨유의 맹공에 잘 견디며 전반전을 무득점으로 선방하며 우울한 홈 관중에게 희망의 빛을 던져줬다. 뼛속까지 시려오는 영국산 동장군이 온갖 심술을 부려대는 12월의 야간경기를 취재하는 기자들은 전반 종료 휘슬과 함께 추위를 피해 다들 기자실로 꽁무니를 뺐다. 기자실 한 켠에 마련되어 있는 작은 바 앞으로 따뜻한 커피와 홍차를 '배급' 받기 위한 취재진의 줄이 생겨났다. 다들 콧물을 훌쩍거리며 "야, 이러다가 맨유 칼링컵에서도 떨어지는 거 아냐?", "오늘 결과가 잘못되면 퍼거슨 감독 정말 어떻게 될지 아무도 장담 못할 것 같아" 등등 괜스레 노감독에 대한 걱정을 한마디씩 내뱉었다. 김이 모락모락 나는 커피 한 잔으로 몸에 들러붙어있던 추위 조각을 그나마 털어낼 수 있었지만, 이내 후반전이 시작된 탓에 다시 기자석으로 돌아가야 했다. 차갑게 식어버린 플라스틱 의자에 엉덩이를 대자 여기저기서 다시 투덜거림이 들려왔다.

꽉 막혀있던 경기 분위기는 후반 시작과 거의 동시에 터진 루이스 사아의 선제골로 갑자기 뒤바꿨다. 전반 내내 지속되었던 버밍엄 시티 수비진의 집중력이 로커룸에서 쉬는 동안 어디론가 사라져버린 모양이다. 관중석 곳곳에서 김이 새어나가는 소리가 들리는 듯할 때 다시 맨유가 추가골을 성공시켰다. 그라운드 위에 있던 모든 선수들이 득점자에게 달려가 축하를 해줬고 벤치에서도 모두 일어나 유난히 팀의 두 번째 골을 기뻐했다. 박지성의 맨유 데뷔골이 터졌기 때문이다. 센터서클 안에서 폴 스콜스가 올려준 볼을 박지성이 머리를 이용해 뒤로 떨궜고 사아의 발에 맞고 약간 앞으로 튕겨 나온 볼을 박지성이 다시 잡아 그대로 강력한 왼발 슛으로 버밍엄 시티의 골문을 갈랐다.

프리미어리그 개막에 앞서 UEFA챔피언스리그 예선 3라운드 1차전으로 치러진 데브레첸 VSC형가리 경기에서 맨유의 붉은 유니폼을 입고 데뷔한 지 25경기, 133일 만에 터진 마수걸이 골이었다. 골이 터지자 가장 먼저 웨인 루니가 달려와 박지성과 포옹을 했고 나머지 동료들도 모두 데뷔골을 터트린 박지성에게 달려와 따뜻한 축하를 보냈다. 골을 넣지 못하는 공격수의 마음고생은 본인 외에는 짐작하기가 힘들다. 추운 12월의 겨울날 버밍엄에서 박지성은 커다란 마음의 짐을 털어버릴 수 있었다. 공교롭게도 '블루 드래곤' 이청용도 바로 이 경기장에서 자신의 잉글랜드 데뷔골을 터트렸으니 세인트 앤드류 스타디움은 한국인 프리미어리거에겐 행운과 자신감을 상징하는 장소로 남게 되었다.

데뷔골을 신고한 12월 20일 버밍엄 시티전 이후 박지성의 경기 중 움직임은 확연히 달라졌다. 무엇보다 드리블, 슈팅, 패스에서 자신감이 느껴졌다. 일주일 뒤 올드 트라포드에서 열린 웨스트 브로미치 앨비언과의 프리미어리그 경기에서 박지성은 부담감을 훌훌 털어버렸다는 사실을 만천하에 알리듯 그라운드를 누비며 상대 수비를 유린했다. 전반 11분 폴 스콜스와의 원투 패스에 이어 아크 정면에서 위력적인 왼발 슛을 시도해 큰 박수를 이끌어낸 박지성은 전반 34분 특유의 이타적인 플레이로 스콜스의 선제골을 도우며 시즌 5호 어시스트를 기록했다. 페널티박스 안에서 수비수를 등진 상태로 균형을 잃고 쓰러지면서 포기하지 않고 스콜스 쪽으로 볼을 밀어주는 플레이는 유럽 축구에서는 흔치 않은 동양적 희생정신이 빛난 모습이었다. 퍼거슨 감독이 주위 시선에도 아랑곳하지 않고 박지성을 선택한 이유가 너무나 뚜렷하게 드러난 장면이었다.

박지성의 맨유에서의 데뷔골은 버밍엄 시티와 칼링컵 8강전을 치르면서 비로소 터졌다.

이날의 박지성은 여기서 멈추지 않았다. 2-0으로 앞서던 후반 18분 물처럼 흘러간 팀 공격의 일익을 담당하며 세 번째 골에도 결정적 역할을 한 것이다. 오른쪽 측면 뒤에 있던 게리 네빌이 사이드라인을 따라 박지성에게 패스를 보냈다. 기회를 직감한 앨런 스미스가 패스가 굴러가는 동안 박지성에게 "지Ji!"라고 외치며 전방으로 뛰어들어갔고 박지성은 오른발 아웃사이드로 패스 속도를 그대로 살린 완벽한 패스 연결을 선보였다. 박지성의 영리한 패스와 스미스의 전광석화 같은 돌파로 웨스트 브로미치의 측면 수비는 완전히 허물어졌다. 스미스가 이를 다시 문전으로 정확히 크로스를 배달했고 뤼트 판 니스텔로이가 머리로 깔끔하게 마무리하는 완벽한 작품이 탄생했다.

박지성의 맹활약을 더욱 돋보이게 만든 이유가 또 하나 있었으니 이날 올드 트라포드에서는 얼마 전 세상을 떠난 맨유 최고의 레전드 조지 베스트를 기리는 식전행사가 있었다. 구단 역사상 최고의 측면 공격수로 이름을 날린 베스트를 기리는 경기에서 동양에서 온 측면 공격수 박지성이 자신감 넘치는 플레이를 선보였으니 더욱 도드라져 보일 수밖에 없었다. 하루라도 빨리 팬들의 마음을 잡아야 할 프로선수로서 이보다 더 확실한 어필은 없다.

경기 후 그라운드 한 켠에서 만난 박지성의 표정에도 자신감이 철철 넘쳐 흘렀다. 그 동안 뭔가 필요 이상으로 조심스럽다거나 신중하다는 느낌을 받았지만 이날의 박지성은 달랐다.

"한국에서 많은 팬들께서 성원해 주시는 것에 대해 경기장에서 보답해 드려야 한다고 생각했어요. 한국인으로서 최고의 팀에서 뛰는 만큼 좋은 모습을 보여드릴 수 있도록 노력하겠습니다. 챔피언스 리그에서 실망을 안겨드렸기 때문에 그런 부분들이 선수들이 다시 뭉칠 수 있는 계기가 되었고, 모든 선수들이 맨유를 이끌어 나갈 수 있는 능력 있는 선수들이라서 좋은 활약을 계속 보여주고 있다고 생각해요. 몇 골을 넣어야겠다고 계획을 세우지도 않았고 몇 골을 넣어야겠다고 마음먹은 적도 없어요. 경기장에서 어떻게 실력을 보여주느냐가 중요하기 때문에 그 상황에서 골도 나는 것이라고 생각합니다."

★ 맨유를 통째로 뒤흔든 '킨-게이트' 스캔들

박지성이 맨체스터 유나이티드에 입단했던 2005/2006시즌 내내 맨유는 크고 작은 사건으로 떠들썩했다. 개중에서도 압권은 역시 팀의 주장 로이 킨(Roy Keane)이 자의 반 타의 반으로 맨유를 떠나게 된 '킨-게이트(Keane-gate)' 사건이었다.

2005년 10월 29일 있었던 미들즈브러 원정에서 충격적인 4-1 대패 후 구단 TV채널 MUTV의 프로그램에 출연한 킨은 부진을 보이는 일부 동료들에게 신랄한 비판을 가했다. 발언 내용의 심각성을 인지한 구단 측은 사전 예고 없이 해당 프로그램을 유소년 경기 영상으로 교체시켜 버렸다. 킨의 출연 계획을 알고 있던 영국 현지 언론이 진위 파악에 벌떼처럼 달려든 지 사흘 뒤 일간지 〈데일리 미러〉가 킨의 발언 내용을 비밀리에 입수해 특종을 터트렸다. 킨은 인터뷰에서 미들즈브러 원정에서 뛰었던 존 오세이, 알란 스미스, 키에른 리차드슨, 대런 플레처의 실명을 직접 거론하며 공격했다. 또 주전 수비수 리오 퍼디난드를 놓고 "일주일에 12만 파운드를 받으며 토트넘전에서 20분 동안 잘 뛰었다고 해서 슈퍼스타라고 착각하는 자식이 있다"라는 폭언을 서슴지 않았던 것으로 드러났다. 프리시즌 때부터 퍼거슨 감독과 불화를 겪었던 킨은 이 스캔들로 인해 팀 내 입지가 극도로 좁아진 끝에 11월 18일 결국 맨유와 상호 합의 하에 계약을 해지했다. 맨유에서 킨의 존재감은 절대적이었던 만큼 그의 퇴단은 큰 충격을 던졌다.

1993년 맨유 유니폼을 입은 킨은 퍼거슨 감독과 카리스마 쌍벽을 이루며 맨유제국을 건설했던 아이콘이었다. 특히 상류층이나 돈만 좇는 스타플레이어들에게 독설을 퍼부어 영국 축구 팬의 근간을 이루는 서민층으로부터 절대적 지지를 받았다. 경기장을 찾아 값비싼 음식과 와인을 즐기는 스폰서나 VIP 고객들을 향해 "축구의 '축' 자도 모르면서 경기장에 와 새우 샌드위치나 먹는 녀석들"이라며 퍼부었던 독설이 가장 유명하다. 그 발언으로 구단은 굉장히 곤란한 처지가 되었지만 경기장을 찾는 대다수의 팬들로부터는 서민의 영웅 같은 큰 환대를 받기도 했다. 킨의 결별이 발표되자 올드 트라포드 홈경기에서 맨유 팬들은 킨의 이름을 연호하며 정신적 지주를 내친 구단 측의 처사를 비난했다.

★그라운드의 돌+아이

축구계에는 유독 '돌+아이'들이 많다. 축구선수가 워낙 많으니 '이상한 놈'들이 많을 확률도 당연히 높은 걸까? 역사 속에 남을 만한 2대 '풋볼 돌+아이'가 있다.

파울로 디 카니오 (이탈리아)

라치오의 파시스트 서포터즈 그룹인 〈이리두치빌리〉의 열혈 멤버였던 디 카니오는 이웃집 벽에 "로마는 똥덩어리, 그 팬들도 썩은 냄새가 나!"라고 큼지막하게 낙서를 하기도 했다. 그러면서 라치오 유소년 팀 소속으로 토요일 경기를 치른 뒤 몰래 밤 기차를 타고 라치오 1군 원정 경기를 따라가기 일쑤. 〈이리두치빌리〉의 멤버라는 사실이 발각되면 당장 유소년 팀에서 쫓겨날 위험을 감수하면서도 디 카니오는 남의 눈을 피해 이중 생활을 지속했다. AS로마와의 '로마 더비'에서 골을 넣은 뒤 로마 팬 쪽으로 달려가 도발 세리머니를 펼치기도 했다. 지금은 잉글랜드 4부 리그에 소속된 스윈든 타운을 이끌고 있다.

에릭 칸토나 (프랑스)

1992년 리즈 유나이티드로 이적하기 전까지 칸토나는 조국 프랑스에서 6개 팀을 거쳤다. 첫 번째 팀이었던 오세르에서는 리저브 경기 도중 상대팀 선수 7명과 맞붙어 그 중 4명을 병원으로 보냈다. 몽펠리에에서는 축구화를 던져 팀 동료 장-클로드 르몽의 얼굴에 적중시켰다. 마르세유에서는 자기 유니폼을 흙탕물 위로 내던졌고, 님(Nimes)에서는 볼로 주심을 맞혀 2개월간 출전 정지를 당한 뒤 돌연 은퇴를 선언했다가 번복했다. 맨유 시절이었던 1995년 크리스탈 팰리스 원정에서 퇴장 당한 뒤 걸어나가다가 자신에게 욕설을 퍼부은 상대팀 팬에게 이단옆차기와 주먹을 선물했다. 2주 징역형을 받았다가 항소심에서 사회봉사 120시간으로 겨우 철창 신세를 모면했다. 2012년 1월 칸토나는 프랑스 대통령 선거 출마를 선언했다!

5. 엇갈린 운명

2006 FIFA 독일 월드컵의 최고 화제는 단연 크리스티아누 호날두와 웨인 루니의 퇴장 해프닝이었다. 맨체스터 유나이티드에서 한솥밥을 먹는 두 선수가 각자의 나라를 대표해 그라운드 위에서 만나자 언제 그랬냐는 듯이 서로 으르렁거렸다. 결국 호날두는 과장된 제스처로 '친구' 루니를 퇴장시켜 버렸다. 일반 대중에게는 너무 비정하게 비쳐졌지만 그게 프로의 냉정한 세계에서 통용되는 법칙이라는 사실에 이견을 달 수 없다. 2002년의 뜨거웠던 6월을 '함께' 만든 전우라고 해서 다르지 않다.

박지성과 이영표. 2002년부터 2005년까지 두 선수는 대표팀에서 또 소속팀에서 내내 함께 뛰었다. 한국 축구의 새로운 역사를 썼고, 한국과 유럽 축구 사이에 존재하던 마음의 거리를 말끔히 지워버렸으며, 거스 히딩크 감독과 함께 2004/2005시즌 '약체' PSV에인트호번의 UEFA챔피언스리그 4강 진출을 일궈냈다. 2002 FIFA 월드컵 활약을 발판으로 유럽 진출에 성공한 박지성과 이영표는 2004/2005시즌 UEFA챔피언스리그 쾌거 덕분에 세계 최고의 무대 프리미어리그로 가는 날개를 달 수 있었다. 런던과 맨체스터로 물리적인 거리는 떨어지게 되었지만 첫 월드컵, 첫 유럽, 그리고 첫 프리미어리그 경험을 공유한 그들은 그라운드 위에서 피를 나눈 형제와도 같았다.

맨체스터 유나이티드라는 거함에서 박지성이 자기 자리를 찾기 위해 땀을 흘리는 동안 이영표는 런던의 인기팀 토트넘 홋스퍼에서 주전 레프트백으로 입지를 굳혀가고 있었다. 이영표의 프리미어리그 입성은 소위 '연착륙'이었다. 결코 돋보이거나 폭발적인 오버래핑 능력을 갖추진 못했지만 일년 내내 감독에게 걱정거리나 고민을 주지 않는 이영표의 안정감은 단연 발군이었다. 한마디로 감독의 입장에서 보면 "너밖에 없다"라고 할 수 있는 선수다. 워낙 다양하고 자유분방한 문화적 배경을 갖춘 선수들로 채워진 팀인 만큼 이영표의 성실함은 더욱 돋보였다. 세르히오 라모스레알 마드리드, 다니 알베스바르셀로나, 애슐리 콜첼시, 글렌 존슨리버풀 등 현대 축구가 요구하는 폭발적인 공격력을 갖추진 못했지만 이영표는 언제 어디서나 일정 수준 이상의 경기력을 보장했다. 이영표는 유럽 무대 득점이 달랑 1골2004/2005시즌 PSV에인트호번이다. 그러나 그런 득점력이 빈곤한 선수가 PSV에인트호번, 토트넘 홋스퍼, 그리고 보루시아 도르트문트라는 유럽 굴지의 클럽에서 8년이나 뛰었다는 사실 자체가 이영표의 가치를 단적으로 보여준다. 2005년 가을 토트넘의 훈련구장 치크웰의 클럽하우스에서 만난 욜 감독은 이렇게 말했다.

"사실 이영표가 입단하기 전에 영어 실력을 걱정하긴 했어요. 그런데 와서 보니 워낙 열심히 공부해서 전혀 문제되지 않더군요. 구단에서 제공하는 영어 개인 교습도 성실하게 따라준 덕분에 영어 실력이 부쩍 좋아졌어요. 선수들과도

토트넘 경기장 밖에 있는 다음 경기 안내 간판.

잘 지내고 코칭 스태프의 지시에도 잘 따라주고, 물론 플레이도 최고죠. 체력이 엄청나게 좋더군요. 그 덕분에 팀이 4-4-2에서 3-5-2의 공격적인 포메이션으로 자유롭게 전환할 수 있게 되었어요. 이영표는 정말 완벽한 프로페셔널입니다."

둥지를 튼 곳이 런던이라는 이점도 이영표의 성공적인 잉글랜드 적응을 도왔다. 독실한 크리스천으로 유명한 이영표와 그의 가족이 쉽게 닿을 수 있는 한인 교회가 런던에는 많았고, 한국 식당의 숫자로나 음식 재료를 구하는 수월함에 있어서도 런던은 유럽 대륙 전체를 통틀어서 최고 수준이다. 취재진에게도 토트넘과 이영표는 고마운 존재였다. 런던 시내에 위치한 화이트 하트 레인은 접근이 수월했고, 거의 매 경기 선발로 나선 이영표는 경기장으로 향하는 취재진 마음 한구석에 자리잡을 수밖에 없는 "안 나오면 어쩌나?"라는 걱정을 말끔히 씻어줬다. 성실한 팀 플레이로 욜 감독을 만족시켜준 이영표는 꾸준한 출전으로 현장을 찾는 한국 취재진에게 보람을 선물했다. 이리 보나 저리 보나 '고마운 영표씨' 였다.

이런 가운데 시즌 막판이었던 2006년 4월 17일 토트넘의 홈구장 화이트 하트 레인에서는 대박 매치업이 성사되었으니 바로 2002 월드컵 전사 박지성과 이영표의 맞대결이었다. 두 선수는 이미 2005년 10월 22일 맨유의 홈구장 올드 트라포드에서 맞붙었던 적이 있었다. 하지만, 첫 번째 '코리언 더비' 에서는 두 선수가 그다지 격돌할 기회가 없었다. 박지성과 이영표가 서로 반대편 측면에서 기용되었기 때문이었다. 아직 시즌 초반이었던 터라 승부 결과보다는 '혈연' 이라고 해도 좋은 두 선수가 처음 다른 유니폼을 입고 맞붙었다는 사실에 의미를 부여했다.

그러나 토트넘의 홈구장에서 벌어진 시즌 두 번째 '코리언 더비' 는 의미와 긴장감 면에서 전혀 달랐다. 우승에서 멀어진 맨유와는 달리 토트넘이 UEFA챔피언스리그 진출권인 4위 등극이 현실로 다가섰기 때문이었다. 마지막 네 경기를 남긴 상태에서 토트넘은 5위 아스널에 승점 4점을 앞서 있었다. 만약 이 경기에서 이기면 차이를 7점으로 벌릴 수 있는 기회다. 비기더라도 5점으로 늘어나기 때문에 토트넘은 패하지만 않으면 4위 달성의 꿈에 바짝 다가설 수 있는 절호의 기회였다. 경기가 벌어진 화이트 하트 레인의 안팎 공기에서는 챔피언스리그를 꿈꾸는 토트넘 팬들의 커다란 희망이 내뿜는 향기로 진동하고 있었다. 경기장 밖에서는 안타까운 마음으로 암표를 구하는 팬들이 많이 눈에 띄었다. 이런 중요한 경기라면 표 한 장에 최소 300파운드55만 원을 호가한다. 경기 한 시간 전에 도착한 기자실에도 이미 수많은 한국 취재진으로 가득 차 있었다. 영국 현지에서 취재할 수 있는 최고 대박 취잿거리를 놓칠 수가 없지 않은가?

토트넘의 언론담당관 사이먼이 선발 명단을 들고 기자실 안으로 들어왔다. 까만머리 한 무더기가 몰려들어 양팀 선발 라인업을 체크해댔다. 왼쪽에는 'Young-Pyo LEE', 그리고 오른쪽에는 'Ji-Sung PARK'이라고 선명하게 찍혀 있었다. 다들 만족스러운 미소가 만면에 흘렀다. 물론 최상 등급의 취재 대상이었지만 두 선수에겐 이런 외나무다리에서 만나는 운명이 얄궂게 느껴

화이트 하트 레인으로 향하는 빌 니콜슨 로드.

질 수도 있다. 이렇게 중요한 시점에서 만난 상대가 하필이면 절친한 선배 이영표요, 아끼는 후배 박지성이었다. 경기 시작 전 하프라인을 중심으로 양쪽으로 나뉜 두 팀 가운데 한국인 선수가 제각각 자리를 잡고 몸을 풀고 있는 광경을 지켜보고 있으니 '프리미어리그, 그것도 맨유와 토트넘의 맞대결에 한국인 선수가 두 명이나 뛰다니 믿을 수가 없다'는 생각이 들기까지 했다. 지금 눈앞에 있는 선수들 모두 TV화면 혹은 월드컵 무대에서나 볼 수 있는 그런 스타플레이어들이었다. 그 안에 박지성과 이영표가 당당히 섞여있는 장면이라니.

경기장을 가득 메운 토트넘 팬들이 질러대는 함성으로 정신이 어지러워질 것 같은 토트넘의 분위기에서 경기는 시작되었지만 예상과 달리 토트넘 선수들의

발이 너무나 무거워 보였다. 경험 부족 탓이었다. 토트넘 선수들은 자신들의 리듬을 타기도 전에 전반 8분 웨인 루니에게 선취골을 내주고 말았다. 이제야 정신이 번쩍 든 듯 그제서야 토트넘이 경기 주도권을 쥐기 시작했다. 팬들의 열화와 같은 성원이 더해지면서 이제 토트넘은 동점골만 넣으면 될 것처럼 뜨겁게 달아오르던 전반 36분 비극이 일어났다. 자기 자리에서 볼을 받은 이영표가 왠지 패스할 곳을 찾지 못하고 자기 문전 쪽으로 방향을 틀어 천천히 드리블하기 시작했고 그 뒤를 박지성이 빠르게 따라 붙자 토트넘 홈 팬들은 이영표에게 빨리 볼을 처리하라는 듯한 비명을 질러댔다. 마치 프로레슬링에서 뒤쪽으로 야비하게 접근해오는 악당의 존재를 주인공에게 알리려는 관중의 함성처럼 들렸다. 그러나 이영표는 박지성의 다리에 걸려 볼을 놓쳤고 앞에 있던 루니가 이를 인정사정 볼 것 없이 골로 연결시켜 스코어를 2-0으로 만들었다. 선배이자 형, 그리고 동료인 이영표와 박지성의 운명이 단 몇 초 만에 극명하게 갈린 것이다. 결국 토트넘은 후반전 한 골 만회에 그쳐 2-1로 패했고 시즌 최종전에서 웨스트 햄에 패해 UEFA챔피언스리그 진출권을 마지막 순간에 철천지 라이벌 아스널에 넘겨주는 비극적인 운명을 받아들여야 했다.

프리미어리그와 한국 축구가 처음 만났던 2005/2006시즌은 영국 축구가 한국 대중 속으로 본격적으로 진출한 원년이라고 봐도 무방할 것이다. 아무리 친한 사이라고 해도 일단 경기가 시작되어 종료 휘슬이 울리기 전까지는 꺾어야 할 적敵일 뿐이다. 박지성도 이영표도 대한민국이 사랑해 마지않는 슈퍼스타들이지만 그들 역시 프로페셔널의 세계에서 예외일 수 없었다. 지금껏 2002월드컵 4강 신화의 주인공으로만 기억되던 두 사람에게 그런 일이 벌어질 수도 있다는 사실이 한국 축구 팬들에겐 솔직히 대단한 충격이었을지도 모른다. 하지만,

두 선수 모두 조국의 영웅이면서도 태극마크를 떠나서는 철저한 프로페셔널로서 살아간다. 감정과 희비의 엇갈림은 있을 수 있지만 경쟁의 원칙은 변하지 않는다. 꿈과 희망으로 들뜬 잉글리시 프리미어리그 2005/2006시즌이 한국 축구 팬들에게 준 마지막 메시지였다.

★ 경험 부족 토트넘의 비애

토트넘은 대단한 인기팀이다. 클럽의 연매출 규모도 유럽 전체를 통틀어 10위권 안에 드는 '빅클럽'이다. 그러나 프리미어리그 내에서의 성적은 매 시즌 기쁨보다는 아쉬움이 크다. 토트넘의 가장 큰 약점은 경험 부족이다.

2008년 초 이영표와 치그웰 훈련장 앞에 있는 레스토랑에서 식사를 함께한 적이 있다. 사석에서 그렇게 긴 시간을 함께 보냈던 것은 그때가 처음이었던 터라 이영표는 물론 토트넘이란 팀을 이해하는 데 도움이 되는 정보를 많이 얻을 수 있었다.

이영표가 들려준 에피소드 중 하나가 바로 선수들의 경험 부족이었다. 2005/2006시즌 아깝게 리그를 5위로 마친 토트넘은 다음 시즌 한 단계 아래인 UEFA컵(지금의 유로파리그)에 출전했다. 2006년 9월 14일 조별리그 진출을 놓고 토트넘은 체코의 슬라비아 프라하 원정(1-0승)을 치렀는데 입장 전 통로에서 이영표는 깜짝 놀랐다고 한다. 국제 대회라는 사실 하나만으로 동료들이 몽땅 초긴장 상태가 되었다는 사실을 깨달았기 때문이다. 경기가 시작되어도 얼어붙은 토트넘 선수들은 아무것도 하지 못하고 우왕좌왕, 허겁지겁 상태여서 정말 힘들었다고 이영표는 회상한다. 시간이 지남에 따라 선수들의 몸과 긴장이 겨우 풀릴 수 있었고 전반 37분 저메인 제나스가 결승골을 터트려 진땀승을 거뒀다고 한다. 이영표야 월드컵과 챔피언스리그라는 최고의 무대를 모두 경험했지만 팀 동료들은 그렇지 못했던 탓이다. 토트넘이 신나는 공격축구를 펼치다가도 맨유, 첼시, 리버풀, 아스널 같은 강팀만 만나면 잔뜩 주눅이 든 채로 허망하게 패하는 모습이 연출되는 이유도 이런 경험 부족 때문이다.

★ 신호등 때문에 탄생한 옐로우 카드와 레드 카드

축구에서 옐로우 카드는 경고, 레드 카드는 퇴장을 의미한다. 그런데 도대체 누가 맨 처음 노랑색과 빨강색을 쓰자고 한 걸까? 주인공은 영국인 심판 켄 애스턴(Ken Aston)이다. 1966년 잉글랜드 월드컵 8강전에서 잉글랜드는 아르헨티나를 1-0으로 꺾었다. 그런데 경기에 출전했던 보비 찰턴은 다음 날이 돼서야 자신이 전날 경기에서 경고를 받았다는 사실을 신문을 보고 깨달았다. 당시만 해도 경고가 구두상으로만 전달되었고 독일 주심의 구두 경고를 찰턴이 알아듣지 못했기 때문이다. 월드컵 심판위원장이었던 애스턴은 그날 차를 몰고 귀가하던 중 신호에 걸려 기다리고 있었는데 눈앞에서 점멸되는 노랑색과 빨강색의 신호등 색깔을 보고 기가 막힌 아이디어가 떠올랐다. 전세계 공통 신호인 교통신호등의 색깔을 이용해 노랑색 카드를 '경고', 빨강색 카드를 '퇴장'으로 정하면 되겠구나 싶었던 것이다. 애스턴은 심판위원회에서 자신의 아이디어를 제안했고 1970년 월드컵부터 채택되어 오늘에 이르게 되었다.

제 2 장

유럽은 만만하지 않다

1. 프리미어리거 설기현의 첫 질문

레딩은 런던에서 서쪽으로 65km 떨어져있는 소도시다. 도시 자체보단 '레딩 뮤직 페스티벌' 로 더 많이 알려진 곳이다. 대학교가 많고, 나중에 안 사실이지만 탁구로도 유명하다. "왠 탁구?" 싶겠지만 정말이다. 레딩은 대대로 영국 탁구 챔피언을 배출한 탁구 명가名家. 희한하게 유명 탁구 선수들이 한 동네에서 집단으로 배출되었고, 그렇게 유명해지다 보니 전국 방방곡곡에서 탁구 꽤나 친다는 유망주들이 모두 이곳 레딩으로 몰려들어 '핑퐁 메카' 가 되었다.

그런데 2005/2006시즌 이 작은 동네에 있는 유일한 프로축구팀 레딩 FC가 큰 울림을 남겼다. 2부 리그 격인 챔피언십에서 레딩이 역대 시즌 최다 승점 기록106점을 경신하며 우승을 차지해 창단 135년 만에 프리미어리그로 승격했기 때문이다. 정말 '촌동네' 클럽이 제대로 한번 출세한 셈이다. 소규모 클럽인지라 레딩 FC에서 가장 유명한 사람은 선수가 아니라 구단주와 감독이었다.

1990년 구단을 인수한 존 마제스키John Madejski 회장은 영국 사회의 저명인

레딩 구단 역대 최고액 선수 설기현과 함께한 존 마제스키 회장.

사다. 중고차·잡지 사업으로 큰돈을 번 마제스키 회장은 문화, 예술, 체육 분야에서 다양한 기부 활동을 하고 있어 대표적인 노블레스 오블리주로 통한다. 런던 피카딜리 서커스큰 네온사인이 있고, 에로스 동상이 있는 바로 그곳에 위치한 '로열 아카데미 오브 아트'에는 '존 마제스키 룸'이 있다. 마제스키 회장의 기부금으로 꾸며진 예술작품을 전시해놓은 공간이다.

코펠 감독은 영국 축구계의 '엉뚱한' 스타플레이어 출신이다. 인생 자체가 특이하다. 10대 후반의 나이로 당대 유럽 최강이었던 리버풀의 스카우트 제의를 "저 대학교 수업 받아야 해요"라고 거절했으니 말이다. 결국 리버풀내학교에서 경제학과를 졸업한 코펠 감독은 맨체스터 유나이티드에 입단해 천재적인 측면 공격수로 자리매김한다. 박지성의 대선배인 셈이다. 그러다가 갑자기 무릎이 고장 나는 바람에 28세의 창창한 나이로 현역에서 은퇴해야 했다. 팬들이 "어허,

이렇게 안타까울 수가”라며 혀를 찰 겨를도 없이 코펠은 은퇴 8개월 후 크리스탈 팰리스의 감독으로 취임한다. 서른 살도 채 안 된 프로축구팀 감독이라니 대단한 인물이다.

그런 두 사람이 이끄는 레딩 FC가 난생 처음 맛보는 프리미어리그에서의 거친 삶을 대비하기 위해 경험 많은 공격수를 영입하기로 결심했는데, 그게 바로 ‘설바우두’ 설기현 되시겠다. 2004년 울버햄턴에 입단한 이래 두 시즌에 걸쳐 설기현은 챔피언십 최고의 공격수 중 한 명으로 성장해 있었다. 잘나가는 선수였던 탓에 레딩 FC는 몸값으로 150만 파운드_{한화 약 26억 원}나 지불해야 했다. 프리미어리그 클럽으로 따지면 적은 금액이지만 챔피언십에서는 대형 딜에 속한다. 심지어 레딩 FC 창단 이래 최고액 이적료 신기록이다. 일 년 전에 코펠 감독은 주전 공격수 케빈 도일_{아일랜드}을 영입했는데 몸값으로 8만 파운드를 지불했을 뿐이다. 150만 파운드짜리 선수라니 레딩 FC 입장에서는 깜짝 놀랄 만한 거액 영입이 아닐 수 없다.

패딩턴 역에서 레딩행 왕복 티켓을 끊은 뒤 느긋하게 담배 한 모금과 커피 한 잔을 즐기며 시간표 화면을 확인했다. 이때만 해도 영국의 대형 기차역사 내에서도 흡연이 가능했던 호시절⑴이었다. 기차에 자리를 잡고 레딩 초행길을 좀 즐기는가 싶터니 스피커에서 “넥스트 스톱 이즈 레딩, 레딩_{Next stop is Reading, Reading}”이란다. 런던에서 가깝다는 사실은 알고 있었지만 25분밖에 걸리지 않을 줄은 미처 몰랐다. 레딩 역에 내려서 역사 안에 있는 경찰에게 물어보니 택시를 타고 가는 게 제일 낫다고 한다. 경기일에는 경기장으로 직행하는 특별 버스가 편성되지만 이날은 평일이니 택시 외에는 방법이 없다고 친절하게 대답해준다.

엉덩이 큼지막한 블랙 캡_{Black Cab, 영국 택시}에 올라타 마제스키 스타디움으로

가자고 했더니 기사가 "오늘 무슨 일 있냐?"라며 궁금해 했다. 경기도 없는 날 한 동양인이 외딴 곳에 있는 경기장에 가자니 당연히 호기심이 발동할 수밖에 없다. "오늘 설기현이라는 선수가 입단식을 해서 그거 취재하러 가요"라고 친절하게 대답. 그랬더니 기사가 고개를 끄덕이며 "아, 설기현. 그렇지, 우리 설기현 샀지"라며 혼잣말을 한다. '얼핏' 보면 이상할 것 하나 없는 평범한 장면이다. 그런데! 좀 희한하지 않나? 레딩이라는 작은 도시에서 택시를 모는 이 친구가 '설기현'이란 존재를 이미 알고 있는 것이다. 생각해보자. 그렇게 유명하다던 박지성이 맨체스터 유나이티드로 이적했을 때, 맨체스터 지역 팬들조차 "박지성이 누구야?"라며 궁금해 했다. 그런데 챔피언십에서 뛰는 한국인 선수를 레딩의 택시 기사가 이미 알고 있었다. 이 아저씨 혹시 풋볼매니저 마니아라도 되는 건가?

설기현은 한국 팬들 사이에선 과소평가되는 대표적인 선수다. 그러나 설기현이야말로 대한민국 최초의 '정통 유러피언 풋볼러'라고 부르고 싶다. 프로 데뷔서부터 2010년 K리그로 복귀하기까지 설기현은 철저하게 유럽 프로축구선수로 활동했다. 레딩으로 입단할 당시에도 그는 이미 영국 내에서도 알만한 팬들은 다 아는 유명선수였다. 어느 날 갑자기 나타난 미심쩍은 동양인 선수가 아니라 이미 영국 프로축구에서 실력을 검증 받은 실력파라는 뜻이다. 그가 레딩에 입단했을 때 누구 하나 "유니폼 판매용"이라고 비아냥거리지 않았다. 프리미어리그에 갓 데뷔하는 레딩으로선 당연한 전력강화책이었다.

공식 입단식이 열리는 회의실로 들어가보니 먼저 도착해있는 한국 취재진은 물론 영국 현지 미디어에서도 큰 관심을 갖고 취재 준비에 여념이 없었다. 특히 레딩의 지역지 기자들은 구단 역사상 최고액 선수의 공개 순간을 벅찬 마음으로 기다리는 눈치였다. 한국에서 온 우리보다 더 흥분한 게 아닌가 싶을 정도였다.

시간이 되자 마제스키 회장과 코펠 감독, 그리고 시커먼 피부의 설기현이 나란히 기자회견장으로 들어섰다. 레딩의 트레이닝복 차림의 설기현은 덤덤한 표정으로 인터뷰에 응했다. 코펠 감독은 자신이 왜 설기현을 선택했는지, 어떤 기대를 하고 있는지를 차분하면서도 조목조목 누가 학사 출신 감독 아니랄까 봐! 설명했다. 공식 인터뷰가 끝나고 사진 촬영을 위해 관중석과 그라운드로 이동했다.

이날은 날씨도 참 좋았다. 아침부터 떠있는 해는 설기현의 프리미어리그 입성을 축하라도 해주는 것처럼 계속 하늘 위 높다란 곳에서 한국인 3호 프리미어리거를 축하해줬다. 우선 마제스키 회장이 설기현과 함께 포즈를 취했다. 마제스키 회장의 표정에는 설기현에 대한 높은 기대가 그대로 떠올라 있었다. 영국 경제계에서 나름 거물이라는 마제스키 구단주가 해맑은 표정으로 설기현과 어깨동무를 하는 모습을 보니 꽤나 신기하게 느껴졌다. 사진 촬영을 마친 설기현은 그라운드 한 켠에서 한국 취재진과 우선적으로 스탠딩 인터뷰를 했다.

사실 2000년 유럽에 진출한 설기현이 자기 소속팀의 유니폼을 입고 이렇게 많은 취재진에 둘러싸인 것도 이번이 처음이었다. 국가대표팀에서야 2002년 월드컵 4강 멤버 중 하나로 뜨거운 스포트라이트를 받지만 벨기에에서 시작해 잉글랜드의 울버햄프턴 원더러스에 이르기까지 설기현의 프로 생활은 유럽 축구에 익숙하지 않은 한국 대중에게는 소위 주류가 아니었다. 하지만 그런 무관심 속에서 설기현은 어느덧 자기 힘으로 '유러피언 풋볼러'로 성장해 있었다. 한국 언론과의 인터뷰를 마친 설기현은 옆에서 대기하던 현지 언론과 유창한 영어로 인터뷰를 소화해냈다. 선수 곁에 으레 붙어있어야 할 통역사 없이 프리미어리그에 도전하는 각오를 또박또박 영어로 밝히는 설기현이 괜스레 대견해 보이기까지 했다.

마제스키 스타디움 입구 앞에서 레딩 팬들이 설기현의 사인을 받고 있다.

영국 현지 취재진이 빠져나가고 한국 취재진과 함께 그라운드 위에 남게 되자 그때까지 무표정으로 일관했던 설기현의 얼굴에서 긴장감이 사르르 빠져나가는 것 같았다. 이내 쑥스러운 표정을 지으며 설기현이 한국 취재진에 던진 첫마디는 "여기 한국 위성안테나는 어디서 사죠?"였다. 의외의 질문, 2002년 4강 신화 멤버의 털털함에 다들 미소 지을 수밖에 없었다. 나중에 안 사실이지만 설기현과 그의 가족은 레딩으로 이적이 확정되면서 너무나 기뻐했다고 한다. 평생 꿈이었던 프리미어리그의 주인공이 되었다는 사실뿐만 아니라 드디어 가족이 한국의 맛에 가까워질 수 있게 되었다는 안도감 덕분이었다.

2000년 벨기에를 시작으로 잉글랜드 울버햄턴에서 보냈던 7년 동안 설기현 가족은 한국 음식과 철저히 담을 쌓고 살아야 했다. 잉글랜드 중부에 위치한 울버햄턴에도 한국 음식점은 없다. 집에서 가장 가까운 한국 음식점을 수소문한 끝에 겨우 찾아간 곳이 자동차로 40분 거리에 있는 럭비Rugby의 작은 한국 음식점이었단다. 영국인 남편을 따라 영국으로 이민 온 한국인 아주머니가 손수 만드는 음식점이란 기대에 온 가족이 들뜬 마음으로 찾았는데 아쉬움에 고개를 떨굴 수밖에 없었다. 주인 아주머니가 한국을 떠난 지가 30년이나 되어 음식 솜씨가 고향의 맛을 잃어버린 탓이었다. 한국 음식에 대한 갈증으로 받은 스트레스가 임계치에 다다랐을 때 레딩 입단이 결정된 것이다. 레딩에서 자동차로 30분 정도 달리면 영국 내 최대 한인 커뮤니티가 형성되어 있는 뉴 몰든이 있다. 뉴 몰든은 역전 광장에 태극기가 게양되어 있을 정도로 친한親韓 지역이다. 각종 한국 음식점은 물론 한국 음식 재료를 파는 슈퍼마켓과 미용실, 심지어 자동 안마 기능을 갖춘 침대형 의료기까지 갖춘 업소도 있을 정도다. 영국의 '코리아 타운'인 셈이다. 이제는 음식 때문에 스트레스 받지 않아도 된다는 안도감에 설기현 패밀리는 쌍수를 들고 환영했다는 후일담이다.

★ '세계 최고' 프리미어리그 클럽을 소유한 갑부들

맨체스터 유나이티드, 첼시, 아스널. 이름만 들어도 근사해 보이는 프리미어리그 클럽들이다. 그럼 그 클럽의 주인들은 도대체 어떤 사람들일까? 기업과 지방자치단체가 구단을 운영하는 한국과는 달리 유럽 구단은 대부분 개인 소유다. 법적으로는 법인의 형태를 띠고 있지만 실제 소유주는 대부분 축구를 사랑하는 돈 많은 부자 양반들이다. 잉글리시 프리미어리그에는 특히 돈 많은 외국인 부자가 위세를 떨치고 있다. 사회적으로 축구가 차지하는 비중이 워낙 높은데다 영국 축구 클럽들은 법적 지위가 투명하게 보장되어 있어 부자들끼리 뜻만 맞으면 언제든지 팔고 살 수 있는 환경이 갖추어져 있다. 프리미어리그에서 구단주는 크게 두 부류로 나뉜다.

첫 번째는 전통적인 **영국 부자**들이다. 이들은 대부분 돈을 많이 번 뒤 자신이 평소 응원하는 구단이나 자기 고향 연고지 구단을 매입한다. 크게 돈을 벌겠다는 목적보다는 자신의 부를 지역사회에 환원하고 구단주로서의 사회적 지위를 즐기는 타입이다. 설기현의 '보스' 존 마제스키는 오직 자신의 고향 구단을 위해 돈을 쓰고 싶다는 생각만으로 레딩 FC를 매입했다. 마제스키는 꾸준한 투자로 구단을 발전시켜 결국 2006년 프리미어리그로 승격시키며 고향 시민들의 절대적 우상으로 떠올랐다.

웨스트 햄 유나이티드를 공동 소유한 데이비드 골드와 데이비드 설리번 두 사람도 유명하다. 성인 관련 산업으로 부를 축적한 두 사람이지만 축구 사랑만큼은 끝내준다. 1993년 두 사람은 버밍엄 시티를 공동 매입했다. 2007년 지분을 처분하면서 잠시 축구계를 떠나 있다가 2010년 1월 런던 연고의 웨스트 햄 유나이티드의 지분 50%를 공동 매입했다. 평소 웨스트 햄의 열혈 팬이었던 설리번으로서는 꿈이 이루어진 셈. 그의 파트너 골드도 영국 내에서 알아주는 축구광이다. 영국 축구의 전통을 지키려는 강한 의협심으로 팬들로부터 큰 사랑을 받는 인물이다. 골드는 2005년 FA컵의 현존 최고(最古) 우승 트로피(1910년 제작) 경매에 직접 참여해 488,620파운드의 거금에 낙찰을 받았다. 그가 이렇게 거액을 들여 트로피를 매입한 이유는 단 하나, 국보의 해외 유출을 막겠다는 일념 때문이었다. 골드는 낙찰과 함께 이 트로피를 영국 프레스턴에 위치한 '축구박물관'에 기증해 팬들로부터 큰 존경을 받고 있다.

두 번째는 **외국인 부자**들이다. 이들은 또다시 투자자와 소유자로 나뉜다. 먼저 투자자를 살펴보자. 너무나 유명한 맨체스터 유나이티드의 주인 글레이저 가문이 자타공인 대표주자. 2005년 글레이저 가문은 자산 3억 파운드와 은행 대출금 5억 파운드를 합쳐 맨체스터 유나이티드 '득템'에 성공했다. 이후 대출 원금과 이자가 눈두덩처럼 불어나 채권까지 발행하며 간신히 구단 소유권을 유지하고 있다. 일설에 의하면, 카타르 왕족의 15억 파운드 인수 제안설을 거절하는 배짱을 보이고 있다. 영국 팬들에겐 눈엣가시 같은 존재로 큰 미움을 받고 있다.

후자인 '소유자'의 대표주자는 공교롭게도 맨체스터 유나이티드와 연고지를 공유하는 맨체스터 시티의 주인 만수르 빈 자예드 알 나흐얀. 아랍에미리트 대통령이자 수도 아부 다비의 통치자 칼리파 빈 자예드 알 나흐얀의 이복동생인 만수르는 2008년 8월 맨체스터 시티를 인수했다. 구단을 매입한 이유는 오직 하나, 프리미어리그 구단의 소유 자체가 '간지'를 제대로 낼 수 있는 럭셔리 취미이기 때문이다. 그의 재산은 150억 파운드로 추정된다. 우리 돈으로 환산하면 무려 26조 원! 개인 재산이 이 정도니 그의 가족 재산을 모두 합치면… 머리 아파지니 생각하지 말자. 조, 경, 해, 자, 그 다음 단위는 각자 찾아보시길!

2011/2012시즌 프리미어리그 클럽 구단주 (구단명 알파벳 순)

구단명	구단주 이름(지분/국적)	재산 규모	활동 분야
아스널	스탄 크롱키(62.89%/미국) 알리셰르 우즈마노프 (27%/러시아)	2조 7,985억 원 19조 530억 원	부동산, 스포츠팀 운영 광산업
애스턴 빌라	랜디 러너(미국)	1조 756억 원	금융
블랙번 로버스	라오 형제(인도)	1조 1,557억 원	양계업, 농업
블랙풀	오언 오이스턴(영국)	5,334억 원	출판업
볼턴 원더러스	에디 데이비스(영국)	1,155억 원	가전 제조업
첼시	로만 아브라모비치(러시아)	14조 4,231억 원	석유
에버턴	빌 켄라이트(27%/영국) 로버트 얼(23%/영국) 존 우즈(21%영국)	177억 원 3,556억 원 177억 원	무대 프로덕션 카지노 컴퓨터 게임
풀럼	모하메드 알-파예드(이집트)	1조 2908억 원	유통업
리버풀	존 헨리(미국)	3조 8,938억 원	금융투자
맨체스터 시티	만수르 빈 자예드 알 나흐얀	31조 6,484억 원	석유
맨체스터 유나이티드	말콤 글레이저(미국)	2조 7,985억 원	식자재, 스포츠팀 운영, 부동산
뉴캐슬 유나이티드	마이크 애슐리(영국)	2조 447억 원	스포츠용품 도소매
노리치 시티	델리아 스미스(53%/영국) 마이클 원-존스(53%/웨일즈) 공동명의 마이클 폴거(15%/영국)	8,174억 원	요식업 출판업 양계업
퀸즈 파크 레인저스	토니 페르난데스 (66%/말레이시아) 라크슈미 미탈(33%/인도)	5,064억 원 56조 5,086억 원	항공업 철강업
스토크 시티	피터 코츠(영국)	7,112억 원	베팅업
선덜랜드	엘리스 쇼트	1조 7,780억 원	자산운용
토트넘 홋스퍼	조 루이스	3조 4,439억 원	외환업
스완지 시티	멜 너스(웨일즈)	3,5530억 원	레저
웨스트 햄 유나이티드	스트라우무르-부르다라스 은행 (35%/노르웨이) 데이비드 골드(30.6%/영국) 데이비드 설리번(30.6%/웨일즈)	1조 6,000억 원 1,742억 원 8,001억 원	은행 유통업, 출판업 출판업, 미디어
위건 애슬레틱	데이브 휠런(영국)	3,556억 원	유통업
울버햄턴 원더러스	스티브 모건(영국)	6,223억 원	부동산
웨스트 브로미치 앨비언	제레미 피스(영국)	711억 원	제조업

＊출처 : 각 구단 홈페이지, 위키피디아(온라인 백과사전 웹사이트)
＊적용 환율 : 1파운드=1,777원

★지금은 없어진 축구 규정

"우리 지금 메시를 너무 가만히 놔두는 것 같아. 후반전 시작되면 정강이를 걷어차는 작전으로 나가야겠어. 다들 메시가 들어오면 무조건 걷어차! 알았지?"

깜짝 놀랄 만큼 폭력적인 작전이다. 지금 어느 감독이라도 이런 작전을 내린다면 아마 미쳤다는 소리를 듣기 딱 좋다. 하지만, '정강이 차기'가 허용되던 시절도 있었다는 사실! 지금은 역사 속으로 사라진 축구 규정들을 살펴보자.

- 상대방 정강이 차기 : 1863년 잉글랜드축구협회에 의해 금지되었다.

- 한손 스로인 : 1882년 금지되었다. 이때부터 스로인은 양손을 모두 사용해야 하며 볼은 반드시 머리 뒤로 완전히 넘어가야 하는 것으로 결정했다.

- 골키퍼 손 사용 : 초창기 골키퍼는 자기 진영 어디서나 손으로 볼을 잡을 수 있었다. 1910년 들어서야 페널티박스 안에서만 손을 사용할 수 있도록 규칙이 개정되었다.

- 선수 교체 : 지금은 당연해 보이는 교체 제도가 예전에는 아예 없었다! 1965년 잉글랜드에서 경기당 한 명의 교체가 허용되는 역사적 변화가 일어났다. 그 전까지는 경기 중 선수가 다치면 그냥 한 명이 부족한 상태로 뛰어야 했다. 베켄바우어가 탈골된 어깨를 붕대로 붙들어 메고 뛴 이유가 따로 있지 않았다!

2. 산소탱크 부상 보고회

바이오리듬. 위로 올라갔다 아래로 내려갔다 하면서 바뀌는 생활 리듬 곡선이다. 2006/2007시즌 프리미어리그에서 태극전사의 바이오리듬은 절묘하게 어긋났다. 이제 막 프리미어리그에 데뷔한 설기현의 곡선이 가파르게 솟구쳐 올라 한국 축구 팬들을 기쁘게 만들었지만, '원조 영웅' 박지성의 곡선이 시즌 초반부터 밑으로 곤두박질쳤다. 부상 악몽의 시작이었다.

9월 13일, 맨체스터 유나이티드는 UEFA챔피언스리그 조별리그 첫 경기로 스코틀랜드의 절대 강자 셀틱과 만났다. 기나긴 역사를 자랑하는 두 클럽이지만 창단 이래 첫 맞대결이라는 믿지 못할 역사적 사실에 축구 팬들의 비상한 관심을 모았고, 기대에 부응하듯 3–2의 명승부가 펼쳐졌다 맨유가 이겼다. 그런데 문제는 박지성이 엔트리에서 제외되었다는 사실. 맨유의 언론 담당관 다이아나 로는 궁금해 하는 한국 취재진에게 "박지성은 타박상으로 엔트리에서 제외되었다"라고 설명해줬다. 박지성 측 에이전트도 마찬가지 대답. 나흘 전 있었던 토트넘과의 경기 막판에 상대 수비수의 거친 태클에 채이는 장면을 목격했던 터라 다들 타박상이라는 설명에 별 다른 의심을 품지 않았다.

하지만 실상은 달랐다. 다음 날 맨유는 공식 홈페이지를 통해 청천벽력 같은 소식을 전했다. 단순 타박상이라던 박지성이 왼쪽 발목 인대가 파열되어 수술을 받았고 앞으로 3개월 동안 경기에 나서지 못한다는 공식 발표였다. 역시 대표팀과 소속팀을 오가야 했던 강행군이 문제였다. 더군다나 박지성은 2006년 여름 독일 월드컵에 출전해 사력을 다했다. 비록 세 경기만에 끝난 월드컵이었지만 장기 합숙훈련, 성적에 대한 부담감 등이 복합적으로 작용하는 큰 무대인 탓에 선수들이 받는 스트레스는 상당하다. 제아무리 강철 체력이라고 해도 이렇게 오랫동안 긴장상태가 이어지면 신체 내구성이 떨어질 수밖에 없다.

부랴부랴 박지성의 현지 에이전트와 구단 연습구장인 캐링턴의 주차장에서 만나 자초지정을 전해 들었다. 역시 예상했던 바였다. 지쳤고, 피곤했고, 그런 상태에서 경기 중 상대의 거친 태클에 채여 강한 외부 충격까지 보태진 것이다. 통증이 가라앉지 않아 구단 지정병원에서 자기공명촬영MRI 검사를 해보니 왼쪽 발목 인대가 일부 파열되었다는 전혀 반갑지 않은 결과가 나와버렸다. 인대는 뼈와 뼈 사이에 붙어있는 근육이다. 인대가 늘어지고 줄어듦에 따라 팔다리가 펴지고 오므려진다. 근육이 부어오른 게 아니라 박지성의 경우처럼 아예 파열되면 심각한 부상에 속한다. 수술을 해 터진 근육을 꿰매고 아물기를 기다린 후, 운동이 가능한 근력을 강화해가는 재활훈련이 필수적이다. 말로 하면 참 간단해 보이는데 운동선수들에게 재활은 선수 생활에 있어서 최악의 경험이다. 재미없고 쓸쓸한데다 "다시 원래대로 돌아갈 수 있을까?"라는 비관이 하루에도 몇 번씩 찾아들기 때문이다. 2009년 유니버설발레단의 수석 발레리노 엄재용 씨를 인터뷰한 적이 있었는데, 재활 이야기가 나오자 양손으로 얼굴을 감싸 안으며 "정말 기억하고 싶지도 않아요"라며 인상을 찡그렸다. 그의 말에 따르자면 "겪어보지 않으면 절대로 알 수 없는 고통의 시간"이란다. 캐링턴 트레이닝 그라운드의 주차장 위에서 자기 선수의 부상을 전하는 에이전트와 그 소식을 전해 듣는 기자 사이에는 뿌연 담배 연기와 긴 한숨이 뒤섞여 둥둥 떠다녔다.

며칠 후 에이전트로부터 전화가 걸려왔다. 박지성의 수술 경과를 알리는 기자회견을 갖기로 했다는 내용이었다. 박지성의 팬이 들으면 아마도 "다친 것도 억울한데 왜 기자회견까지 열어 신경 쓰나?"라는 불만이 생길 법도 한 상황이리라. 하지만 당시는 상황이 지금과는 많이 달랐다. 국민적 관심을 받고 프리미어리그에 진출했는데 수술을 받았다니 팬들은 덜컥 겁이 날 수밖에 없다. 대한민국 영토에 존재하는 거의 모든 언론사에서 박지성 측에 사실 확인을 요청하는 전화 문의가 폭주했다. 더군다나 9월 23일 설기현이 뛰는 레딩과의 경기를 앞두고 있는 터였다. 2002년 4강 신화 멤버들이 '꿈의 무대' 프리미어리그에서 맞대결을 펼친다며 한껏 기대가 부풀어오른 상황이었으니 박지성의 부상 소식은 초미의 관심사였다. 박지성 측에서 아예 먼저 나서서 이른바 '부상 보고회'를 가진 셈이다.

당일 캐링턴 훈련장에는 수많은 한국 취재진이 몰려들었다. 다른 취재 건으로 현장에 있던 현지 기자들은 캐링턴을 접수해버린 까만머리 부대에 깜짝 놀라는 눈치였다. 알게 뭔가? 지금 대한민국의 축구 영웅이 부상 당한 판인데! 인터뷰실에서 자리를 잡고 앉아 취재 준비를 마치니 커다란 깁스를 왼쪽 발목부터 정강이까지 두른 박지성이 목발을 짚고 불편한 걸음걸이로 들어왔다. 그 모습을 보면서 한 켠으로는 미안한 마음도 들었다. 아픈 사람 붙잡아 놓고 어디가 얼마나 아픈가, 다 나으려면 얼마나 걸리는가, 어떤 재활 메뉴를 소화해야 하는가 등을 꼬치꼬치 캐물어야 하는 신세가 약간 야속해졌다. 하지만, 박지성의 일거수일투족을 알고 싶어하는 한국 축구 팬이 어디 한둘이겠는가. 세상 살다 보면 내가 총대 멜 수밖에 없는 일이 벌어지곤 한다.

목발 보행이 다소 익숙하지 않은 듯 박지성은 뒤뚱거리며 자리를 찾아 앉았다. 몇몇 사진기자들은 그의 발을 휘감고 있는 깁스를 부각시키기 위해 아래에서 위쪽을 향한 앵글로 박지성의 모습을 카메라에 담느라 바빴다. 분위기가 정리되자 일문일답이 이어졌다. 다행히 취재진의 우려와는 달리 박지성은 담담하게, 아니 명랑하게까지 보였다.

"수술한 지 일주일 되었습니다. 부상으로 인해서 기분이 다운되거나 그런 건 전혀 없고요, 제 상태에 만족하고 있고 편한 마음으로 재활을 하고 있습니다. 너무나 많은 분들께서 걱정해주시고 계신 점 감사하게 생각하고 있습니다. 그만큼 정말 좋은 몸 상태로 돌아와야 된다고 생각하고 있습니다. 재활기간이 얼마나 걸릴진 잘 모르겠지만 다시 운동장에 건강한 모습으로 돌아오는 모습을 보여드리고 싶습니다."

당초 20분 예정으로 시작된 기자회견이었지만 수술 받은 지 일주일밖에 되지 않은 선수에게 이런저런 이야기를 꼬치꼬치 캐묻기가 미안했는지 취재진의 질문은 10분도 채 되기 전에 바닥나버렸다. 질문이 떨어지고 잠시 침묵이 흐르자 박지성이 예상 밖이라는 듯이 "질문 다 떨어진 것 같은데요?"라고 농담을 던졌다. 한 TV방송사가 "9시 뉴스 시간 때문에 그러는데 정말 미안하지만 걷는 모습을 먼저 찍을 수 있을까요?"라고 묻자 박지성은 "끝나면 어차피 걸어서 나갈 건데…"라고 대답해 웃음을 선사했다. 깁스를 중심으로 다시 사진 촬영이 이어졌

영국에서 극동 아시아는 중국 문화권이란 이미지가 강하다. 이런 분위기 속에 박지성의 프리미어리거로서 활약이 돋보인다. 그러기에 2006년 9월 수술 소식은 많은 팬들을 걱정하게 만들었다.

고, 현장이 정리되자 박지성은 다시 "이제 걸어서 나가면 되는 거죠?"라고 포즈를 잡았다. 카메라맨의 오케이 사인을 받은 박지성은 "준비되셨죠? 이제 걸어나갑니다~"라는 명랑한 한 마디를 남기고 인터뷰실을 빠져나갔다. 흔치 않은, 그리고 생각해보면 처음이자 마지막이었던 박지성의 부상 보고회는 그렇게 마무리되었다.

다음 날 레딩의 홈구장 마제스키 스타디움에선 레딩과 맨체스터 유나이티드의 프리미어리그 6라운드가 펼쳐졌다. 팀 창단 이래 두 팀이 리그에서 처음 맞붙는 나름대로 역사적인 경기였던 덕분에 레딩 역에서 경기장까지 가는 길에서도 레딩 팬들의 흥분된 모습을 체험할 수 있었다. 말로만 듣던 프리미어리그의 스타플레이어들을 자기 동네 경기장에서 볼 수 있다는 사실 자체가 승패를 떠나 레딩 팬들을 너무나 즐겁게 해준 것이다.

개막전부터 레딩의 신데렐라로 떠오른 설기현은 당연히 오른쪽 윙어로 선발 명단에 이름을 올렸다. 그러나 박지성의 빈자리는 맨유의 유스 아카데미 출신의 키에른 리차드슨으로 메워졌다. 승격 돌풍을 이어가던 레딩은 전반전을 무득점으로 마치더니 후반 3분 행운의 선제골을 얻어냈다. 설기현의 패스를 받은 레딩의 오른쪽 풀백이자 주장 그래엄 머티가 올린 크로스가 맨유의 페널티박스 안에서 한 번 튕기더니 게리 네빌의 팔에 맞고 방향이 꺾여버렸다. 선수들은 물론 경기장을 가득 메웠던 2만4천여 명의 레딩 홈 팬들은 일제히 "핸드 볼Hand Ball!"이라고 외쳤고, 주심이 페널티킥 지점을 손가락으로 가리켜 화답했다. 기자석 주위에 있는 모든 팬들이 너 나 할 것 없이 일어나 만세를 불렀고, 케빈 도일이 페널티킥을 성공시키자 모두들 덩실덩실 춤을 추며 난리가 났다.

그러나 이 골로 인해 잠에 취해있던 맨유 선수들이 깨어났다. 더욱 매섭게 공격을 몰아친 맨유는 레딩 선수들에게 숨쉴 틈도 주지 않았다. 후반 28분, 크리스티아누 호날두가 레딩 진영의 왼쪽 측면에서 볼을 잡았다. 그의 앞에는 네빌의 핸드볼 파울을 유도했던 머티가 버티고 있었다. 호날두는 툭툭 볼을 치고 페널티박스 안으로 진입했지만 머티는 달려들지 슈팅 각도를 잡아야 할지 머뭇거리며 뒤로 물러서기만 했다. 호날두의 오른발이 순간적으로 볼을 살짝 오른쪽으로 돌려놓는가 싶더니 이내 반 박자 빠르게 발을 휘둘렀다. 볼은 정확히 레딩의 수문장 마커스 하네만의 오른쪽을 지나 반대편 골대 구석으로 정확히 꽂혔다. 자칫 잃어버릴 수도 있었던 승점이 호날두의 이 한 방으로 확보되는 순간이었다. 설기현은 공격 포인트를 기록하진 못했지만 경기 내내 활기찬 모습을 선사해 경기 종료 5분 전 교체될 때 홈 팬들의 기립박수를 받으며 이날의 임무를 완수했다.

★ 지(jî)를 노렸다가 GG 친 선수들

2005년 여름 맨유에 입단했을 때만 해도 박지성은 소위 백업 전용으로 인식되었다. 구단 자체가 워낙 이름값이 컸고, 박지성의 인지도는 떨어졌기 때문이다. 그러나 6년이 흐른 지금 박지성은 여전히 맨유의 붉은 유니폼을 입고 달린다. 그 동안 있었던 세 번의 UEFA챔피언스리그 결승전 중 두 경기에서 선발 출전하는 영광도 안았다. 어디선가 굴러온 '한국산' 돌을 빼내기 위해 많은 선수들이 노력했지만 모두 수포로 돌아갔다. 지금까지 박지성의 포지션을 노렸던 '불쌍한' 경쟁자들을 살펴보자.

키에른 리차드슨 (1984.10.21생, 선덜랜드)

제일 불쌍한 친구다. 웨스트햄 아카데미에 속해있던 2001년 리차드슨은 맨유 아카데미로 스카우트되었다. 좋아! 18살밖에 안 되었는데 2002/2003시즌 맨유 1군 경기로 데뷔해 골까지 기록했다. 얼씨구! 데이비드 베컴 탓에 출전 기회를 얻지 못해 잠시 웨스트 브로미치로 임대를 가기도 했지만 2005/2006시즌 맨유로 돌아와 리그 22경기에 출전하며 박지성과 치열한 포지션 경쟁을 펼쳤다. 절씨구! 그때까지만 해도 공격력에서 앞서는 리차드슨이 박지성보다 앞선다는 의견이 대부분. 지화자! 그런데 2006/2007시즌이 되어도 리차드슨은 박지성에게 윙어 포지션을 내준 채 풀백으로 활용되기 시작했다. 어, 뭔가 이상한 걸? 2007년 여름, 더 이상 맨유에선 살 수 없다고 판단한 리차드슨은 결국 선덜랜드로 이적했다. GG!

나니 (1986.11.17생, 맨유)

이 친구 정말 대단하다. 어렸을 적부터 워낙 뛰어난 기량을 뽐냈고 출신 클럽도 스포르팅 리스본이었던 덕분에 '제2의 호날두'로 불리는 축구 신동. 2007년 여름 알렉스 퍼거슨 감독이 거금 398억 원을 들여 나니를 사왔다. 드리블, 슈팅, 페인팅 모두 압권으로 금방이라도 호날두와 좌우 쌍포를 이룰 것으로 큰 기대를 얻었다. 그런데 어째 퍼거슨 감독은 계속 나이든 라이언 긱스와 박지성만 찾는다. 운 좋아서 데뷔 시즌부터 UEFA챔피언스리그 우승 반지를 끼긴 했지만, 2008/2009시즌 들어 완전히 박지성에게 밀려 후보로 전락. 결국 나니가 본격적인 출전 기회를 얻기 시작한 것은 호날두가 레알 마드리드로 떠난 후부터였다. 박지성은 언제나 그곳에 있고 나니만 열심히 이리저리 돌아다닌 끝에 입단 4년째인 2010/2011시즌부터 비로소 제 기량 을 펼치기 시작했다.

가브리엘 오베르탕 (1989.2.26생, 뉴캐슬)

그 유명한 프랑스 축구의 산실 클레르퐁텐 출신이다. 지네딘 지단을 비롯해 프랑스 축구를 대표하는 슈퍼스타들을 배출한 이곳 졸업생이란 사실 하나만 으로도 기본 실력을 인정받을 정도. 프랑스의 보르도와 로리앙에서 활약하던 오베르탕은 2009년 여름 퍼거슨 감독의 낙점을 받아 당당히 맨유에 입단했 다. 그런데 갈 길이 너무 멀다. 천성적으로 측면 공격수인데, 오른쪽에 가면 안토니오 발렌시아, 왼쪽에는 박지성이 버티고 있으니 경기 출전이 하늘에 별 따기. 맨유에서 두 시즌을 마친 오베르탕은 "더 이상 못 참아!"를 외치곤 뉴캐슬 유나이티드로 이적했다.

 ★ 아카데미상을 받은 축구선수가 있다?

1915년 태어난 닐 패터슨은 스코틀랜드 최고의 명문 에딘버러대학교를 졸업

하고 1936/1937시즌 스코티시 리그의 리스 애슬레틱과 던디 유나이티드에서 인사이드-레프트(현 미드필더에 해당)로 활약했다. 26경기 9골(해트트릭 1회 포함)의 준수한 기록을 남겼지만 결국 직업축구선수가 되기를 거부하고 평소 꿈이었던 언론인이 되기로 결심한다. 글쓰기를 시작한 패터슨은 소설가로 명성을 쌓아갔다. 1959년 잭 클레이튼 감독의 〈꼭대기 방(Room at the Top)〉이란 영화의 각본을 담당한 페터슨은 당당히 미국 아카데미 각본상을 받는 쾌거를 이룩했다. 패터슨은 축구선수 출신으로 아카데미 수상자가 된 유일무이한 역사적 인물로 기록되고 있다.

3. 유러피언 풋볼러 설기현

영국에 대한 첫 인상은 '다르다!' 였다. 평생을 살았던 한국과는 모든 게 너무나 달라 그 속에 있는 한국인은 문자 그대로 '에일리언Alien' 이었다. 세상이 돌아가는 방식도 달랐고 그렇게 돌아가는 세상을 바라보는 가치관도 너무나 달랐다. 그나마 믿었던 영어마저 낯선 영국식 영어의 벽을 오르다 미끄러지고의 반복이었다. 평생 미국식 영어에만 익숙했던 귀에 팍팍 꺾이고 소리를 먹어버리는 영국식 발음은 정말 '대략난감' 이었다. 언어, 생각, 가치관, 술자리 화젯거리, '빵 터지는' 포인트 등이 몽땅 다르니 대화의 허리가 뚝뚝 끊겨 나갔다. 이 첫 단계를 넘어서지 못한 사람들 중에는 한인 커뮤니티 속에 파묻혀 영국 속의 에일리언으로 남는 경우도 적지 않다.

일반인도 이런데 평생 특수한 환경에서 축구만 해온 선수에게 유럽 적응은 지하 암실처럼 느껴질 수밖에 없다. 축구선수는 축구에만 집중해야 한다는 동양의 수련, 고행 등의 개념에 익숙한 한국 축구선수들은 어렸을 때부터 정말 축구만 하면서 산다. 외국어는커녕 일상생활에서 기본적인 부분조차 곁에서 다 해주는 환경에서 살아가는 게 대부분이다. 유로2008 대회 기간 중 오스트리아에 체류하던 서정원 현 국가대표팀 코치의 자택에 초대를 받아 간 적이 있었다. 맛난 식사를 하고 나서 후식을 즐기고 있는데 서정원 코치의 형수가 이런 불평을 터트렸다.

"결혼해서 사는데 거실에 형광등이 나간 거예요. 남편서정원 코치에게 이것 좀 갈아 끼우라고 했죠. 그런데, 이이가 할 줄 모른다는 거예요. 무슨 소리냐고 했더니 자긴 평생 한 번도 형광등을 갈아 끼워본 적이 없었다더군요. 너무 어이가 없었죠."

다들 웃자 서정원 코치는 억울하다는 표정을 지으며 "아니, 정말이라니까. 난 그때까지 한 번도 형광등을 갈아본 적이 없었어"라며 항변했다. 그가 건방진 스타플레이어였기 때문이 아니었다. 평생 축구만 하면서 살아왔을 뿐이고 그 외 일상생활에 필요한 모든 부분은 남이 대신 해줬기 때문이다. 혼자서는 아무것도 할 수 없는 그런 순도 100% 축구인간을 만들어내는 한국 사회의 단상이기도 하다.

2006년 12월 26일 레딩이 첼시 원정을 위해 런던을 방문했다. 며칠 전부터 적당한 인터뷰 시간을 찾기 위해 애쓰던 차에 설기현이 "첼시전 끝나고 와이프 친구와 식사를 하기로 했는데 그냥 밥 같이 먹으면서 편하게 하시죠"라는 아이디어를 냈다. 원래 인터뷰라는 게 정해놓고 하면 참 딱딱하고 형식적인 질답만 오가기 일쑤이기 때문에 이런 자리에서 자연스럽게 나오는 선수들의 농담 한 마디가 독자에겐 색다른 재미를 선사해준다.

경기에선 부상에 복귀한 글렌 리틀이 선발로 나선데다 경기 양상이 막판까지 치열하게 흐르는 바람에 설기현은 출전 기회를 얻지 못했다. 시즌 초반 돌풍을 일으키던 레딩은 주제 무리뉴의 첼시에 맞서 원정에서 2-2 무승부라는 만족스러운 결과를 얻어냈다.

경기가 끝나고 일단 선수단과 함께 레딩으로 돌아갔던 설기현에게서 전화가 걸려왔다. 아뿔싸, 식사 장소를 아직 못 구했단다. 이날은 영국에서 '복싱 데이'로 불리는 크리스마스 다음 날이니 런던 시내라고 해도 문을 연 식당을 찾는 건 하늘에 별따기. 한국인의 워커홀릭 습성에 희망을 품고 인터넷 창을 열어 런던 시내에 있는 한국 식당 리스트를 뽑아 부랴부랴 전화를 돌렸다. 처음 네다섯 곳에서는 "오늘은 영업을 하지 않습니다"라는 김새는 음성 메시지가 흘러나왔다. 낙담하던 차에 드디어 한 식당과 연결되었다. 단순히 전화를 받아줬다는 사실만으로도 충분히 고마웠다. 인원은 설기현 가족 4인, 일행 2인, 나까지 총 7명이었다. 하지만 예상대로 문을 연 곳이 별로 없는 탓에 모든 예약이 꽉 차있었다. 간곡히 부탁에 부탁을 하다가 마지못해 "지금 설기현 선수와 함께 가려고 하는데 도저히 안 될까요?"라고 마지막 카드를 던졌다. 직원이 잠시만 기다리라더니 사장이 직접 전화를 받았다. "저녁 8시 넘어서라면 저희가 어떻게 해서든지 자리를 만들어볼게요." 당사자에겐 약간 미안했지만 부득이한 '유명인 이름 팔기' 작전이 먹힌 것이다.

음식점은 런던의 중심 중 중심이라고 할 수 있는 리젠트 스트리트에 있는 한 식당이었다. 가게 문을 열고 들어서니 역시 초만원. 그렇지만 우리 일행을 반갑게 맞아준 사장님께선 과감히 독실을 내주셨다. 자리에 앉는 순간 "아이고~ 다행이다"라는 말이 저절로 나와 서로를 보며 웃었다.

음식이 나오고 서로의 안부를 묻는 일상의 식사 자리가 되니 분위기가 편해

패션의 거리 카나비 스트리트(Carnaby St)에 선 설기현.

마제스키 스타디움을 찾은 대표팀 선배 김도훈 코치(현 성남)와 설기현 선수.

졌다. 설기현 내외는 자기 밥 먹으랴 아이들 챙기랴 영락없는 보통의 부부였다. 큰아들인 인웅이는 조금 밥을 먹나 싶더니 이내 테이블 여기저기를 돌아다니며 세상에 대한 호기심을 발산했다. 인터뷰랄 것도 없이 그냥 식사를 하면서 이런 저런 세상 돌아가는 이야기를 나눴다. 식구들까지 모두 모인 자리니만큼 축구와 관련된 화제는 거의 나오지 않았다. 그저 이국 땅에서 살아가는 한국인들끼리 모인 자리에서 자연스럽게 나오는 황당했던 경험, 아직도 이해가 가지 않는 유럽의 일상, 영국이란 곳에서 살아가기가 얼마나 불편한지, 그리고 한국을 그리워하는 마음들이 오갔다.

"벨기에에 처음 갔을 때에는 정말 힘들었어요. 말이 하나도 안 통하잖아요. 클럽하우스에서 감독이나 동료들과 만나도 정말 눈인사 외에는 아무것도 못했어요. 말이 안 통하는 게 창피하니까 저는 그냥 휴게실 소파에 앉아 책만 읽었어요. 그것밖에 할 게 없었으니까요. 하루는 감독이 인터뷰 중에 나에 대한 멘트를 했다는 거예요. 집에 와서 무슨 말을 했는지 일을 도와주던 친구에게 물어봤는데 정말 웃겼어요. 감독이 '설기현은 정말 조용하고 인텔리한 선수다. 시간이 날 때마다 그는 독서를 한다' 라고 칭찬했다는 거예요. 하하. 난 그냥 말이 안 통해서 그랬던 것뿐이었는데 말이죠."

영어를 한 마디도 할 줄 모르는 축구선수니까 저런 황당 시츄에이션일 거라는 편견을 버리시라. 앞서 말했지만 일반인도 난생 처음 유럽의 일상 속에 혼자 떨어지게 되면 별반 다를 게 없어진다. 게다가 유럽에 있으면 "난 참 먼 곳에서 온 이방인이구나"라는 생각을 자주 하게 된다. 벨기에도 그렇고 영국에도 어느 조직을 가나 외국인이 참 많다. 축구팀은 더 심하다. 유럽의 다른 국가는 물론 아프리카, 남미 등 갖가지 출신 배경의 다국적 구성원이 득실댄다. 그런데 문제는 나도 그 중 하나일 뿐인데, 이 친구들은 대부분 언어와 문화적 부분을 공유하는데 비해 전혀 다른 문화권에서 온 한국인은 그렇지 못하다는 사실이다. 게다가 집단 내에서 자기 목소리를 내는 게 익숙하지 않은 한국의 집단중심적 사고도 유럽 적응에 큰 장애물로 작용한다.

"로커룸에 있으면 감독이 우선 벨기에 말플라망어로 작전을 지시해요. 끝나면 벨기에어를 사용하는 동료들이 밖으로 나가죠. 그 다음에는 같은 내용을 녹일어로 설명해줘요. 독일어를 알아듣는 동료들이 또 빠지고, 그 다음엔 영어 차례예요. 그런 식으로 빠지고 나면 항상 로커룸에 나 혼자 달랑 남아요. 정말 답답하고 창피하죠."

어느 날 갑자기 당신이 벨기에에 있는 회사에 취직을 했다고 상상해보자. 아침에 출근하자 직장 상사가 오라고 하더니 플라망어로 가득 찬 서류더미를 던져 주면서 플라망어로 업무 지시를 내린다. 무슨 말인지 몰라서 일단 알았다고 고개를 끄덕이고 옆자리에 있는 동료에게 물어보자 이 친구는 독일어로 설명해준다. 외국인 직원이니 이런 환경 하에서 당연히 남들보다 업무 성과가 좋아야 한다. 정말 환장할 노릇이 아닐 수 없다. 그런 '창피함'을 극복하고 설기현은 첫 시즌에 11골을 넣으며 벨기에 진출 1년 만에 최고 명문 안더레흐트로 스카우트되었다. 그리곤 2004년 여름 콧대 높은 잉글랜드 축구로 건너와 2년 뒤 프리미어리거의 꿈을 이룬 것이다. 아무도 알아주지 않고 그 누구의 말도 알아들을 수 없는 환경에서 이렇게 자기 경력을 발전시켜가기란 결코 쉽지 않다.

★ 런던엔 도대체 축구팀이 몇 개야?

런던은 유럽의 중심이다. 인구는 750만 명에 불과하지만 유럽의 정치, 경제, 문화, 그리고 사회의 심장이다. '축구 성지'로 일컬어지는 웸블리 스타디움도 바로 이곳 런던에 있다. 그런 만큼 축구팀도 정말 많다. 런던에는 총 14개의 프로 구단과 80개의 아마추어 리그가 운집해있다. 1개 도시에 1개 팀만 존재하는 것을 원칙으로 하는 미국식 프랜차이즈 방식에서는 절대로 이해할 수 없는 일이지만 런던에서라면 가능하다.

런던 풋볼 클럽

구분	클럽명	창단년도	소속 리그	홈 경기장	수용인원
1	아스널 Arsenal	1886	프리미어리그	에미리츠 스타디움	60,355명
2	바넷 Barnet	1888	리그2(4부)	언더힐 스타디움	6,200명
3	브렌포드 Brentford	1889	리그1(3부)	그리핀 파크	12,763명
4	찰턴 어슬레틱 Charlton Athletic	1905	리그1(3부)	더 밸리	27,111명
5	첼시 Chelsea	1905	프리미어리그	스탬퍼드 브릿지	41,841명
6	크리스탈 팰리스 Crystal Palace	1905	챔피언십(2부)	셀허스트 파크	26,309명
7	풀럼 Fulham	1879	프리미어리그	크레이븐 코티지	25,700명
8	레이턴 오리엔트 Leyton Orient	1881	리그1(3부)	브리스베인 로드	9,271명
9	밀월 Millwall	1885	챔피언십(2부)	더 덴	20,146명
10	퀸즈 파크 레인저스 Queens Park Rangers	1882	프리미어리그	로프터스 로드	18,360명
11	토트넘 홋스퍼 Tottenham Hotspur	1882	프리미어리그	화이트 하트 레인	36,310명
12	왓포드 Watford	1881	챔피언십(2부)	비커리지 로드	17,504명
13	웨스트 햄 유나이티드 West Ham United	1895	챔피언십(2부)	업튼 파크(2014년부터 런던 올림픽 스타디움 사용)	35,533명
14	AFC 윔블던 AFC Wimbledon	2002	리그2(4부)	킹스미도우	4,722명

*2002년 윔블던 FC가 밀턴 킨스로 연고지를 이전한 것에 반발해 기존 팬들이 'AFC 윔블던'이란 독립 클럽을 설립했다. 하위 리그부터 시작한 AFC 윔블던은 2011/2012시즌 드디어 프로리그인 '풋볼리그 2(4부)'로 승격하는 기쁨을 안았다.

 ★ 나이래봬도 아스널 직원이라고!

영국 축구 클럽은 규모만큼이나 직원의 종류도 다양하다. 특히 경기 당일 매출을 책임지는 케이터링 서비스 분야에 투입되는 인력은 상당히 많다. 티켓 판매만큼이나 경기장을 찾는 스폰서와 VIP 고객을 최대한 잘 대접해 박스석 판매, 케이터링 패키지 상품 등의 매출을 극대화시켜야 하기 때문에 영국에서는 이 부문의 영업 전략도 대단히 중시된다. 1993년 아스널은 기발한 직원이 투입되었다. 이름은 마빈 버글라스, 업무는 마술사다. 경기일 VIP고객의 즐거운 식사와 만찬을 위해서 테이블 구석구석을 돌아다니며 재미있는 마술 서비스를 제공하는 게 임무였다. 토트넘, 첼시, 맨체스터 유나이티드도 이렇게 구단 전속 마술사를 고용하고 있다. 또 토트넘은 클럽 영광의 순간을 아름다운 문장으로 남기기 위해 전속 시인을 고용한다. 맨체스터 유나이티드는 구단 전속 화가가 있어 알렉스 퍼거슨 감독을 비롯해 스타플레이어들의 친필사인이 들어간 초상화 작품을 아주 비싼 값에 팔기도 한다.

4. 미국행 비행기에 오르다

2007년은 꽤 기분 좋게 시작되었다. 1월 초 오랜 기다림 끝에 드디어 맨체스터 유나이티드로부터 박지성의 단독 인터뷰 허가가 떨어진 것이다. 발목 부상에서 복귀가 가시권에 들어오기 시작했던 12월 초부터 구단으로 인터뷰를 요청했다. 영국에서 스타플레이어의 단독 인터뷰 기회를 잡기란 하늘에 별 따기처럼 어렵다. 한국에서라면 선수와 직접 통화로 일을 진척시킬 수 있지만 영국에서는 감독과 선수는 철저히 베일에 싸인 존재들이다. 특히 맨유 같은 빅클럽의 선수와는 금전이 오가는 은밀한 거래가 아니고서는 단독 인터뷰는 사실상 불가능하다. 그런 상황에서 성사된 박지성의 난독 인터뷰였으니 기쁠 수밖에 없었다.

단독 인터뷰 성사를 축하라도 해주듯 박지성은 1월 13일 애스턴 빌라와의 홈 경기에서 복귀 후 첫 골을 터트렸다. 인터뷰는 18일 목요일 오후 캐링턴 트레이닝 센터에서 진행했다. 클럽하우스 응접실에서 기자를 맞이한 언론 담당관 다이

애스턴 빌라의 홈구장 빌라 파크 곳곳에는 전통이 서려 있디.

아나 로는 "20분입니다. 절대로 시간을 넘기면 안돼요"라며 인터뷰 시간 엄수를 신신당부했다. 누가 빅클럽 아니랄까 봐 까다롭게 굴었다. 10분 정도 기다리자 오전 훈련을 마친 박지성이 스킨 냄새를 풍기며 나왔다. 부담을 털어낸 첫골 이야기, 좋아진 몸상태, 로커룸 분위기 등을 나누며 분위기를 풀어갔다. 박지성도 정말 오랜만에 갖는 인터뷰였던지 싫은 표정 없이 농담을 섞어가며 잘 대답해줬다. 인터뷰 말미에 "지금 세계 최고의 클럽에 있으니 더 이상 올라갈 곳이 없는 것 아니냐?"라고 묻자 박지성은 웃으며 동감을 표시했다.

"동의합니다. 지금 제가 이적하면 동급 레벨 아니면 이른바 떨어지는 팀으로 옮기게 되는 거죠. 언제든지 그런 생각을 해요. 아무리 훌륭한 선수라도 이곳에 왔다가 언젠가는 떠나게 됩니다. 하지만 그건 어느 누구나 마찬가지겠죠. 저 역시 당연히 그런 부분을 감수하고 있고 또 언젠가는 떠나야 할 때가 올 거라고 생각해요. 하지만, 제일 중요한 건 제가 지금 세계 최고의 클럽에서 뛰고 있다는

캐링턴 클럽하우스 로비에서 마주한 박지성과의 인터뷰. 인터뷰 후 박지성은 찰턴전에서 골을 터트리는 등 행운의 소식을 들려 주었다.

사실입니다. 전 이곳 선수로서 조금 더 빨리 발전하기 위해 이 팀을 선택했기 때문에 제가 할 수 있는 만큼 선수로서 발전하는 게 지금 가장 집중해야 할 점입니다.”

4년 전 박지성의 각오를 지금 다시 돌아보면 박지성은 자신이 설정한 목표에 따라 살았다는 사실을 알 수 있다. “발전하고 싶다”는 말 그대로 박지성은 UEFA 챔피언스리그 결승전에서 두 번이나 선발 출전하며 세계 축구 최정상의 무대에 서는 선택 받은 자가 되었다.

인터뷰가 있은 후 박지성은 하늘 높이 날았나. 찰턴전2007년 2월 10일에서 골을 터트렸고, 3월 17일 있었던 볼턴과의 홈경기에선 두 골을 터트리며 잉글랜드 진출 후 첫 멀티골을 폭발시켰다. 2주 뒤인 3월 31일 블랙번전에서 시즌 5호 골을 신고했다. 기분 좋은 시간이 이어지고 있던 박지성은 4월 4일 AS로마 원정챔피언스리그과 7일 포츠머스전에서 연속으로 결장했다. 덜컥 겁이 나 현지 에이전트에게 전화를 걸어 문의했더니 "무릎이 안 좋아서 2주 정도 결장할 것 같다"라는 답변이 돌아왔다. 가슴을 쓸어 내렸고 또 안타까웠다. 아무리 작은 부상이라고 해도 하필이면 이렇게 잘나갈 때라니.

부상이 길어지는 것 아닌가 하던 차에 4월 24일 맨유와 AC밀란의 챔피언스 리그 4강전을 취재하기 위해 맨체스터로 올라갔다. 박지성의 에이전트와 미리 연락해 경기 몇 시간 전에 올드 트라포드 스타디움 앞에서 만나기로 했다. 영국 날씨답게 4월이었음에도 불구하고 차가운 바람이 얼굴을 때렸다. 에이전트는 큰 부상이 아니니 걱정하지 마시라, 팀에서 지금 계속 보고 있다 등의 말로 안심시켰다. 정말 부상이 심각하지 않다는 사실을 각인이라도 시키듯 그는 영국 생활에 대한 농담을 유난히 많이 던졌다. 총각이었던 탓에 "선수는 그렇다 쳐도 나는 무슨 팔자에 여기서 홀아비 노릇하고 있는지 모르겠어요. 여자 좀 소개시켜 주세요"라면서 엄살을 부렸고, 어느새 그의 작전에 넘어가 함께 맞장구를 치며 대화를 즐겼다.

더군다나 이날 밀란과의 경기에선 카카가 기적의 경기력을 선보이며 모든 이의 혼을 쏙 빼놨다. 전반 37분 터진 카카의 두 번째 득점 장면은 지금도 잊을 수가 없다. 밀란의 수비진이 길게 걷어낸 볼이 맨유 진영으로 떨어졌다. 대런 플레처의 안이한 대처를 간파한 카카가 갑자기 내달리더니 가브리엘 에인세와 파트리스 에브라를 통과해 결국 환상적인 솔로 골을 터트렸다. TV카메라로는 전달하기 힘든 감동적인 장면이었다. 상대의 실수 순간을 낚아채는 카카의 본능은 그야말로 동물적이었다. 영화 〈여고괴담〉의 명장면처럼 카카는 눈 한 번 깜박거릴 때마다 몇 미터씩이나 이동했다. 축지법이라도 쓰는 것처럼 보였다. 인간이라곤 도저히 믿겨지지 않는 비정상적인 순간이동이었다.

그러고 나서 런던으로 복귀한 지 사흘 만에 대형사고가 터졌다. 한 현지 신문이 "박지성이 수술을 받기 위해 미국으로 갔다"라고 보도한 것이다. 뒷목이 뻣뻣해졌다. 불과 사흘 전까지 "괜찮아요. 금방 낫겠죠"라고 말했던 에이전트의 핸드폰은 부재중 메시지만 무한 반복했다. 구단 언론 담당관의 음성사서함에 사실 확인 요청 메시지를 남겨도 소용없었다.

다음 날28일 리버풀로 올라갔다. 맨유와 에버턴의 프리미어리그 경기가 예정되어 있었기 때문이다. 에버턴의 홈구장 구디슨 파크의 기자실에 들어서니 다이아나 로가 구석에서 뭔가를 열심히 적고 있었다. 인사를 나누기 무섭게 "박지성이 미국으로 갔다는 게 사실인가?"라고 묻자 그녀는 "지금 홈페이지에 올릴 공식 발표 문구를 가다듬고 있으니 조금만 기다려요. 완성되면 올리기 전에 먼저 알려줄게요"라며 한쪽 눈을 찡긋 감았다. 고마워해야 하는 건지 원망해야 하는 건지. 10분 정도 지나자 로가 손짓을 보냈다. 그녀가 메모지에 적혀있는 문장을 천천히 읽어나갔고 한 마디라도 놓칠새라 열심히 받아 적었다.

"박지성의 무릎 부상을 정밀검사한 결과 연골이 파손된 것으로 판명되었습니다. 박지성은 현재 구단에서 수배한 최고의 스페셜리스트로부터 진료를 받고 있으며 정확한 복귀 시점은 오는 8월 선수의 재활 상태를 중간점검에서 알 수 있습니다."

뒤통수 맞았다는 사실두 허탈했고, 맨유의 공식 발표 내용도 안타까웠고, '무릎 연골'이라는 생소한 단어의 철자를 몰라서도 더 짜증이 났다. 그녀는 살짝 미소를 지으며 "C, A, R, T, I, L, A, G, Ecartilage, 연골"라고 한 자 한 자 스펠링을 불러주는 친절함을 베풀어줬다. 이런 친절함은 됐으니 제발 선수가 정확히 언제부터 어떻게 다쳐서 어떤 연유로 미국까지 날아갔는지나 좀 알려달라고!

★ 대단한 그리고 따분한 지성 씨

박지성의 팬이라면 '김정수'라는 이름이 낯설지 않다. 그는 대한민국 스포츠 계 최고 브랜드 '박지성'의 에이전트였다. 오랜 세월 타향에서 박지성과 동거동 락을 하면서 사무적 관계를 넘어 가족 같은 존재로 언제 어디서나 함께했었 다.(지금은 독립해서 각자의 길을 가고 있다.) 2007년 철저히 베일에 싸여 진행 된 박지성의 무릎 수술과 재활 과정에서도 줄곧 박지성 곁에는 그가 있었다. 김 정수 에이전트에게 당시 이야기를 들어보자.

"블랙번전이 끝났는데 지성이가 무릎에 물이 찼다면서 3~5일 정도 쉬어야 할 것 같다고 말하더라고요. 그때만 해도 지성이의 영어 실력이 완벽하지 않아 저를 통해 구단과 의사소통을 하고 있었을 때였죠. 구단 메디컬에서 검사 결과 를 보더니 3개월짜리라는 진단이 내려졌어요. 속상했죠. 구단에서 다시 지정병 원에서 정밀검사를 받아보자고 권고해서 그렇게 했어요. MRI를 찍고 갖가지 정 밀검사를 했어요. 결과가 나오는 날 영어 선생님과 지성이, 그리고 저 세 사람이 병원 의사를 찾아갔습니다. 의사가 연골이 찢어진 상태를 설명해주면서 길게는 1년 정도까지 못 뛸 수도 있다는 거예요. 기가 막혔죠. 검사를 할 때마다 회복기 간이 늘어나더니 이젠 1년이라니 정말 말이 안 나오더군요. 영어 선생님과 저는 무슨 말을 해야 할지 몰라서 멍 하니 있었어요. 완전히 표정도 굳었어요.

그런데 옆에 있던 지성이가 뭐라고 했는지 아세요? '아, 그래요?'라고 딱 한 마디 하더군요. 옆에 있는 사람들은 다들 안타깝고 당혹스럽고 어쩔 줄 모르고 있는데, 정작 다친 본인은 정말 무표정하고 태연하게 '아, 그래요?'라뇨! 속으로 '뭐 이런 애가 다 있지?'라는 생각이 들 정도로 지성이는 자기가 1년 동안 못 뛴다는 사실을 너무나 담담하게 받아들이더라고요. 저 같으면 절대로 그렇게 못할 것 같은데 말이죠. 정말 놀랐어요.

여하간 블랙번 경기 끝난 뒤부터 이리저리 다니면서 검사 받고, 그러다 보니 꼬박 한 달이 걸리더군요. 지정병원에서 1년 진단이 나온 뒤에 구단 코칭 스태프와 메디컬, 지정병원, 선수 이렇게 다 같이 한자리에 모였어요. 어떻게 치료할지, 수술을 받을지 말지, 받는다면 어디서 받을지를 빨리 결정해야 했거든요. 노르웨이에 있는 병원에는 유전자 배양식이 있고, 아니면 미국의 리차드 스테드만 박사에게 수술을 받는 방법 두 가지가 있었어요. 모두의 의견을 모아본 결과 스테드만 박사에게 가기로 합의를 봤죠. 그런데 구단의 태도에 놀랐어요. 그때만 해도 지성이 월급이 실수령액만 7~8천만 원 정도 되었거든요. 그렇게 비싼 선수가 다쳐서 1년이나 못 뛰게 생긴 거잖아요. 우리도 마음이 불편하죠. 맨유라는 팀은 1년이나 자리를 비우면 당연히 경쟁자가 치고 들어오는 곳이잖아요. 그런데 맨유가 제일 여유 있게 결정을 내리더군요. 조급해 하는 기색이 전혀 없어요. 어차피 시즌 아웃이니 마음 편하게 제대로 고치자고 역으로 우리에게 제안하는 거예요. 이래서 맨유구나, 라는 생각이 들었어요.

재활은 정말 지루해요. 무릎과 발목을 천천히 왕복하게 하는 기계가 있는데 그 동작을 매일 3~4시간씩 해야 한다고 생각해보세요. 말 그대로 천천히 폈다가 천천히 굽히는 동작의 반복인데 그걸 버텨내는 지성이를 보니 또 한 번 놀랄 수밖에 없었어요. 매일 아침 구단에 가서 그런 과정을 소화하고, 집으로 돌아와서 혼자 책 읽고, 게임 하고, 다운로드 받은 드라마나 예능 프로그램을 보면서 시간을 보내는 게 전부였어요. 무릎 수술을 받으러 갔던 미국에서도 제 속은 타들어가는데 지성이는 '영국에서는 Are you alright?(잘 지내?)라고 하는데 여긴 Are you OK?라고 하네'라며 신기하다는 듯이 말하더군요. 지금 그런 게 귀에 들어오니, 싶은 거죠, 저는. 하하.

지성이 생활을 옆에서 보면 정말 따분해요. 제가 맨날 '넌 정말 인생 재미없게 산다'고 놀려대죠. 재미라고 해봐야 기껏 새로 나온 전자제품 만지면서 노는 일 정도예요. 맥북을 사서 갖가지 주변기기를 사 이것 써보고 저것 써보고, 그런 식이에요. 혼자 노는 거죠. 자동차만 봐도 그렇잖아요. 카이엔(포르쉐 SUV)을 사는 데만도 한 달 넘게 고민하더라고요. 1년에 연봉만 30억 원이 넘는 녀석이 1억 원짜리 차 사는데 그렇게 고민하는 걸 보면 참… 그것도 어떻게 하면 조금이라도 싸게 살 수 있는지 여기저기 알아보고. 어이구, 그런 부분을 보면 정말 가정교육을 잘 받았다는 생각이 들어요."

★감동의 이 응원곡은 도대체 누구 작품?

전세계 최고의 슈퍼스타들이 도열하고 나면 경기장 내에는 장엄한 리듬이 흐른다. 축구 역사상 가장 유명한 UEFA챔피언스리그의 테마곡 〈Champions League〉이다. 이 곡은 언제 누가 만들었을까?

유럽축구연맹(UEFA)은 1992년 영국의 클래식 작곡가 토니 브리튼에게 테마곡을 의뢰했다. 브리튼은 게오르크 프리드리히 헨델의 작품 '조지 2세 대관식 앤섬 제1장 '제사장 사독(Zadok the Priest)'을 편곡했다. 원곡은 지금도 영국 왕실의 대관식 전용곡으로 사용되고 있다. 녹음을 위한 연주는 런던의 로열 필하모닉 오케스트라가 맡았고 아카데미 실내관현악단이 코러스를 담당했다. 가사는 영어, 독일어, 프랑스어 3개 국어로 쓰여졌다. 이후 챔피언스리그 경기 때마다 배경음악으로 사용되고 있다. 저작권은 당연히 UEFA가 보유하고 있지만 지금까지 한 번도 공식 발매된 적이 없는 희귀곡 중 하나. 전세계에서 이 곡을 사용하고 싶다는 의뢰가 쇄도하지만 UEFA는 꿋꿋이 "NO"를 외치고 있다. 오직 선택 받은 축구 영웅들만이 이 곡의 주인공이 될 수 있는 셈. 참고적으로 가장 많은 요청은 "내 결혼식에서 사용하고 싶어요"란다.

5. 아테네의 글라디에이터

2006/2007 시즌이 개인적으로 마감된 곳은 '신의 땅' 아테네였다. 5월 23일 아테네 올림픽 스타디움에서 열린 UEFA 챔피언스리그 결승전에서는 이탈리아의 터줏대감 AC밀란과 잉글랜드의 자존심 리버풀이 맞붙었다. 2년 전 터키 이스탄불에서 대회 역사상 최고의 명승부를 펼친 양 팀이 2년 만에 맞붙는 리턴 매치. 리버풀은 준결승전에서 국내 라이벌 첼시를 접전 끝에 제쳤고, 밀란은 맨체스터 유나이티드를 1, 2차전 합계 5-2로 격파하고 아테네 입성에 성공했다. 맨유의 박지성은 다시 한 번 밀란 악연에 눈물을 흘려야 했다. 2005년 PSV에인트호번 시절 밀란에 막혀 결승행 진출에 실패했던 박지성은 2006/2007시즌에도 같은 상대를 만나 같은 결과를 얻고 말았다.

결승전 취재 여부가 늦게 결정되는 바람에 부랴부랴 비행기 티켓 사냥에 나서야 했다. 평소 부지런을 떨면 10만 원 이하로도 저가항공 티켓을 구할 수 있는 런던-아테네 구간이었지만 결승선이 불과 일주일 앞으로 다가온 상황인지라 이

새벽 5시 리버풀 존 레논 공항(위). 아테네 올림픽 스타디움으로 입장하는 팬들(가운데). 우승 메달을 목에 건 AC밀란 레전드 파울로 말디니(아래).

미 3백만 원을 훌쩍 넘어 있었다. 더군다나 경기 티켓도 없이 그리스로 날아간 리버풀 팬들 수만 무려 10만 명을 넘겼다. 결승전 당일까지 모든 교통수단과 현지 숙박은 모두 동이 나고 말았다. 하지만, 하늘이 도움의 손길을 보냈다. 아테네행 비행기 티켓을 구하지 못한 리버풀 팬들을 위해 항공사가 특별기를 투입했다는 반가운 소식이 들려왔다. 곧바로 전화를 걸어 겨우 예약에 성공했다. 왕복요금도 48만 원으로 당시 상황에 비하면 초저가였다. 경기 취재 허가와 비행기표까지, 갑자기 모든 게 완벽해졌다. 리버풀에서 결승전 당일 새벽 6시에 출발하는데다 무박 2일 여정인 것만 빼고는!

결승전 당일 새벽 4시에 리버풀 존 레논 공항에 도착했다. "이런 시간에 공항에 와야 하다니 살다 보니 정말 별일이 다 있구나"라는 생각을 하면서 도착한 공항 곳곳에는 리버풀의 붉은 유니폼을 입은 팬들이 진을 치고 있었다. 비행기 시간이 남아 찾은 바에는 새벽부터 맥주를 들이키는 리버풀 팬들로 가득했다. 아무리 축구와 맥주가 떼려야 뗄 수 없는 관계라곤 하지만 새벽 5시부터 마시는 사람들은 난생 처음 봤다. 게다가 다들 리버풀이 결승전에 진출했다는 사실에 한껏 들떠 맥주를 마구 마셔대고 있었다. 새벽 5시 술에 취한 축구 팬들, 좁디 좁은 비행기 좌석아~ 최악의 비행이다. 비행기가 이륙하자 팬들은 다시 응원곡을 불러대며 위대한(?) 여정의 시작을 축하했다. 안전벨트 표시등이 꺼지자마자 비행기 안에서는 난데없는 화장실 각축전이 벌어졌다. 공항에서부터 맥주를 마구 마셔댄 탓에 다들 오줌보가 제 용량을 넘긴 탓이었다. 좁아터진 통로에서 몸을 배배 꼬며 순서를 기다리는 자신들이 웃겼는지 서로의 얼굴을 마주보며 킥킥댔다. 화장실 사태가 수그러들자 취기를 느낀 팬들은 이내 깊은 잠에 빠져들었다. 나쁜 의미는 아니지만 이 친구들 정말 동물적 본능에 너무 충실한 게 아닌가 싶은 생각이 들어 혼자 헛웃음이 나왔다.

아침 일찍 도착한 아테네 시내도 온통 리버풀 점령상태. 시내 한가운데라고 할 수 있는 신타그마 광장은 이미 시뻘겋게 물들어 있었다. 대부분 티켓도 없이 리버풀에서 이곳까지 날아온 대책 없는 팬들이었지만 티켓 확보 유무는 전혀 큰 문제가 아닌 듯 보였다. 다들 너무나 행복하고 즐겁고 기쁜 표정들뿐이었다. 아테네에서 훨씬 가까운 AC밀란 팬들은 거의 눈에 띄지 않았다. 아테네 현지 경찰들이 이미 양 팀 서포터즈의 주요 동선을 구분해놓은 탓이었다. 술과 축구에 취해 흥분된 상태인 사람들끼리 무이면 으레 싸움이 벌어지기 마련이다. 리버풀의 결승전 진출이 결정된 순간부터 이미 유럽축구연맹은 그리스와 잉글랜드의 경찰 당국과 긴밀한 공조로 혹시나 모를 사고 예상에 만반의 준비를 갖췄다. 다수의 팬들이 모일 수 있는 곳에는 여지없이 진압 장비를 갖춘 전투경찰이 삼엄한 경계태세를 갖추고 있었다.

경기장에 도착해 프레스 패스를 받아 작업 공간에서 자리를 잡았다. 경기장 부설의 실내 경기장을 아예 통째로 취재진을 위한 작업 공간으로 만들어놓은 덕분에 탁 트인 느낌이 들어 기분이 좋았다. 이런저런 준비를 하고 있으니 시간이 흘러 드디어 킥오프 시간이 다가왔다. 경기장에 마련된 기자석에 자리를 잡고 앉자 양팀 선수들이 몸을 풀기 위해 그라운드로 나왔다. AC밀란은 그야말로 '역사적' 이라고 해도 좋을 만한 화려한 멤버들로 짜여 있었다. 살아있는 전설 파올로 말디니를 비롯해 카카, 안드레아 피를로, 클라렌스 세도르프, 필리포 인자기, 젠나로 가투소 등 한 명 한 명이 모두 슈퍼스타라고 불러도 좋을 화려한 면면이었다.

리버풀은 2년 전 이스탄불의 기적 멤버에서 큰 변화가 있었다. 스티븐 제라드와 사비 알론소 등은 건재했지만 디르크 카윗, 하비에르 마스체라노, 호세 레이나, 다니엘 아게르 등이 선발 명단에 새롭게 이름을 올렸다. 선수들이 몸을 풀고 있는데 밀란 쪽이 술렁거렸다. 자세히 보니 밀란의 구단주이자 이탈리아 총리 실비오 베를루스코니가 밀란 선수들을 격려하기 위해 직접 그라운드에 모습을 드러낸 것이다. 부상으로 경기에 나설 수 없는 호나우두와 같이 걸어온 베를루스코니 총리는 몸을 풀던 인자기를 불러 뭔가 대화를 나눴다. 경기 후 인자기는 "총리가 내게 '오늘 네가 반드시 골을 넣을 테니 기대해라' 라고 말해줬다"라고 당시 대화 내용을 소개했다. 거짓말처럼 인자기는 결승전에서 전후반 각각 한 골씩 넣는 대활약을 펼치며 밀란의 2-0 승리를 이끈 일등공신이 되었다.

하지만 이날 경기 내내 눈길을 끌어당긴 선수는 다름아닌 '싸움개' 가투소였다. 솔직히 그의 플레이를 직접 본 것은 맨체스터 유나이티드와의 준결승전 이후 이번이 겨우 두 번째였다. 당시 경기에선 카카가 워낙 돋보였고 가투소는 후

2007년 유럽 챔피언 탄생의 순간. 아테네에서의 최후 승자는 밀란이었고, 이 날 경기에서는 가투소, 피를로, 카카가 압도적이었다.

반 7분 만에 교체되어 그의 플레이를 제대로 즐길 수가 없었다. 그러나 아테네에서의 가투소는 정말 압도적이었다. 투박한 스타일에도 불구하고 그가 왜 그토록 세계적 빅클럽 밀란에서 사랑받을 수 있었는지 이유를 알 수 있었다. 가투소는 박지성처럼 TV화면 밖에서의 플레이가 군계일학이었다. TV카메라는 상대 선수와 거칠게 부딪히는 모습만 잡히지만 볼이 없는 공간에서 가투소는 본능적인 센스를 발휘해 직접 부딪히지 않고도 리버풀 선수들을 자기가 책임지는 공간 밖으로 몰아냈다. 그가 지키는 미드필드 공간을 활용하지 못하게 된 리버풀 선수들은 어쩔 수 없이 성공률이 떨어지는 롱패스만 선택할 수밖에 없어졌다. 당연히 패스는 자꾸 끊겼고 가투소는 집요한 수비를 펼치면서도 전반 40분 경고 한 장만 달랑 받은 채 리버풀의 미드필더들을 마치 양을 몰아대는 개처럼 뛰어다니며 완벽하게 제압했다. 볼 없이도 축구선수가 저렇게 존재감을 발휘할 수 있다는 사실을 아테네에서 처음 깨달았다. 가투소와 피를로의 예술적인 움직임에 압도당한 리버풀은 2년 전의 영광을 재현하지 못하고 그대로 무너질 수밖에 없었고, 밀란은 신의 땅 아테네에서 대회 통산 일곱 번째 우승을 차지할 수 있었다.

전쟁의 여신 아테나가 지키는 곳 아테네에서 최후의 승자는 밀라노의 투사들이었다. 전쟁 때마다 전략을 담당했다는 아테나가 내려다보는 경기답게 밀란의 카를로 안첼로티 감독은 완벽한 전술 운용으로 리버풀을 압도하며 축구 역사상 가장 명예로운 감독 리스트에 2003년에 이어 다시 한 번 자기 이름을 새겨 넣었다. 가투소는 완벽했고 피를로는 아름다웠으며 카카는 경이적이었다. 퍼거슨 감독이 "오프사이드 지역에서 태어난 사나이"라고 극찬(?)한 인자기는 경기 내내 안 보이다가 딱 두 번 보였고 그때마다 밀란에게 한 골씩 선물했다. 반면 기분만 들떴던 리버풀은 힘 한번 써보지 못하고 패배의 쓴산을 마셔야 했다. 2년 진 터키에서 일어났던 기적의 싹은 밀라노에서 온 11인의 글래디에이터들이 휘두른 칼 앞에서 잘려나가고 말았다. 레딩이란 작은 소도시에서 시작된 2006/2007시즌은 이곳 아테네에서 대단원의 막을 내렸다.

★ 최고의 영광, UEFA챔피언스리그

유럽축구연맹(UEFA)이 주최하는 챔피언스리그는 현존하는 전세계 축구 대회 중 최고의 권위와 영광을 자랑한다. 1955년 '유러피언 챔피언 클럽스 컵(European Champions Clubs' Cup)'이란 명칭으로 출범한 이 대회는 1992년 현재의 'UEFA챔피언스리그(Champions' League)'로 리브랜딩되었다. 미식축구의 슈퍼볼과 함께 챔피언스리그는 단일 경기 TV시청자 수가 1억 명이 넘는 '지상 최대의 쇼'로 통한다.

UEFA에 등록된 53개 회원국의 자국 리그 챔피언들이 출전해 자웅을 가리는데, 리그별 랭킹에 따라 출전 팀수가 결정된다. 2012년 현재 1~3위의 잉글랜드, 스페인, 독일이 가장 많은 4개 팀을 출전시킨다. 4~6위에 있는 이탈리아, 프랑스, 포르투갈이 3개 팀, 7위부터 15위까지의 9개 리그가 2개 팀을 출전시킬 수 있다. 랭킹은 매 시즌 본 대회에서의 성적을 근거로 재산정되기 때문에 출전 팀수는 변경될 수 있다.

국가별 역대 우승횟수

1. 스페인(13회) : 레알 마드리드(9), 바르셀로나(4)

2. 이탈리아(12회) : AC밀란(7), 인테르 밀란(3), 유벤투스(2)

3. 잉글랜드(11회) : 리버풀(5), 맨체스터 유나이티드(3), 노팅엄 포레스트(2), 애스턴 빌라(1)

4. 독일(6회) : 바이에른 뮌헨(4), 보루시아 도르트문트(1), 함부르그(1)

5. 네덜란드(6회) : 아약스(4), 페예누르트(1), PSV에인트호번(1)

6. 포르투갈(4회) : 벤피카(2), 포르투(2)

7. 프랑스(1회) : 마르세유(1)

스코틀랜드(1회) : 셀틱(1)

루마니아(1회) : 스테아우아 부쿠레슈티(1)

유고슬라비아(1회) : 레드 스타 베오그라드(1)

역대 우승팀

구분	클럽	국가	우승 횟수	우승 년도
1	레알 마드리드	스페인	9	1956, 1957, 1958, 1959, 1960, 1966, 1998, 2000, 2002
2	AC밀란	이탈리아	7	1963, 1969, 1989, 1990, 1994, 2003, 2007
3	리버풀	잉글랜드	5	1977, 1978, 1981, 1984, 2005
4	바이에른 뮌헨	독일	4	1974, 1975, 1976, 2001
	바르셀로나	스페인	4	1992, 2006, 2009, 2011
	아약스	네덜란드	4	1971, 1972, 1973, 1995
7	맨체스터 유나이티드	잉글랜드	3	1968, 1999, 2008
	인테르 밀란	이탈리아	3	1964, 1965, 2010
9	유벤투스	이탈리아	2	1985, 1996
	벤피카	포르투갈	2	1961, 1962
	포르투	포르투갈	2	1979, 1980
	노팅엄 포레스트	잉글랜드	2	1979, 1980
13	마르세유	프랑스	1	1993
	스테아우아 부큐레슈티	루마니아	1	1986
	함부르그	독일	1	1983
	셀틱	스코틀랜드	1	1967
	보루시아 도르트문트	독일	1	1997
	레드 스타 베오그라드	유고슬라비아	1	1991
	PSV에인트호번	네덜란드	1	1988
	애스턴 빌라	잉글랜드	1	1982
	페예누르트	네덜란드	1	1970

＊(2010/2011시즌 기준)

풋볼
지식
사전 ★미하일 발락, 불운의 그 이름

미하일 발락. 2002년 월드컵 준결승전에서 한반도 전체를 슬픔에 빠트렸던 바로 그 주인공이다. '황제' 프란츠 베켄바우어로부터 "독일 축구 역사상 최고의 선수"라는 극찬을 받았던 발락은 10년 이상 독일 축구의 아이콘으로 군림해왔다. 그러나 천하의 발락에게도 몹쓸 징크스가 있으니 바로 '준우승 징크스'다. 남들은 결승전 진출만으로도 높은 평가를 받지만 발락은 너무 많은 결승전에서 너무 많이 졌다!

년도	클럽	순위	우승
1999	분데스리가	2위	레버쿠젠 (우승 : 바이에른 뮌헨)
2000	분데스리가	2위	레버쿠젠 (우승 : 바이에른 뮌헨)
2002	UEFA챔피언스리그	준우승	레버쿠젠 1-2 레알 마드리드
2002	FIFA월드컵	준우승	브라질 2-0 독일
2004	분데스리가	2위	바이에른 뮌헨 (우승: 베르더 브레멘)
2006	DFB 리카포칼	준우승	베르더 브레멘 2-0 바이에른 뮌헨
2007	프리미어리그	2위	첼시 (우승 : 맨체스터 유나이티드)
2008	프리미어리그	2위	첼시 (우승 : 맨체스터 유나이티드)
2008	칼링컵	준우승	첼시 1-2 토트넘 홋스퍼
2008	UEFA챔피언스리그	준우승	맨체스터 유나이티드 1-1 첼시 (승부차기 6-5패)
2011	분데스리가	준우승	레버쿠젠 (우승 : 보루시아 도르트문트)

제 3 장

프리미어리그의
중심이 되다

MAN. UNITED
1 EDWIN VAN DER SAR (GK)
3 PATRICE EVRA
4 OWEN HARGREAVES
5 RIO FERDINAND (C)
6 WES BROWN
7 CRISTIANO RONALDO
10 WAYNE ROONEY
15 NEMANJA VIDIC
16 MICHAEL CARRICK
18 PAUL SCHOLES
32 CARLOS TEVEZ
COACH: SIR ALEX FERGUSON

1. 외로운 라이온킹 이동국

이동국이 프리미어리그에 발을 내디딘 것은 2007년 1월의 일이었다. 상무에서 병역의무를 해결한 이동국은 입단 테스트를 통해 프리미어리그 소속의 미들즈브러 입단에 성공했다. K리그에서 프리미어리그로 직행한 역사상 첫 한국 선수가 된 것이다.

설기현 덕분에 난생 처음 레딩이라는 동네에 가봤듯이 이동국 덕분에 한 번도 가본 적 없는 미들즈브러에도 작은 족적을 남길 수 있었다. 미들즈브러는 영국 동해안 중간 지점에 위치한 인구 13만의 소도시다. 그 때까지 나와 미들즈브러의 인연이라곤 딱 두 개밖에 없었다. 1966년 월드컵에서 나와 같은 민족적 뿌리를 가진 박두익북한이 이탈리아에 멋지게 한 방 먹였다는 점, 그리고 내 지도교수가 미들즈브러 출신이자 골수 팬이라는 점이었다. 그의 연구실에는 언제나 미들즈브러의 머플러가 자랑스럽게 걸려 있었다. 오랜만에 세미나에서 만난 지도교수에게 가레스 사우스게이트 당시 감독의 기자회견 취재차 미들즈브러에 간다고 말하니 교수의 반응이 걸작이었다.

"너, 그 동네에서 밤시간에 절대로 돌아다니지 마라."

"무슨 소리예요?"

"너 같은 동양인이 밤에 걸어 다니면 봉변 당하기 딱 좋으니 어두워지면 호텔 방에서 절대로 나가지 마. 글쎄, 내 말 들어."

이런 이런. 미들즈브러 토박이가 이렇게 걱정해줄 정도니 힘 좀 깨나 쓰는 '백인 형님' 들이 꽤 많은 동네인가 보다. 미들즈브러는 80~90년대 들어 지역경 제가 침체되면서 동네 인심이 흉흉해졌다고 한다. 마초Macho가 강한 철강과 선 박산업에 종사하는 '터프 가이' 들이 대부분인 동네에서 분위기까지 나빠지니 사회적 불만이 엉뚱하게 소수 그룹인 동양인을 향한 탓에 인종차별적 테러가 곧 잘 일어난다는 친절한 설명까지 덤으로 들을 수 있었다. 고맙기도 해라!

별로 긍정적이지 못한 조언을 받들고 당일 킹스크로스King's Cross 역에 가 기 차표를 끊으며 다시 한 번 어퍼컷을 맞았다. 런던에서 미들즈브러까지 왕복 보 통권 가격이 무려 96파운드! 당시 환율로 무려 18만 원이었다. 서울-제주 노선 의 비행기삯보다 비싸다. 하늘에 떠있는 별만큼 많은 잉글랜드 축구팀 중에 하 필이면 이런 곳을 선택한 '라이언 킹' 의 결정이 대단히 원망스러울 뿐이었다.

이적 초기만 해도 이동국의 인기는 상당히 좋았다. 미들즈브러 시민은 너 나 할 것 없이 1966년 월드컵에서 북한 대표팀의 맹활약을 잘 기억하고 있었던 터 라 같은 곳사실 영국인에게 남북한의 구분은 굉장히 모호하다에서 날아온 이동국에게 큰 호 감을 갖고 있었다. 입단 테스트 동안 '젠틀맨' 사우스게이트 감독은 이동국의 체 격조건에 어울리지 않는 유연함에 흠뻑 매료되어 있었다. 구단주 스티브 깁슨도 아시아 시장에서 잔뼈가 굵은 사업가였던 덕분에 한국에 대해 좋은 이미지를 갖고 있었다. 팀에 있던 외국인 동료들도 이동국을 살갑게 대해줬다. 조지 보아텡, 아벨 사비에르 등이 이동국에게 먼저 다가와 친근감을 표시했다. 사비에르는 이동국의 에이전트에게 "한국이나 일본 쪽으로 이적하고 싶은데 줄 좀 대줘라"라며 떼 아닌 떼를 썼다고 한다. 하지만 낯선 이방인 입장에서는 그런 식으로라도 먼저 말을 걸어주는 동료가 고마울 수밖에 없다.

이동국의 미들즈브러 데뷔는 2007년 2월 24일 레딩과의 홈경기에서 이뤄졌다. 이동국은 2-1로 앞서던 후반 40분 야쿠부와 교체되어 그라운드를 밟았다. 리버사이드 스타디움의 홈 관중은 모두 일어나 한국인 선수의 첫 등장에 기립박수를 보냈다. 경기 종료 직전 왼쪽 측면으로부터 스튜어트 다우닝의 '택배' 크로스가 이동국을 향해 정확히 날아갔다. 이동국은 이를 잡지 않고 그대로 왼발 논스톱 발리슛으로 정확히 맞혀 골대 오른쪽 구석을 노렸지만 골대를 맞고 튀어나왔다. 홈 팬들 모두 머리를 감싸 안으며 아쉬워하면서도 이동국의 정교한 발리 테크닉으로부터 큰 기대감을 얻은 표정이었다. 하지만 그 장면을 보면서 왠지 모를 불안감이 느껴졌다. 이동국이 프리미어리그에서 성공한다면 모를까 만에 하나 자신의 뜻을 펼치지 못하게 된다면 이 장면이 두고두고 아쉬움으로 남을 게 뻔하기 때문이었다. 경기가 끝나고 만난 이동국도 "나는 다른 건 몰라도 발리슛 하나는 정말 자신 있는데 그게 골대를 맞고 안 들어가네요"라며 고개를 가로저었다. 축구선수, 그것도 이동국 같은 공격수들은 자기한테 찾아온 득점 기회를 놓치면 엄청난 스트레스를 받는다. 더군다나 이날처럼 꿈에 그리던 프리미어리그 데뷔전에서 완벽하게 맞힌 슈팅이 골대에 막혀버리면 허탈함이 가중될 수밖에 없다.

이동국의 불운은 계속됐다. 4월 21일 올드 트래포드에서 있었던 맨체스터 유

이동국의 경기력을 체크하기 위해 핌 베어벡 전(前) 국가대표팀 감독이 리버사이드 스타디움을 찾았다.

나이티드 원정경기에서였다. 현지 언론에서 앞다투어 이 경기를 보도하며 팬들의 관심을 증폭시켰다. 당시 맨유는 첼시와 치열하게 우승을 다투고 있던 터에 상대 전적에서 유난히 약세를 보이는 '도깨비 팀' 미들즈브러와 만났기 때문이다. 이동국은 1-1로 팽팽히 맞서던 후반 35분 다시 야쿠부와 교체 투입되었다. 후방에서 날아온 롱패스를 향해 이동국이 내달려 타이밍상 골키퍼와 완벽하게 일대일로 맞설 수 있는 상황. 그러나 이동국은 페널티박스 안에서 뒤따라온 존 오셰이의 깊숙한 태클에 걸려 넘어지고 말았다. 완벽한 반칙이었다. TV중계의 느린 화면에서도 오셰이의 발이 볼에 앞서 이동국의 허벅지와 먼저 닿았다는 사실을 뚜렷하게 알 수 있었다. 그러나 월턴 주심은 맨유의 손을 들어줬다. 미들즈브러 벤치가 모두 일어나 양팔을 휘저으며 강하게 항의해봤지만 일단 내려진 판

입단 초기 동양인 공격수 이동국은 팬들의 인기를 독차지했다.

정은 번복되지 않았다. 현지 TV중계진도 맨유의 행운을 믿을 수 없다고 떠들어 댔다. 만약 그 장면에서 페널티킥이 선언되었더라면 이동국의 팀 내 입지 다지기에도 큰 도움이 되었을 것이다. 하지만 운명은 변죽만 울리다가 데뷔전 때처럼 또 훌쩍 떠나버렸다.

2007년 여름 오프시즌을 통해 이동국은 처음으로 팀 동료들과 손발을 맞추며 시즌을 제대로 준비할 수 있었다. 사랑하는 아내도 미들즈브러로 날아와준 덕분에 안정감을 찾았다. 그리고 개막된 2007/2008시즌 다섯 번째 경기였던 노스햄턴과의 칼링컵 2라운드2007년 8월 29일에서 이동국은 지긋지긋한 골 침묵을 깨트릴 수 있었다. 경기 후 만난 이동국의 표정에서는 큰 안도감이 읽혀졌다. 역으로 이동국의 그런 표정은 그 동안 쌓였던 마음고생의 크기를 극명히 보여준다고 할 수 있었다. 아쉽게도 이날 득점은 이동국의 지위 향상에 큰 도움이 되지 못했다. 경기를 거듭하면서 이동국이 득점 기회를 자꾸 놓치자 어느 때부터인가 동료들이 이동국에게 패스를 내주지 않기 시작했다. 이동국이 아무리 좋은 위치를 점하고 있어도 동료의 패스는 다른 곳을 향했다. 특히 팀의 플레이메이커 역할을 했던 스튜어트 다우닝은 노골적으로 이동국에게 볼을 주지 않았다. 골을 넣기 위해 상대팀 문전에서 서성이고 있는데 패스를 받지 못하는 스트라이커처럼 불쌍한 상황도 없다. 할 수 있는 게 아무것도 없으니 여기저기 서성거릴 뿐이다.

외국인 선수는 몰라도 영국 선수들은 경기장 안에서 굉장히 냉정한 구석이 있다. 자기가 인정하지 않은 동료에게는 절대로 패스를 내주지 않는다. 한마디로 "저 녀석은 믿을 수가 없어"라는 식이다. 그러다가도 경기 중 한두 번 확실한 모습을 보여주면 또 언제 그랬냐는 듯이 패스도 주고 뜨거운 동료애를 표현하기도 한다. 단순하게 보이지만 결국 그게 냉정한 프로의 세계일 수도 있다. 동료들로부터 차가운 대접을 받게 되자 이동국의 플레이는 눈에 띄게 위축되어갔다. 경기 중에 아무리 좋은 위치를 찾아 뛰어다녀도 패스는 오지 않고 헛심만 켜는 것으로 끝나기 일쑤고, 어쩌다 찾아온 득점 기회를 또 살리지 못해 본인의 자신감과 동료의 신뢰가 떨어지는 악순환의 반복이었다.

2007/2008시즌 말미 이동국과 함께 지내며 일을 돕던 후배가 한숨을 푹 내쉬며 답답한 심정을 털어놨다.

"토요일 밤에 동국이 형이랑 함께 BBC 〈매치 오브 너 데이Match of The Day〉를 봤기든요. 다른 경기에서 어떤 선수가 정말 골문 바로 앞에서 골을 주워 먹는 장면이 나왔어요. 발만 갖다 대면 들어가는 그런 장면이요. 그런데 동국이 형이 옆에서 '저렇게 쉽게 골을 넣는 애도 있는데 난 왜 이렇게 어렵지?' 라고 하는 거예요. 옆에서 안쓰러워 미치겠더라고요."

　　결국 이동국은 2007/2008시즌 종료와 함께 구단과 합의 하에 계약을 해지하고 한국으로 쓸쓸히 돌아왔다. 프리미어리그에서 보낸 한 시즌, 그리고 반 동안 이동국은 웃을 일보다는 울을 일이 더 많았다. 차라리 실력이 부족했다면 모를까 갖고 있던 실력의 반도 발휘하지 못하고 떠나야 했기 때문에 아쉬움이 더 컸다. 사실 내심 이동국이 한국보다 유럽의 다른 리그에서라도 명예회복을 해주길 간절히 바랐지만, 어디까지나 타인의 욕심이었고 홀몸이 아닌 이동국은 가족을 위해서라도 한국 복귀를 선택했다.

★ 맨유는 미들즈브러가 싫다

미들즈브러는 프리미어리그를 대표하는 '도깨비 팀'이다. 매 시즌 10위권 밖에서 맴돌면서 지내는 힘겨운 신세이지만 프리미어리그의 독재자 맨체스터 유나이티드에만큼은 유난히 강하다. 미들즈브러가 맨체스터 유나이티드와 만난다면 그들의 과거 전적을 참고해야 한다.

1998.12.19 [리그] 맨체스터 유나이티드 2-3 미들즈브러

1998/1999시즌은 맨유의 트레블로 장식되었다. 창단 이래 최고의 영광을 만끽했지만 크리스마스를 앞두고 홈에서 미들즈브러와 만났다. 뭔가 불안하지 않은가? 미들즈브러는 올드 트라포드에서 해밀턴 리카드, 딘 고든, 브라이언 딘이 연속 골을 터트리며 3-0으로 앞서갔다. 맨유는 후반 니키 버트와 폴 스콜스가 두 골을 넣었지만 결국 세 골 차이를 뒤집지 못하고 안방 패배. 해당 시즌 맨유는 우승, 미들즈브러는 9위를 차지했다.

2002.1.26 [FA컵 32강] 미들즈브러 2-0 맨체스터 유나이티드
2002.3.23 [리그] 맨체스터 유나이티드 0-1 미들즈브러

천하의 맨유가 '미들브즈러 히스테리'를 얻었던 2001/2002시즌. 1월 26일 FA컵 32강전에서 미들즈브러는 맨유를 누엘 휠런과 앤디 캠벨의 후반 40분, 44분 연속 골로 맨유를 2-0으로 물리쳤다. 두 달 후 프리미어리그 경기로 올드 트라포드에서 리턴매치를 가졌지만 결과는 똑같았다. 알렌 복시치가 전반 9분에 넣은 골을 끝까지 지킨 미들즈브러가 1-0으로 이겼다. 해당 시즌 맨유는 3위, 미들즈브러는 12위.

2004.2.11 [리그] 맨체스터 유나이티드 2-3 미들즈브러

미들즈브러 역사상 최고의 외국인 레전드 주닝요 파울리스타가 하늘 높이 날며 스타군단 맨유의 코를 다시 한 번 납작하게 했다. 리그 막판 우승 경쟁에 바쁜 맨유는 홈으로 미들즈브러를 불러들였다. 전반 34분과 38분 각각 주닝요에게 원투 펀치를 얻어맞은 맨유는 뤼트 판 니스텔로이와 라이언 긱스의 골에 힘입어 겨우 2-2 동점으로 따라붙었다. 그러나 징크스는 무서웠다. 후반 35분 미들즈브러의 조셉-데시레 좁에게 결승골을 헌납하며 3-2 패배. 기분 나쁜 패전을 기록한 맨유는 이 시즌을 3위로 마쳤다. 미들즈브러는 11위.

2005.10.29 [프리미어리그] 미들즈브러 4-1 맨체스터 유나이티드

미들즈브러 팬들에겐 잊을 수 없는 승리가 기록되었다. 홈구장 리버사이드 스타디움에서 크리스티아누 호날두, 판 니스텔로이, 웨인 루니 등의 슈퍼스타가 버틴 맨유를 일방적으로 두들겨 4-1 대승을 거두었다. 경기 후 미들즈브러의 스티브 맥클라렌 감독은 "이런 일은 자주 있는 게 아니니 선수들은 지금 이 기분을 실컷 즐겨야 한다"라며 겸손한 승리 소감을 남겼다. 맨유는 첼시에 밀려 2위, 미들즈브러는 14위로 강등을 면했다. 참고로 미들즈브러는 이 시즌 UEFA컵 준우승이란 '서프라이징' 결과도 남겼다.

풋볼
지식
사전

★공포의 축구 경기장

미국 프로야구 보스턴 레드삭스는 베이브 루스의 저주를 푸는 데만 무려 86년이 걸렸다.(1918~2004) 이처럼 스포츠계에는 미신, 유령, 저주, 징크스들이 많다. 영국 축구계도 예외가 아니다. 기나긴 역사만큼이나 구전되어 사람들 마음 속에 자리잡은 유령들이 있다.

프레드 (올드햄, 바운더리 파크)

바운더리 파크에는 언제나 같은 곳에 서서 홈경기를 지켜보던 프레드라는 이름의 열혈 올드햄 팬이 있었다. 살아 생전 홈 관중 사이에서도 꽤나 이름이 알려졌던 프레드는 1960년대에 죽었는데, 사망 이후에도 그가 서있던 그 자리에 모습이 목격되어 사람들을 공포에 빠트렸다. 지금은 프레드가 서있던 테라스가 없어지고 좌석 스탠드로 보수되어 프레드 유령도 갈 곳을 잃고 정처 없이 헤매고 있다는 후문.

존 톰슨 (셀틱, 셀틱 파크)

존 톰슨은 셀틱의 골문을 지키던 골키퍼였다. 1931년 레인저스와의 '올드 펌' 도중 상대 공격수와 충돌하는 사고로 목숨을 잃었다. 그 이후 팬들은 "톰슨이 우리 골문을 지켜주고 있다"라는 그럴싸한 미신을 갖게 되었다. 공포의 대상이라기보다 신념의 대상이니 별로 나쁠 건 없을 것 같다.

넬슨 제독 (블랙풀, 블룸필드 로드)

'해가 지지 않았던' 대영제국의 천하무적 해군을 이끌었던 넬슨 제독은 블랙풀의 팬이었다, 라는 건 새빨간 거짓말! 하지만 블룸필드 로드의 구단 이사실에는 넬슨 제독의 저주가 서려있다고들 한다. 이유는 넬슨 제독의 스포츠 취향과는 전혀 상관없이 이사실 내부 장식에 쓰인 목재 중 하나가 넬슨 제독이 거느렸던 함대의 것이었기 때문이라고 한다.

2. 설기현, 풀럼으로 날아가다

팬들은 축구선수를 단순히 '축구선수'로만 본다. 무슨 말인고 하면 이들 역시 일반인처럼 어떻게 먹고살지 고민을 하고 가족을 우선적으로 생각하는 가장으로 살아가는데, 팬들은 오로지 축구라는 좁디 좁은 범위 안에서만 그들을 이해한다는 뜻이다. 직업적인, 인간적인, 사회적인 기준으로 내린 선택까지 축구적인 기준으로만 평가하니 축구선수의 본의를 잘못 해석하는 경우가 많다. 예를 들어 한국 유망주가 일본 J리그 이적을 선택하면 "젊은 녀석이 돈만 보고 간다"라며 불편한 시선을 보낸다. 하지만 축구 선수의 이적 결정 뒤에는 많은 사연이 숨어있기 마련이다. 어떤 축구선수를 예로 들어보자. A는 어느 대학교 축구선수로 올림픽 대표팀에서 활약 중이다. 아버지는 다니던 회사까지 그만두고 아들의 꿈을 위해 헌신적으로 뒷바라지를 했다. 가진 돈이 줄어들자 결국 3천만 원짜리 전셋집을 얻어 집 평수까지 줄였다. 벌이는 줄고 아들의 뒷바라지를 하느라 꿔다 쓴 빚이 어느새 2천만 원으로 불어났다. 그런데 갑자기 일본 J리

새 공격수 설기현에게 사인을 받는 풀럼 팬.

그에서 영입 제의가 왔다. 연봉이 5천만 원이란다. 여기서 만약 당신이 "올림픽 대표팀까지 하는 유망주니까 일본이 아니라 K리그에 남아라!"라고 반대한다면? 당신은 지금 박지성의 미래를 가로막았다.

특히 가정을 꾸린 '가장' 축구선수는 겉으로만 유명인일 뿐 우리 주위에 흔히 있는 '아빠'들과 다를 바 없다. 스타플레이어이기 전에 한 여인의 남편이자 꼬마 아이들의 아빠일 뿐이다. 레딩에서 그토록 꿈꿨던 프리미어리그를 경험한 설기현은 불과 한 시즌 만에 풀럼으로 이적했다. 이유는 간단했다. 한인 커뮤니티에 인접한 구단으로 가서 조금이라도 가족이 편해지기를 바라는 마음이었다. 설기현은 벨기에와 잉글랜드 중부 지역을 거쳐 레딩까지 왔다. 레딩에서 한인 커뮤니티가 형성된 뉴 몰든까지는 자동차로 달려 약 30분 정도의 거리였다. 하지만

설기현이 포즈를 취한 코티지 게이트는 1896년 크레이븐 코티지가 개장할 당시 모습 그대로다.

프리미어리그의 풀럼은 훈련구장이 아예 뉴 몰든과 붙어있다. 뉴 몰든 중심가에서 차로 달리면 5분이면 닿을 곳에 풀럼의 클럽하우스와 훈련구장이 위치해 있다. 원정 등으로 한인이라곤 찾아보기 힘든 이국 땅의 낯선 동네에 가족을 홀로 남겨놓기 일쑤였던 '가장家長' 설기현으로선 풀럼으로 이적해야 할 충분한 이유가 되었던 것이다.

영국에서 이적시장 마지막 날에는 진귀한 장면이 연출된다. 24시간 스포츠 뉴스 TV채널인 〈스카이 스포츠 뉴스〉에서는 프리미어리그 20개 구단의 클럽하우스로 들어가는 길목에 진을 치고 출입자를 실시간으로 생중계한다. 이적시장 마감 당일 극적으로 성사되는 거래가 최고의 뉴스거리인 탓이다. 예를 들어, 당일 A팀 클럽하우스로 B팀의 소속선수가 들어가는 모습을 포착하는 식이다. 남의 팀 사무실을 방문한다는 것은 이적을 의미한다. 마감 전에 메디컬 테스트, 고용계약서 날인 등을 마쳐야 하니 선수는 반드시 이적 행선지의 클럽하우스를 방문해야 한다. 클럽하우스로 통하는 길목에 TV를 떡 하니 설치해놓으면 고스란히 누가 이곳으로 이적하게 되는지 금방 알 수가 있다. 매년 8월 31일은 영국인 모두가 〈스카이스포츠 뉴스〉에 '채널 고정'인 셈이다.

2007년 8월 31일도 마찬가지였다. 〈스카이스포츠 뉴스〉 채널에선 아침부터 전국 각지에서 들어오는 '깜짝' 이적협상 타결 소식을 실시간으로 보도하기 바빴다. 이날 하루만큼은 나 역시 하루 종일 기삿거리를 찾아 TV 앞에 노트북을 켜놓고 대기해야 했다. 시계바늘이 정오를 넘어 오후로 넘어가자 슬슬 월척들이 걸려들기 시작했다. 잉글랜드 대표팀 풀백 글렌 존슨이 첼시에서 포츠머스로 이적한다는 소식을 시작으로 셀틱의 케니 밀러가 프리미어리그로 승격한 더비 카운티로, 이영표의 토트넘 동료 대니 머피가 풀럼으로 각각 옮겨갔다. 이 정도면 굉장히 활발한 이적시장 마지막 날 움직임이다. 그런데 저녁 식사시간 즈음해서 앵커의 입에서 익숙한 이름이 나왔다.

"시청자 여러분, 여기 또 하나의 깜짝 이적 소식이 막 들어왔습니다. 레딩의 한국인 윙어 설기현이 지금 풀럼에서 메디컬 테스트를 받고 있는 것으로 밝혀졌습니다. 다시 한 번 말씀 드립니다. 레딩의 설기현이 지금 풀럼에서 메디컬 테스트 중에 있습니다. 숨가쁘게 돌아가는 이적시장 마지막 날입니다."

설기현은 2007/2008시즌 개막전이었던 맨체스터 유나이티드 원정의 선발로 8월에만 선발 2회, 교체 1회로 나쁘지 않게 시즌을 시작하고 있었다. 그러나 시즌 개막 3주 만에 레딩을 떠나 풀럼으로 이적하기로 결심한 것이다. 축구적인 이적 배경은 우선 풀럼의 지휘봉을 새롭게 잡은 로리 산체스 신임 감독의 구애였다. 북아일랜드 대표팀을 이끌던 산체스 감독은 프리미어리그에 도전하면서 확실한 공격수가 필요했고 주위를 둘러본 결과 설기현이 눈에 들어온 것이다. 설기현으로서도 바라던 이적이었다. 아무래도 레딩보다는 풀럼 쪽이 더 프리미어리그 클럽다운 면모를 갖추고 있다. 레딩은 프리미어리그에서 다시 챔피언십2부으로 강등된다고 해서 압박을 느끼지 않는 '소박한' 팀이었다. 결정적으로 풀럼의 지리적 위치가 최고 매력 포인트였다. 풀럼의 훈련구장 못스퍼 파크는 영국 내 최대 한인 커뮤니티가 자리잡은 뉴 몰든의 옆 동네다. 이른바 '지척'이다. 영국에서 한 가정을 꾸리는 한국인 가족에겐 뉴 몰든보다 좋은 곳을 찾기가 힘들다. 중심가에는 한국 음식점을 비롯해 슈퍼마켓과 각종 편의시설이 성업 중이다. 나 혼자라면 모를까 가족 살림살이를 챙겨야 하는 아내와 자칫 한국 문화와 감성의 체득이 절대적으로 필요한 자녀를 위해서라면 가장의 선택은 한인 커뮤니티 뉴 몰든으로 귀결된다. 2000년부터 한국을 느낄 수 없는 철저한 외국에서만 생활했던 설기현 가족으로선 7년 만에 진정한 안정감을 찾을 수 있는 최고의 방법이 바로 풀럼 이적이었던 것이다.

이적시장 마감일 오전 11시 설기현은 풀럼의 클럽하우스인 못스퍼 파크 Motspur Park에 도착했다. 클럽 직원과 인사를 나누고 점심식사를 함께했다. 그리고 2시경부터 메디컬 테스트가 시작되었다. 그런데 여기서 문제 아닌 문제가 생겼다. 풀럼의 메디컬 테스트가 상상을 초월할 정도로 꼼꼼했다.

"가벼운 마음으로 메디컬 테스트 받는다고 갔다가 진짜 고생했어요. 오후 2시부터 시작한 검사가 밤 11시에야 끝났어요. 와, 정말 오래 하더군요. 나중에는 지칠 정도였어요. 발목 찍고, 무릎 찍고, 허리 찍고, 찍을 수 있는 곳은 다 찍더군요. 검사 결과 나올 때까지 또 기다리고. 진짜 오래 걸렸어요웃음. 안더레흐트나 울버햄턴, 레딩 같은 데서는 그냥 윗도리 벗어보라고 하고 '어디 문제 없지?'라고 묻는 게 다였어요. 제 몸 보면서 '와~ 몸 좋다'라고 농담도 하면서요웃음. 그런데 풀럼은 완전히 달랐어요. 자기들이 그렇게 오래 검사해놓고 끝나니까 프리미어리그 사무국에 계약서 보내야 한다며 빨리 사인하라고 재촉하는 거예요, 나 참."

9월 1일 풀럼의 홈구장 크레이븐 코티지에서 열린 토트넘과의 프리미어리그 경기에서 설기현은 처음 홈 경기장을 공식 방문했다. 경기 시작 전, 말쑥한 양복으로 차려 입은 설기현이 가족과 함께 나타나자 풀럼 홈 팬들이 하나둘씩 몰려들어 신입 선수를 따뜻하게 환영했다. 한 팬이 사인을 해달라며 설기현을 불러 세우자 금방 팬들이 불어나 주위를 둘러쌌다. 중년 팬들은 설기현의 어깨를 두드리거나 엄지손가락을 치켜세우며 응원을 보냈다. 선수 출입구 앞에서 국내 취재진과 간단한 스탠딩 인터뷰를 가진 설기현은 이적 배경을 간단히 설명했고, 사진 촬영 요구에 이례적으로 큰아들 인웅이를 불러 함께 포즈를 취했다. 마치 "여러분, 이 녀석 때문에 풀럼으로 이적했습니다"라고 말하는 것처럼 보였다. 설기현의 방문을 축하라도 해주듯이 이날 경기는 양팀이 세 골씩 주고받으며 3-3 명승부를 펼쳤다. 토트넘의 이영표는 가레스 베일과 왼쪽 측면 조합을 꾸며 선발 풀타임 활약을 펼쳤다.

며칠 후 기자회견 취재차 못스퍼 파크를 방문했다. 한적한 주택가에 공원처럼 자리잡은 풀럼의 훈련구장은 프리미어리그 소규모 클럽의 전형적인 모습이었다. 클럽하우스도 건물이라기보다 큰 저택을 클럽하우스로 개조해서 사용하기 때문에 기자회견실 내부가 마치 부잣집 거실에 들어와 있는 듯한 느낌을 준다. 산체스 감독도 설기현에 대한 기대감을 나타냈다. 프리미어리그 무대에서 검증 받은 공격수라는 게 그의 영입 이유였다. 자기를 믿어주는 감독, 가족에게 안정감을 찾게 해주는 한인 커뮤니티, 그리고 계속되는 프리미어리그에서의 도전. 설기현의 풀럼 이적은 최상의 선택이었다.

★ 설기현은 왜 이적했을까?

유럽 진출에 성공한 선수들 중에서도 설기현은 '저니맨(Journey Man)'으로 통한다. 2000년 로열 앤트워프(벨기에)를 시작으로 안더레흐트(벨기에), 울버햄턴, 레딩, 풀럼(이상 잉글랜드)까지 유럽에서만 5개 팀을 옮겨 다녔다. 개중에는 "너무 많이 돌아다니는 것 아니냐?"라고 말하는 팬도 있지만 다 이유가 있었단다.

- 광운대 ➡ 로열 앤트워프 : "뭐, 당연히 가야죠."

- 로열 앤트워프 ➡ 안더레흐트 : "벨기에 최고 명문이잖아요. 좋은 기회였죠. 챔피언스리그도 나가는 팀이고."

- 안더레흐트 ➡ 울버햄턴 : "너무 영국에 가고 싶었어요. 안더레흐트에서는 챔피언스리그에 나가야 하니 남아달라고 요청했어요. 당시 벨기에인 에이전트가 팀에서 간절히 원하니까 일단 재계약하고, 그 대신 바이아웃 금액을 싸게 달겠다고 설득하더군요. 그래서 일단 남았는데, 울버햄턴에서 바이아웃 금액을 지불할 테니 빨리 오라고 하는 거예요. 사실 당시 안더레흐트는 챔피언스리그에서 성적을 기대하기가 힘든 전력이었거든요. 그래서 갔죠."

- 울버햄턴 ➡ 레딩 : "꿈꾸던 프리미어리그!"

- 레딩 ➡ 풀럼 : "레딩보다 아무래도 풀럼이 프리미어리그에서 잔뼈가 굵은 팀이라서 안정감을 느낄 수 있었어요. 그리고 결정적으로 런던에서 살 수 있잖아요. 한인 커뮤니티가 있으니 가족을 위해서라도 이적하는 게 맞죠."

참고로 2008년 여름 헐 시티로 이적할 뻔했지만 본인이 고사했다.

"이적시장 마감 이틀 전인데 갑자기 감독(로이 호지슨)한테 전화가 온 거예요. 헐 시티에서 이적료도 맞춰주고, 연봉도 더 많이 주겠다고 하니 가고 싶으면 헐 시티 쪽이랑 통화해보라고 하더군요. 황당했죠. 안 간다고 했어요. 헐 시티 어디 있는지 아시죠? 정말 제대로 된 촌구석이에요. 기껏 런던에서 가족이 자리 잡고 살고 있는데 또다시 그런 외진 곳으로 옮겨갈 수 없잖아요. 총각이었다면 갔겠죠. 돈 많이 준다는데!!"

★2002년 한일 월드컵이 남긴 기록들

설기현은 물론 한국 축구에서 2002년 월드컵 이야기를 빼놓을 수 없다. 그런데 그 '뜨거웠던 6월의 함성'은 적지 않은 기록을 남긴 진귀한 대회로 역사에 남았다.

아시아 대륙에서 벌어진 최초의 월드컵

1930년 우루과이에서 개최된 FIFA월드컵 역사상 아시아 대륙에서 벌어진 첫 번째 대회였다.

최초의 공동 개최 월드컵

한국과 일본의 2002년 월드컵 유치 경쟁이 과열 양상을 보이자 FIFA에서 솔로몬의 지혜를 내놓았다. 양국이 공동으로 개최하라는 것이었다. 최초의 공동 개최 FIFA월드컵이 성사된 순간이었다. 참고로 대륙별 선수권 대회(유럽, 남미, 아시아, 아프리카)를 통틀어 최초로 공동 개최된 경우는 2000년 아프리카 네이션스컵(가나, 나이지리아)과 유로2000(벨기에, 네덜란드)이었다.

역사상 마지막 '골든 골' 규정이 적용된 월드컵

"안정환~ 골인~" 역사적 드라마가 완성된 2002년 월드컵 한국과 이탈리아의 16강전은 월드컵 역사상 마지막 '골든 골' 규정이 적용된 경기였다. 1-1로 맞서던 연장 후반 12분 안정환의 헤딩 결승골로 경기가 마무리되었다. 이골을 끝으로 FIFA월드컵에선 '골든 골' 규정이 철폐되었다.

월드컵 역사상 최단 시간 득점 기록

아쉽게도 한국이 기록의 희생자였다. 3위 결정전에서 터키의 하칸 수쿠르는 킥오프 휘슬이 울리자마자 한국 진영으로 달려들어간 뒤 홍명보로부터 볼을 빼앗아 선제골을 터트렸다. 공식 기록은 10초89였다.

월드컵 역사상 최다승 기록

브라질! 카나리 군단 브라질은 이 대회에서 7전 전승을 거둬 역대 월드컵 단일 대회 최다승 기록을 경신했다.

월드컵 역사상 최악의 디펜딩 챔피언 성적

조별리그에서 1무2패 무득점 탈락의 고배를 마신 프랑스가 당첨! 2002년 대회 프랑스의 공식 순위는 32개 팀 중 28위를 기록해 역대 디펜딩 챔피언 중 가장 나쁜 성적을 거뒀다.

월드컵 역사상 최초의 대기 선수 퇴장

불명예 기록의 주인공은 아르헨티나의 클라우디오 카니자였다. 스웨덴과의 조별리그 경기에서 심판 판정에 흥분한 카니자가 벤치에서 나와 거칠게 항의하자 주심은 빨간 딱지를 꺼내 들었다.

3. 뛰고 또 뛴 이영표

연예인과 운동선수의 가장 큰 차이점이 하나 있다. 연예인을 직접 본 사람들은 대개 "TV에서 보다가 직접 보니까 얼굴도 작고 키도 너무 작아요"라고 하는데 운동선수는 정반대다. 직접 봤더니 키나 덩치가 너무 커서 깜짝 놀랐다는 분들이 많다. 예를 들어 박찬호를 직접 보면 엄청나게 발달한 그의 하체에 입이 다물어지지 않을 정도다. 그런데 TV로 보든 직접 보든 작은 코리안 프리미어리거가 있으니 이름하여 이영표다. 물론 '꼬맹이'라고 할 것까진 없지만 외형적인 체격만 보면 일반인과 거의 다를 바 없는 보통의 키, 어깨 넓이, 그리고 하체를 지녔다. 하지만 그는 2002년 월드컵에서 시삭해 한국 축구의 본격적인 유럽 진출의 선봉장 구실을 한 진정한 거인이자 철인이었다.

프리미어리그에서 두 시즌을 보내는 동안 이영표는 성실하고 안정감 있는 플레이로 현지 팬들에게도 꾸준한 평가를 받았다. 토트넘의 홈구장 화이트 하트 레인 근처에서 만나는 팬들은 한결같이 "좋은 선수Good player!"라며 작은 체구의 한국인 선수를 칭찬했다. 지금 돌아보면 이영표는 토트넘에서 별일 없이 지내다가 독일로 떠난 것처럼 보이기까지 한다. 하지만 실상은 그렇지 않았다. 어쩌면 박지성보다 더 심한 경쟁 속에서 치열하게 뛰었다고 해도 과언이 아니다.

이영표가 토트넘에서 활약하던 시기가 클럽 자체의 비약적인 성장 시점과 맞물렸던 탓에 선수들이 겪어야 했던 경쟁과 혼란은 여느 빅클럽 못지않았다. 마틴 욜 감독은 꾸준히 이영표를 중용했지만 클럽 내 분위기는 사실 이영표에게 그다지 호의적이지 않았다. 더 정확히 표현하자면 이영표라는 선수 개인보다 레프트백이라는 그의 포지션이 문제였다. 특히 2005년 토트넘에 테크니컬 디렉터 자격으로 합류한 다미안 코몰리의 선수 사냥은 토트넘 내부에서 끝없는 주전 경쟁을 부추겼다. 프랑스 유수 클럽에서 스카우트 및 전력강화 책임자로 일했던 코몰리는 2005년 토트넘에서 같은 역할을 했던 프랑크 아르네센이 첼시로 옮기자 그 후임자로 영입되었다. 코몰리는 자신의 수완을 뽐내고 싶었던 듯이 공격적인 선수 영입에 권한을 휘둘렀다. 토트넘을 떠난 뒤 욜 감독은 "나의 동의 없이 코몰리 혼자만의 판단으로 영입되는 선수들이 있었다"라고 밝혀 당시 토트넘 내부에서 코몰리가 쥐고 있던 권세를 가늠케 했다. 2006년 여름 코몰리는 프랑스 리그1에서 뛰던 베노잇 아수-에코토^{레프트백}와 디디에 조코라^{수비형 미드필더}, 그리고 위건에서 뛰던 파스칼 심봉다^{라이트백}를 데려왔다. 그의 노림수는 분명했다. UEFA챔피언스리그 순위에 도전하기 위해선 반드시 양쪽 풀백 포지션의 전력이 강화되어야 한다는 것이다.

이영표가 프리미어리그에 데뷔했던 2005/2006시즌 토트넘의 라이트백은 폴 스탈테리, 레프트백은 이영표로 꾸며졌다. 그러나 2006년 여름이 지나면서 이 두 자리를 놓고 심한 주전 경쟁이 일어났다. 프리미어리그 최고의 공격형 라이트백 심봉다는 영입과 동시에 주전을 꿰찼다. 아수-에코토도 2006/2007시즌 전반기까지 이영표를 밀어내고 선발로 기용되었다. 그러나 계속 수비 면에서 불안감을 드러내자 욜 감독은 다시 이영표 카드로 회귀했다. 꾸준하고 안정감 있는 이영표가 경쟁에서 승리한 것이다.

2007년 여름이 되자 또 한 번 토트넘의 풀백 포지션이 들썩였다. 웨일즈가 배출한 '제2의 라이언 긱스' 가레스 베일이 영입된 것이다. 두 선수 모두 몸값이 1천만 파운드가 넘는 특급 대우였다. 거액을 들여 영입한 선수들을 구단에서 놀릴 리가 없었다. 특히 10대의 나이로 차세대 대형 풀백으로 각광받던 베일에 대한 기대가 컸다. 두 시즌 동안 팀을 위해 헌신해왔던 이영표는 자신의 등번호를 베일에게 내줘야 하는 굴욕까지 당했다. 사실 구단에서 등번호를 빼앗아 갓 들어온 신입에게 내줬다는 것 자체가 "이제 너 살 길 찾아가라"는 무언의 메시지와도 같았기 때문에 베일의 영입은 곧 이영표의 퇴출로 인식되었다. 더군다나 시즌 초반을 부진하게 시작했던 토트넘은 결국 10월 25일 헤타페와의 UEFA컵 조별리그 홈경기에서 패한 직후 욜 감독을 전격 경질하고 말았다.

당시 취재진은 공동취재구역에서 선수들의 인터뷰를 위해 기다리고 있었다. 그런데 선수 전용 통로까지 출입이 가능한 〈스카이스포츠〉의 리포터가 갑자기 나와 다급한 목소리로 "지금 안쪽 분위기가 이상해. 욜 감독이 경기 후 인터뷰를 거부했어"라며 속삭이더니 다시 통로 안쪽으로 들어갔다. 10분 정도가 지나자 다시 모습을 드러낸 그 리포터를 중심으로 취재기자들이 둥그렇게 모여들었고 이내 폭탄 뉴스가 터져 나왔다. "욜 감독이 지금 구단 이사회실에 들어갔어. 해고 통보 받으러 간 것 같아." 아니나 다를까 30분 정도가 지나자 그 소식을 전한 리포터가 현장에서 직접 마이크를 들고 욜 감독의 경질 소식을 긴급 뉴스로 타

이영표와 친하게 지냈던 마이클 도슨(위). 인터뷰 중인 이영표를 기다리는 아델 타랍(아래).

전하는 모습이 공동취재구역 옆에 설치되어 있던 TV화면 위로 흘렀다. 이영표로선 난감한 소식이 아닐 수 없었다. 등번호를 빼앗긴 지 두 달 만에 자기를 누구보다 믿어줬던 욜 감독이 해고된 것이다.

코몰리는 욜 감독을 경질한 지 불과 나흘 만에 세비야에서 UEFA컵 2연패 업적을 남긴 후안데 라모스를 새 감독으로 영입했다. 세비야에서도 풀백을 거의 측면 공격수처럼 썼던 라모스 감독이었기 때문에 이영표는 더 이상 설 자리가 없어 보였다. 하지만 라모스 감독은 의외로 이영표를 중용했다. 포지션 경쟁자들도 하나둘씩 문제를 드러냈다. 아수-에코토는 아직도 프리미어리그의 템포에 적응하지 못했다. 베일도 마찬가지였다. 풀백으로 영입되었지만 수비 실력이 너무 형편없어 욜 감독은 베일을 아예 측면 공격수로 올리는 차선책을 선택했다. 공교롭게 12월 2일 베일은 버밍엄과의 홈경기에서 상대 수비수의 태클에 걸려 넘어지며 발목 인대가 찢어지는 큰 부상을 당하고 말았다. 팀 내에서 가장 경쟁이 치열했던 레프트백 자리에 갑자기 이영표 홀로 남겨지게 된 셈이다. 운이 좋았다? 전혀 그렇지 않다.

프로페셔널이란 실력뿐만 아니라 적응과 함께 부상 없이 항상 준비된 상태로 자기를 관리하는 자세가 정말 중요하다. 크리스티아누 호날두도 마찬가지다. 호날두의 최대 장점은 그의 현란한 개인기나 폭발적인 프리킥이 아니라 큰 부상을 낭하시 않는 요령에 있다. 아무리 실력이 뛰어나노 몸상태가 경기에 나설 수 없다면 아무 짝에도 소용없는 선수가 되기 때문이다. 그리고 이영표는 자칫 큰 구멍이 날 수도 있었던 레프트백 포지션을 완벽하게 메웠다.

날짜	대회명	상대팀	이영표 출전 현황
2007.11.29	[UEFA컵]	올보르	선발, 후반 2분 교체 아웃
2007.12.2	[리그]	버밍엄	후반 30분 교체 투입
2007.12.6	[UEFA컵]	안더레흐트	선발, 후반 36분 교체 아웃
2007.12.9	[리그]	맨체스터 시티	선발 풀타임
2007.12.15	[리그]	포츠머스	선발 풀타임
2007.12.18	[칼링컵]	맨체스터 시티	선발 풀타임
2007.12.22	[리그]	아스널	선발, 후반 36분 교체 아웃
2007.12.26	[리그]	풀럼	선발 풀타임
2007.12.29	[리그]	레딩	선발 풀타임
2008.1.1	[리그]	애스턴 빌라	선발 풀타임
2008.1.5	[FA컵]	레딩	선발 풀타임
2008.1.9	[칼링컵]	아스널	선발 풀타임
2008.1.12	[리그]	첼시	선발 풀타임

위의 표에서 알 수 있듯이 이영표는 2007년 11월 29일부터 2008년 1월 12일까지 45일 동안 무려 13경기 대부분을 풀타임으로 소화했다. 3, 4일 간격으로 한 경기씩 뛴 셈이다. 그 중에는 맨체스터 원정은 물론 벨기에_{안더레흐트} 원정까지 있었다. 같은 경기장에서만 이런 일정을 소화해내기도 힘든 판에 비행기를 타고 벨기에까지 다녀와야 하는 살인 일정이었지만 이영표는 자기에게 주어진 레프트백 임무를 묵묵히 수행해냈다. 176cm의 작은 체구로 이런 일정을 소화해낸다는 것은 기적에 가까운 일이었다. 12월 말쯤 되자 이영표도 농담 섞인 말투로 "힘들어 죽겠어요"라며 특유의 눈웃음을 쳐 보였다. 그렇지만 그의 눈빛에선 체력적 피로를 말끔히 상쇄시키는 보람과 자긍심이 엿보였다. 이영표는 득점과 상관없는 수비수였다. 그래서 공격수들에 비해 대중의 관심이 턱없이 적을 수밖에 없다. 하지만 팀 내 역학구도가 어떻게 돌아가든지, 감독이 누구든지 상관없이 항상 100%의 컨디션을 유지했던 진정한 프로페셔널이었다.

★이영표의 살인 강행군의 비밀은 '프로틴'

이영표가 살인 일정을 소화해낼 수 있었던 비결은 무엇일까? 프리미어리그의 치밀한 컨디셔닝 과학 덕분이라고 이영표는 말한다.

"일정을 이렇게 소화하면 당연히 힘들죠. 중간부터가 아니라 매 경기 끝날 때마다 힘들어요. 안더레흐트 경기에선 머리를 얻어맞고 기절해서 교체된 거예요. 다음 날 병원에서 CT 촬영을 했죠. 그리고 이틀 뒤에 또 경기를 뛰었어요. 어떻게 이런 출전이 가능했냐고요? 토트넘에선 매 경기가 끝나고 나서 다음 훈련에 나오기까지 영양 섭취 계획이 다 짜여 있어요. 경기 끝나서 로커룸에 오면 음료수가 준비되어 있어요. 그걸 마시고 구단 버스에 타면 자리에 체력 회복을 돕는 음식이 있고요. 버스에서 그걸 먹고 전세 비행기에 타면 자리에 또 프로틴 음료수가 자리마다 꽂혀있죠. 그거 또 마시고. 경기 끝나고 30분 간격으로 마셔야 하는 음료수예요. 그리고 클럽하우스에 도착해서 마시고, 집에 갈 때 피지컬 코치가 싸줘요. 집에 가서 자기 전에 마시고, 일어나서 마시고, 훈련 오기 전에 마시라고 일러주죠. 프로틴, 마그네슘, 비타민 등 각종 영양소가 들어있는데 적혀진 순서대로 마셔주면 다음 날 훈련에 나올 때까지 체력 회복이 정상 속도보다 70% 이상 빨라진대요. 그렇게 관리해주니 이런 강행군 소화가 가능한 거죠. 경기 끝나자마자 활성탄소(과일), 글리코겐, 탄수화물(파스타, 바나나), 프로틴 등을 단계적으로 흡수합니다.

지금은 잘 모르겠지만 제가 K리그에서 뛸 때에는 그런 거 없었죠. 경기 끝나고 음식 섭취 없이 집에 돌아오면 밤 11시예요. 선수들이 배고프니까 삼겹살 구워 먹고 새벽 1시 정도에 자죠. 다음 날 아침 10시 정도에 일어나서 오후 훈련 나갈 때까지 음식 섭취는 딱 두 번밖에 없는 거예요. 그러니 일정이 빠듯해지면 당연히 힘들어서 못 뛰죠.

2010년 남아공 월드컵 당시에는 대표팀에서도 프로틴을 먹었어요. 산소 마스크도 이용했고요. 진짜 큰 도움이 되었다고 생각해요. 레이몽드 베르하이엔(2002년과 2010년 월드컵 대표팀의 컨디션 유지를 책임졌던 네덜란드 출신 피지컬 코치)가 세계에서 제일 좋다는 프로틴을 구해왔어요. 그 덕분에 고지대에서 그렇게 많이 뛰는데도 버틸 수 있었죠. 프로틴을 먹어주면 회복과 반응 속도가 정말 달라져요. 월드컵 끝나고 치렀던 아시안컵(2011년 1월 카타르)에서는 아쉽게 프로틴 섭취가 없었어요. 그걸 먹었으면, 제 생각이지만 더 좋은 성적을 거둘 수도 있었을 거예요. 사소한 부분에서 엄청난 차이가 만들어지잖아요. 한 발 더 뻗으면 골인데 그걸 못 넣었다고 생각해보세요. 아쉽죠.”

★축구선수라고 해서 꼭 축구를 사랑하란 법은 없다

“저는 어렸을 때부터 발에서 공을 안 뗐어요. 잘 때도 발에 대고 자고 그냥 동네를 어슬렁거릴 때에도 항상 공과 함께했어요.” 이런 말 어디선가 많이 들어봤을 거다. 축구 스타라면 수많은 인터뷰에서 한 번쯤은 또 이런 대답을 했을 수도 있고. 하지만 이 세상 모든 축구선수가 축구를 사랑한 것은 아니다. “돈 벌려고” 회사에 다니는 대다수의 직장인처럼 “돈 벌려고” 어쩔 수 없이 풋볼 스타가 되는 사람들도 있다는 사실. 축구를 사랑하지 않았던 별난 축구 스타들을 소개한다.

베노잇 아수 에코토(토트넘)

“난 축구 중계를 절대 보지 않아요. 뛰는 것만으로도 충분하잖아요, 안 그런

가요? 나는 친구들과 만나고 힙합 음악을 즐기는 게 훨씬 더 재미있어요. 경기장에서 나오면 나는 절대로 축구에 대해서 이야기하지 않아요. 축구는 그냥 직업일 뿐이죠."

가브리엘 바티스투타(은퇴 : 피오렌티나, AS로마)

알렉산드로 리알티(바티스투타 자서전 대필작가) : "바티스투타는 일반적인 축구선수들과 달라요. 경기장 외의 사생활에 절대로 축구가 끼어드는 걸 용납하지 않았어요. 그것 때문에 자서전 쓸 때 꽤나 고생했죠. 그와 만난 5일 내내 그는 자신의 인생관과 가족, 일상에 대해서 떠들었어요. 축구와 관련된 부분을 설명해달라고 하면 그는 각종 기록이 담긴 서류를 책상 위로 툭 던지면서 '여기 다 있으니 보고 써요' 라고 말하곤 입을 다물어버렸어요."

에스펜 바르드센(은퇴 : 토트넘, 왓포드)

"축구선수라는 직업은 굉장히 쉽다는 이미지가 있어요. 하지만 그렇지 않아요. 솔직히 지금 내 직업과 비교하면 축구선수란 직업은 정말 미저리하죠." 노르웨이 대표팀의 골문까지 지킨 전도유망했던 바르드센은 25세의 나이로 '축구에 흥미를 잃어' 전격 은퇴했다. 대학교에 진학해 회계를 전공한 그는 지금 런던에 있는 자산평가 회사에서 일하고 있다. TV 경제 프로그램에 패널로 자주 등장한다.

4. 빅매치 전설로 태어나다

MBC 간판 예능 프로그램 〈무한도전〉은 등장인물의 '캐릭터' 공식을 정립했다고 할 수 있다. 단순히 입담꾼들이 나와서 하는 임기응변의 개그보다 오랜 기간을 거쳐 형성된 캐릭터가 제작진과 시청자 사이에 교감을 이룬 상태에서의 한 마디가 훨씬 더 깊고 큰 웃음을 유발시킬 수 있다는 것은 이제 예능 프로그램에서 정설로 통한다.

2005년 입단 이래 맨체스터 유나이티드에서 총 6시즌을 보낸 박지성의 캐릭터는 단연 '빅매치 플레이어'다. 하지만 처음부터 그랬던 것은 당연히 아니다. 박지성 개인의 경험 축적과 함께 퍼거슨 감독과의 끊임없는 교감을 통해 비로소 얻어진 훈장과도 같다. 그리고 그 '빅매치 플레이어'로서의 전설이 생겨난 곳이 바로 2008년 4월 로마와 바르셀로나였다.

2007/2008시즌 박지성은 무릎 연골 수술에 따른 재활로 인해 2007년 12월 26일에서야 겨우 실전에 복귀할 수 있었다. 시즌 전반기를 홀라당 날려먹은 것

이다. 설상가상 시즌 개막 전 이적시장에서 맨유는 오랜만에 돈 보따리를 화끈하게 풀어 나니, 안데르송, 오언 하그리브스 등을 영입하는 데에만 무려 5천만 파운드를 지출했다. 열심히 재활하고 돌아왔지만 역시 박지성은 1군 내에서 자리를 잡지 못하고 겉도는 듯한 느낌을 줬다. 프리미어리그에서도 계속 크리스티아누 호날두, 나니, 라이언 긱스 등에게 선발 기회를 내준 채 쓸쓸하게 벤치를 지키는 시간이 길어졌다. 우울한 분위기가 길어졌지만 맨유는 승승장구를 거듭하면서 프리미어리그에서 선두를 지켰고, UEFA챔피언스리그 16강전에서 올랭피크 리옹을 물리치고 8강에 올랐다. 8강전 상대는 전술 대가 루치아노 스팔레티 감독이 이끄는 이탈리아의 강호 AS로마였다. 지난 시즌에 이어 양팀은 챔피언스리그에서만 무려 여섯 번이나 맞붙는 끈질긴 인연을 이어갔다.

맨유의 기세가 워낙 좋았던 터라 로마에서 벌어진 8강 1차전의 현장 취재를 결심했다. 경기 일정이 앞뒤로 바쁘게 돌아가고 있어 잘하면 박지성에게도 출전 기회가 부여될 가능성도 없지 않았기 때문이다. 이탈리아 현지 일정을 따져보니 맨유의 경기가 있는 사흘 전에 같은 장소에서 라치오와 인테르 밀란의 세리에A 경기가 있었고, 이틀 뒤에는 피오렌티나와 PSV에인트호번의 UEFA컵 8강전이 피렌체에서 열렸다. 겸사겸사 잘됐다 싶어서 앞뒤의 경기도 모두 현장에서 취재하기로 마음먹고 이탈리아로 떠났다.

라치오와 인테르 밀란의 세리에A 경기는 한마디로 '재미있는' 경험이었다. 말로만 듣던 라치오의 레전드 토마소 로키의 연륜이 묻어나는 플레이_{이날 골도 넣었다!}도 마음에 들었고, 마흔 살을 넘긴 라치오의 수문장 마르코 발로타의 현역 활약도 직접 눈으로 볼 수 있어 만족스러웠다. 무엇보다 잉글랜드처럼 현장 분위기가 까다롭지 않아서 너무 좋았다. 자기 자리에서 너나 할 것 없이 담배를 피워

한 아파트에 로마 유니폼이 햇살을 받고 있다(위). AS로마와 맨유의 UEFA챔피언스리그 8강전 시작 전 선수들의 도열 모습(가운데). 경기 다음 날 경기 소식을 전하는 이탈리아 〈가제타 델로 스포르트〉의 일면(아래).

댔고 현장 안전요원들도 자기 일은 내팽개치고 다들 경기 관전에만 몰두하는 모습이 재미있었다.

8강전으로부터 하루 전 로마 변두리에 있는 고급 호텔에서 맨유 선수단의 기자회견이 있었다. 무거운 표정으로 기자회견장에 들어온 퍼거슨 감독은 자리에 앉자마자 부상자 명단을 부르기 시작했다. 그리곤 마지막에 "캐릭은 지금으로선 약간 힘들어 보이지만 어쨌든 부상 상태를 지켜보는 중"이라고 덧붙였다. 실제로 인터뷰가 끝나고 올림피코 스타디움에서 진행된 맨유 선수단의 공개 훈련에서도 캐릭은 훈련에 참가하지 않고 아이스박스 위에 걸터앉아 시간을 보냈다. 박지성도 묵묵히 몸을 풀었지만 역시 선발로는 크리스티아누 호날두와 나니 조합이 예상되고 있어서

그렇게 큰 기대를 갖지 않았다.

당일 경기장으로 가는 버스를 타기 위해 테르미니 역 앞으로 나갔다. 삼삼오

오 로마 팬들의 모습이 보였다. 다들 지난해 올드 트라포드에서 당했던 7-1 참사를 잊지 않은 듯 보였다. 저녁 8시45분 킥오프였지만 낮에는 달리 할 일도 없었던 탓에 일찌감치 경기장으로 향했다. 원정팀 취재 요청을 맨유가 일괄 접수시켰기 때문에 주위에 영국 기자들로 둘러싸여 있었다. 다른 때 같았으면 박지성에 대해서 이런저런 대화를 나눴겠지만 당시 박지성은 완벽하게 후보로 밀려 있었던 터라 괜히 말 걸었다가 민망한 대답이 돌아올까 봐서 혼자 묵묵히 현장 분위기를 구경하고 있었다. 그리곤 현장 진행요원이 이날 경기의 출전명단을 들고 등장했다.

복사기 열기가 아직 남아있는 출전명단에는 박지성의 이름이 선명히 적혀있었다. 너무 놀라 뒷자리에 앉아있던 함께 온 후배를 향해 "야, 박지성 선발이다!"라고 큰소리로 외쳤다. 그러자 주위에 있던 영국 기자들도 눈치를 챘는지 다들 출전명단을 쳐다보며 흥미롭다는 표정을 지어 보였다. 지금 생각해보면 박지성의 선발 출전이 흥미로웠던 건지, 아니면 한국 취재진의 흥분한 모양새가 웃겨 보였던 건지는 잘 모르겠다. 어쨌거나 저쨌거나 기뻤다. 별 기대 없이 날아간 로마에서 의외의 선물을 받은 것 같은 기분이었다. 또 하나 재미있었던 점은 퍼거슨 감독이 "지켜보겠다"던 캐릭도 당당히 선발에 이름을 올렸다. 역시 그 영감 뱃속에는 능구렁이가 한 백만 마리 있나 보다. 박지성은 '깜짝 카드', 캐릭은 완벽한 '연막전술'이었다.

의외의 카드였던 박지성은 후반 21분 끈질긴 플레이로 웨인 루니의 두 번째 골을 도왔고, 하루 전날 팀 훈련에 아예 참가도 하지 않았던 캐릭은 환상적인 운동량과 투지를 발휘하며 맨유의 귀중한 원정 승리의 일등공신이 되었다. 퍼거슨 감독의 전략전술 앞에서 스팔레티 감독도 무기력하게 무너지고 말았다. 데 로

로마전 기자회견에 나온 퍼거슨 감독과 맨유 선수 대표 박지성.

시, 아퀼라니, 피차로의 중앙 공격 지원이 창의력을 펼쳐야 할 공간을 박지성이 지키고 있으니 로마의 창 끝은 드라마틱하게 무뎌졌다. 퍼거슨 감독이 박지성을 진정한 빅매치 플레이어로 환골탈태시킨 최초의 경기가 바로 이날이었다. 이후 맨유가 절대로 져서는 안 될 경기마다 퍼거슨 감독은 어김없이 박지성을 선택하게 되었다.

2차전을 홈에서 치를 예정인 맨유로서는 로마 원정에서 패배를 면하거나 또는 지더라도 원정골만 얻으면 상당히 유리한 고지를 점할 수 있었다. 당시 전략은 다음과 같았다. 선제골을 넣어 앞서나가기보다 수비를 탄탄히 함으로써 실점을 막아 상대를 초조하게 만든다. 반드시 골을 넣어야 하는 상대팀은 당연히 앞으로 나올 수밖에 없고, 이에 대응할 수 있는 방법으로 맨유는 헐거워진 수비진을 한번에 뚫어낼 수 있는 공격수 크리스티아누 호날두를 보유하고 있다. 그렇다면 공격력이 뛰어난 선수보다는 박지성처럼 높은 위치에서 상대 미드필드진을 압박해 공격의 정확도를 떨어트리고 로마의 풀백을 항상 자기 진영에 묶어놓음으로써 상대팀의 공격 가담 숫자를 줄인다. 이렇게 되면 자연스레 상대는 공격 패턴에 있어서 취할 수 있는 경우의 수가 줄어들어 수비하기가 굉장히 편해지는 것이다.

경기가 끝나고 공동취재구역에서 박지성을 기다렸다. 한참이 지나 나온 박지성은 우리를 발견하곤 다소 놀랐는지 "여기까지 오셨네요?"라며 인사를 먼저 건넸다. 영국에서라면 몰라도 이렇게 챔피언스리그 원정까지 따라온 한국 취재진은 처음이었기 때문이다. 그렇다고 우리의 유난스러운 취재 열정의 결과는 아니었다.

2005년 여름 맨유 입단 이후 박지성이 UEFA챔피언스리그 대회의 이렇게 높은 단계에서 선발로 활약한 게 사실 이번이 처음이었다. 말은 무척 아꼈지만 인터뷰 중간중간에 박지성의 얼굴에서 만족감을 엿볼 수 있었다. 당연히 만족스러울 수밖에 없었다. 악몽 같은 무릎 부상에서 벗어나 겨우 중도 합류한 시즌이었다. 새로 영입된 신입생들도 비싼 몸값을 증명이라도 하듯 화려한 기량을 뽐내며 맨유의 리그 선두 질주를 도왔다. 자칫 "내 자리가 없어질 수도 있구나"라는 불안감이 엄습해올 수도 있는 어두운 상황. 그러나 예상 외로 찾아온 로마 원정 선발이라는 천금 같은 기회를 박지성은 완벽하게 잡아냈다. 물에 빠지면 허우적대기보다 일단 몸을 웅크려 가라앉아 바닥을 찾아야 물 위로 솟구쳐 올라올 수 있다는 말처럼 박지성은 가장 우울한 분위기 속에서 잔뜩 웅크리고 있다가 글래디에이터의 땅 로마에서 완벽하게 자기 가치를 증명해냈다.

★ 못 말리는 퍼거슨 씨

잘 알려진 대로 알렉스 퍼거슨 감독은 영국 엘리자베스 2세 여왕으로부터 기사 작위(Knighthood)를 받은 명망 있는 인물이다. 이름 앞에도 '경(Sir)' 호칭이 붙는다. 그러나 그의 성장 배경과 평소 언행은 그런 사회적 지위와는 전혀 어울리지 않는 천상 '서민'이다. 여기 '보통사람' 퍼거슨 씨를 느낄 수 있는 순간들을 소개한다.

나 경기에 넣어줘. 내가 저 자식 담근다!(1976년 7월)

세인트 미렌(스코틀랜드)에서 감독 겸 선수를 맡고 있던 퍼거슨 감독은 팀을 이끌고 아프리카의 가이아나(프랑스령)로 하계훈련을 떠났다. 현지에서 세인트 미렌은 가이아나 대표팀과 평가전을 가졌는데 상대팀 쪽에 덩치가 산만한 선수 하나가 퍼거슨 감독의 선수들에게 무자비한 태클을 날리며 괴롭혔다. 사이드라인에 서서 조금씩 상승한 퍼거슨 감독의 '분노 게이지'는 자기 팀 공격수 한 명이 실려나간 시점에서 임계치를 넘기고야 말았다. 퍼거슨 감독은 옷을 갈아입은 뒤 수석코치에게 "나 들여보내줘"라고 말했다. 코치는 "뭐 하려는지 알아요. 절대로 안돼요. 참아요"라며 말렸다. 하지만 퍼거슨 감독은 고집을 꺾지 않고 결국 경기장 안으로 교체 투입되어 들어갔다. 그리곤 그 덩치에게 이단 옆차기 작렬! 가이아나의 덩치는 들것에 실려나갔고 퍼거슨 감독은 퇴장 당했다.

거짓말 좀 하지 마!(2005년 11월)

2005/2006시즌 전반기 내내 퍼거슨 감독은 성적 부진으로 해임설에 시달렸다. 급기야 그의 고향 팀 레인저스가 그를 감독으로 영입하고 싶다는 뜻을

공식적으로 밝혔다. 기자회견에 모인 취재진은 퍼거슨 감독에게 사실 확인을 요청했다.

퍼거슨 : 내가 왜 멍청이가 쓴 엉터리 기사까지 일일이 확인해줘야 하지?

기자 : 죄송하지만 레인저스가 직접 저한테 그렇다고 확인했는데요?

퍼거슨 : 그럴 리가 없어.

기자 : 그랬다니까요.

퍼거슨 : 그렇지 않다니깐.

기자 : 맞다니까요.

퍼거슨 : 거짓말하고 있네.

기자 : 거짓말이 아니에요.

퍼거슨 : 당신 지금 거짓말 하고 있잖아!

기자 : 아니라니까요.

퍼거슨 : 당신은 거짓말쟁이야.

기자 : 거짓말쟁이라고요? 지난주에 감독님이 직접 로이 킨을 떠나지 않는다
고 말했는데, 말한 지 30분 후에 로이 킨과 계약 해지한다고 구단이
발표했어요. 누가 거짓말쟁이죠?

퍼거슨 : 아~ 정말, 당신 지금 거짓말하고 있어. 레인저스는 아무런 확인도
하지 않았단 말이야!

기자 : 확인했다니깐요!

퍼거슨 : 짜증 나네. 내가 언제까지 이렇게 괴상한 대화를 하고 있어야 하는
거지?

기자 : 전혀 괴상하지 않아요.

퍼거슨 : 괴상해.

기자 : 괴상하지 않아요.

퍼거슨 : 괴상하다니깐!

기자 : 그렇지 않다니까요.

구단 언론 담당관 : 자, 그럼 더 이상 질문 없으시죠? 오늘 이 정도에서 기자
회견 마칩니다. 감사합니다.

 ★이 친구 크게 될 녀석이라고!

될성부른 나무는 떡잎부터 알아본단다. 하지만 가끔 떡잎을 알아보지 못하는
경우도 있다. 품 안으로 굴러들어온 '떡잎'을 알아보지 못하고 걷어차버린 안타
까운 사연을 살펴보자.

디에고 마라도나

1978년 셰필드 유나이티드의 해리 하슬람 감독은 선수를 알아보기 위해 떠
난 아르헨티나 현지에서 17세의 마라도나를 발견했다. 20만 파운드의 이적
료로 합의 직전까지 갔지만 갑자기 마라도나의 소속팀이 이적료를 더 달라고
요구하자 하슬람 감독은 결국 마라도나를 포기하고 16만 파운드로 리베르
플라테의 알렉스 사베야를 영입했다. 사베야는 잉글랜드에서 4시즌간 활약한
뒤 고향으로 돌아갔다. 반면 마라도나의 미래는 독자 여러분께서 아시는 바
와 같이.

뤼트 훌리트, 존 반즈, 폴 개스코인

세 명의 슈퍼스타는 한 가지 공통점을 갖고 있다. 입스위치 타운에서 입단
테스트를 받았다가 떨어진 '낙방' 동기들이다.

알란 시어러

뉴캐슬은 입단 테스트를 받고 있던 시어러를 지켜보다가 결국 '낙제' 판정을 내리고 사우스햄턴으로 보내버렸다. 시간이 흘러 흘러 블랙번에서 프리미어리그 득점왕에 오른 시어러를 뉴캐슬은 1천5백만 파운드를 주고 영입했다.

호나우지뉴

그레미오에서 파리 생제르맹으로 이적하려던 호나우지뉴는 측근으로부터 한 가지 조언을 받는다. 한번에 너무 빅클럽으로 가지 말고 적당한 곳에서 유럽 축구에 적응하는 게 어떻겠냐는 내용이었다. 호나우지뉴는 이에 수긍했고 잽싸게 움직인 스코틀랜드의 세인트 미렌이 이적 성사 일보직전까지 갔다. 그러나 브라질과 스코틀랜드 간 선수 이적 관련 법적 문제 탓에 결국 이적은 이루어지지 못했다.

5. 우승을 부르는 패스 머신

2008년 1월 말 또 한 명의 K리거가 프리미어리그 무대에 발을 내디뎠다. 대한민국 최고의 미드필더 김두현^{당시 성남}이었다. 김두현은 한국 축구에서 과소평가 받는 대표적인 선수다. 최상급의 테크닉과 탈^脫아시아적인 기량을 갖고 있으면서도 월드컵과 인연을 맺지 못해 일반 대중에겐 그리 강한 인상을 남기지 못한 불운의 주인공이란 꼬리표가 따라다닌다. 그러나 역시 그의 기량은 잉글랜드 무대에서도 통했다. 더비 카운티와 레스터 시티 등에서도 영입 제안 의사를 밝혀왔지만 김두현은 오랜 구단 역사를 자랑하는 웨스트 브로미치 앨비언을 선택했다. 일단 입단 테스트라는 과정을 거치긴 했지만 어디까지나 형식에 지나지 않았다. 이미 스카우트를 통해 김두현의 실력에 대해 합격점을 내려놓은 상태에서 현지 적응 차원의 배려에 가까웠다. '패싱 게임' 신봉자였던 토니 모브레이 감독에겐 김두현 같은 '패싱 머신'은 자기 전술을 완성시키기 위한 필수품이었다. 일단 6개월 단기 임대였지만 거의 완전이적이나 다름없는 형태로 김두현은 잉글랜드 전통의 명문 유니폼을 입게 되었다.

웨스트 브로미치는 잉글랜드의 '배꼽' 한가운데 있다는 소리 버밍엄 근교에 위치한 소도시다. 애스턴 빌라와 버밍엄 시티각 버밍엄 연고, 울버햄턴 원더러스와 함께 중부 지방을 대표하는 4대 클럽 중 하나로 잉글랜드에선 꾸준한 사랑과 인기를 받아온 클럽이다. 버밍엄 역에서 지선을 타고 15~20분 정도면 웨스트 브로미치의 홈구장 '더 호손스'에 도착한다.

김두현의 첫 엔트리 포함이 예상되었던 2008년 2월 23일 헐 시티와의 챔피언십2부 경기를 취재하기 위해 옮긴 발길은 걱정했던 것보다 훨씬 편리하고 가까웠던 여정 덕분에 시작부터 다행스러웠다. 아쉽게도 이 경기에서 김두현은 출전 기회를 얻지 못했지만 안부라도 나누자는 생각에 경기장 밖에서 그를 기다렸다. 시간이 좀 지나자 김두현은 부친과 함께 경기장에서 빠져나왔다. 반갑게 인사를 나누고 있으니 신입 선수의 사인을 받으려는 팬들에게 둥그렇게 둘러싸이고 말았다. 잠시 자리를 비켜줬고 김두현은 열심히 팬들의 사인과 사진 요청에 친절히 응했다. 한차례 바람이 지나가자 김두현이 의외의 질문을 던졌다.

김두현 : 여기서 버밍엄 가려면 어떻게 가야 해요?

기자 : 차 안 가져왔어요?

김두현 : 차요? 지금 여기 온 지 얼마 안 돼서 정신 하나도 없어요, 하하.

난데없이 대한민국 최고의 미드필더와 그의 부친, 우리 일행 두 명까지 한국인 네 명이 나란히 도보 귀갓길에 나서는 장면이 연출되었다. 정말 이국 땅에 떨어져 있으니 한국에서는 상상할 수 없는 일들이 이따금 벌어지곤 한다. 기차역

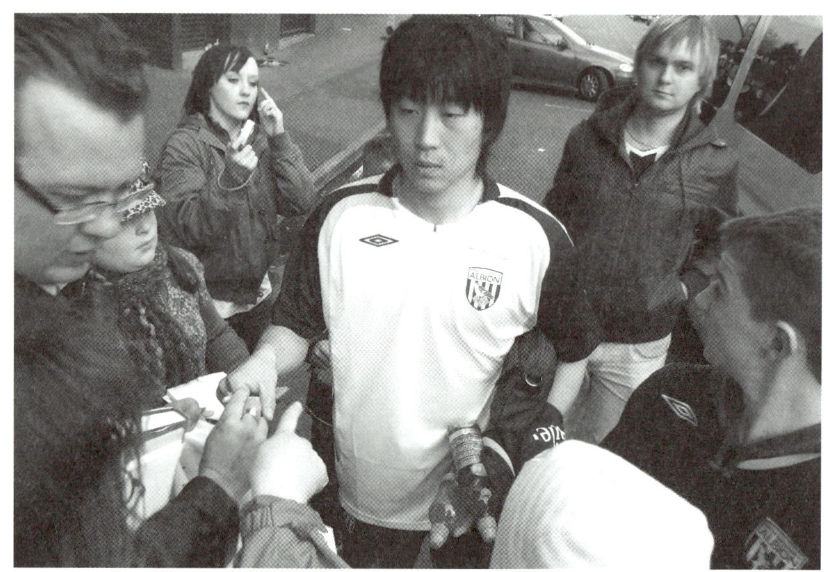

경기장 밖에서 팬들에게 둘러싸인 김두현.

플랫폼에서 기차를 기다리고 있는데 금발의 아주머니가 팀의 트레이닝복을 입고 있었던 김두현을 알아보곤 자기 핸드폰을 갑자기 보여줬다. 재미있게도 아주머니의 핸드폰 바탕화면이 김두현이었다. 새로 팀에 합류한 동양인 선수에게 호기심과 팬심이 동시에 발동했나 보다. 아주머니는 김두현에게 엄지손가락을 치켜세우며 "기대가 커요. 여기서 꼭 성공하세요"라며 기분 좋은 덕담을 남겨줬다. 김두현도 "날 어떻게 알았지?"라며 혼잣말로 희한해 하면서도 만족스러운 표정을 숨기지 못했다. 버밍엄 중앙역행 기차에 올라타 각자 자리에 앉아서 김두현의 모습을 보니 영락없는 동네 운동장에서 친구들과 축구를 즐기고 집에 가는 청년의 모습 그대로인 것 같아 웃음이 나왔다.

가는 동안 김두현은 "버밍엄 시내 잘 아세요? 우리 집에 가는 길 잘 모르는데

김두현이 입단 5개월 만에 맛본 챔피언십 우승. 이날 김두현의 골로 2-0으로 승리했으며, 사진은 챔피언십 우승 세리머니의 장면이다.

어떡하죠?"라고 연신 걱정스러워했다. 자기 집의 주소를 모른다니 우리도 어찌할 도리가 없었지만 시내 중심가에 가면 눈에 익은 길이 나오지 않을까 라는 기대를 갖고 일단 가보자고 안심시켰다. 다행히 예상이 빗나가지 않았다. 버밍엄 중심가에서 조금 걸어가고 있으니 김두현이 "아, 여기! 저 여기 알아요. 이렇게 가깝구나. 다행이다"라며 어린애처럼 기뻐했다. K리그 슈퍼스타의 귀갓길은 무탈하게 마무리될 수 있었다.

사실 김두현의 잉글랜드 진출은 다소 무리한 구석이 없지 않았다. 웨스트 브로미치에 합류한 게 2008년 1월이었는데 1982년생인 김두현은 2010년까지는 상무에 입대해야 했다. 경찰청을 선택한다고 해도 잉글랜드에서 뛸 수 있는 시간이 불과 두 시즌 반 정도밖에 되지 않았기 때문이다. 그 전에 2008년 베이징

올림픽이라든가 2010년 남아공 월드컵, 2010년 광저우 아시안게임 등의 병역 면제 혜택 기회가 있긴 하지만 팀 종목인 탓에 혼자 잘한다고 해서 자격 요건을 충족시킬 순 없는 노릇이다. 시즌 말미 버밍엄 시내에서 가졌던 인터뷰를 통해 궁금증이 풀릴 수 있었다.

"전 하나밖에 생각하지 않았어요. 2010년 남아공 월드컵 출전이에요. 아시다시피 요즘은 해외파가 많아져서 대표팀 내에서도 주전 경쟁이 굉장히 심해졌잖아요. 솔직히 감독 입장에서 선수를 고를 때 해외파 쪽으로 마음이 기운다고 생각해요. 당연하잖아요. 외국 팀하고 경기를 해야 하는데 국내 축구에만 익숙한 선수보다는 유럽에서 외국 선수들과 몸으로 부딪히면서 뛰는 선수들이 더 낫겠죠. 전 병역 문제에 신경 쓰지 않고 오로지 월드컵만 바라보고 있어요."

김두현은 잉글랜드 진출 첫 시즌에 두 가지 '최초'의 기록을 남겼다.

첫 번째는 '축구 성지' 웸블리 스타디움에서 직접 경기를 뛴 첫 번째 한국인 선수였다. 2008년 4월 5일 김두현은 웸블리 스타디움에서 벌어진 FA컵 준결승전vs 포츠머스 후반 30분에 출전해 영광의 잔디를 직접 밟았다. 비록 그 경기에서 웨스트 브로미치가 1-0으로 패하긴 했지만 FA컵 준결승 진출은 김두현 개인에게나 팀에나 만족스러운 성과가 아닐 수 없었다.

두 번째 '최초'의 기록은 바로 우승이다. 김두현은 이른바 우승의 사나이다. 축구를 시작했던 초등학교 시절부터 자기가 속했던 모든 팀들에서 김두현은 모두 우승을 경험하는 '행운아'였다. 인터뷰 중 "만약 제가 입대하면 상무결과적으로는 경찰청을 선택했다도 우승할지 몰라요"라며 웃었을 정도로 김두현과 우승은 이음동의어였다. 처음엔 듣는 나도 웃어넘겼지만 결국 그의 '우승 부적'은 머나먼 잉글랜드에서도 신통력을 발휘했다. 2007/2008시즌 챔피언십 최종전이었던 퀸즈 파크 레인저스QPR 원정에서 웨스트 브로미치는 2-0으로 승리하며 2부 리그 우승을 차지한 것이다. 더군다나 김두현은 우승을 확정한 이날 경기에서 잉글랜드 무대 데뷔골을 터트리는 기쁨까지 안았다. 0-0으로 팽팽히 맞서던 후반 8분 페널티박스 안 오른쪽에서 졸탄 게라가 살짝 올려준 크로스를 김두현이 골문 앞에서 밀어 넣어 선제골을 터트렸다. 팀 합류 후 첫 원정에서 김두현과 함께 방을 썼던 룸메이트의 완벽한 선물이었다. 골이 들어가는 순간 주먹을 불끈 쥐며 말릴 새도 없이 입에서 작은 "예스!"가 튀어나왔다. 김두현의 데뷔골도 기뻤고, 지독한 교통 체증 탓에 킥오프가 지나서야 겨우 도착했던 경기에서 목격한 장면이어서 더 기분이 좋았다.

후반 32분 제임스 브런트의 환상적인 프리킥 추가골까지 터지면서 웨스트 브로미치는 시즌 우승이 확정, 경기 후 원정 서포터즈 앞에서 우승 트로피를 들어올리는 최고의 프리미어리그 승격 이벤트를 펼칠 수 있었다. 선수들 모두가 돌아가며 한 번씩 우승 트로피를 들어올리는 이벤트에서 선제 결승골의 주인공 김두현이 빠질 수가 없었다. 번쩍이는 우승컵을 높이 치켜든 김두현에게 팬들은 열광적인 함성과 박수를 보냈다.

경기가 끝나고 경기장 안 기자실에서 김두현과 단둘이 만날 수 있었다. 인터뷰를 해야 하는데 축하 인사와 기쁨을 함께 나누느라 정작 코멘트다운 코멘트는 따지도 못했지만 어쨌든 기뻤다. 생각해보면 이 경기장에서 지금 한국인이라곤 우리 둘밖에 없었을 가능성이 매우 높았다. 조금이라도 더 그의 귀중한 데뷔골을 축하해주고 싶은 마음뿐이었다.

김두현을 보면 마치 한국에서 지금 막 영국으로 와서 당황스러워하는 후배를 보는 것 같은 느낌이었다. 집으로 돌아가는 길도 잘 몰랐고, 인터넷 개통과 은행

계좌를 트기까지 한 달 이상이 걸리는 갑갑한 영국의 현실을 도저히 납득하기 힘들다며 고개를 가로젓는 모습까지 영락없는 '초짜' 이민자 그대로였다. 하지만 적어도 그의 월드컵 꿈을 키우기엔 더할 나위 없이 좋은 곳이라는 사실에는 변함이 없었다.

★ 김두현이 만난 '문화 충격'

누구나 그렇듯이 김두현도 맨 처음 영국 축구와 만나면서 다양한 컬처 쇼크 (Culture Shock)를 겪어야 했다. 감독과 선수 관계, 감독과 코치 관계, 그리고 영국의 느려터진 일상까지 '초보 이주자' 김두현에겐 모든 게 낯설기만 했다. 김두현이 직접 말하는 영국 생활의 충격들을 훑어본다.

충격 #1 "축구 선수 맞아?"

"처음 팀에 합류했을 때 깜짝 놀랐어요. 한 명씩 조를 짜서 볼을 땅에 닿지 않고 주고받는 연습을 했는데 제 파트너는 거의 한 번도 제대로 볼을 제게 주지 못했어요. 인사이드로 그냥 툭 갖다 대면 되는데 그걸 못하더라구요. 진짜 놀랐죠. 지금 볼턴에서 청용이와 함께 뛰는 폴 로빈슨이라고 있잖아요. 제가 갔을 때 그 친구가 같은 팀에 있었는데, 솔직히 저런 선수가 어떻게 프리미어리그에서 뛰나 싶더라구요. 열정적으로 열심히 뛰는 건 인정하겠지만 기술이 형편없었어요."

충격 #2 "쟤 미친 거 아니야?"

"후보로 들어간 경기에서 전반전 실점을 허용해서 한 골 뒤졌어요. 하프타임이 되어 로커룸으로 들어갔죠. 감독이 작전 지시를 하려고 하는데 바로 옆에 있는 녀석이 물통을 발로 걷어차버렸어요. 정말 깜짝 놀랐어요. 쟤 이제 죽었구나 싶었죠. 그런데 그 다음이 더 해요. 화를 낼 줄 알았던 감독이 그 선수를 붙잡고 흥분을 가라앉히려고 애쓰는 거 있죠. 흥분하지 마라, 후반전에 잘할 수 있다 식으로 달래는 거예요. 한국에서는 상상도 못하죠. 그런데 그게 통하더라구요. 어차피 흥분한 선수를 혼내도 소용없잖아요. 훈련할 때도 그래요. 코치가 전술을 설명하는데 그게 아닌 것 같다고 당당하게 자기 생각을 말하는 친구들이 있어요. 코치랑 논쟁을 벌이다가 결론이 안 나면 감독이 와서 다시 친절하게 설명을 해서 선수를 설득해요. 그런 분위기에 적응하는 데 죽겠더라구요. 하하."

충격 #3 "벌써 집에 가?"

"영국은 모든 게 느려요. 불편한 게 너무 많아서 답답했어요. 사람들이 일하는 게 너무 느려요. 그곳에서 현지 일을 도와주던 맷이라는 영국인 친구가 있었는데, 그 친구가 "한국 사람들은 일을 빨리빨리 처리해서 참 좋다"고 부러워할 정도였어요. 구단 직원들도 똑같아요. 시간 되면 정말 칼 같이 퇴근해 버리고. 은행계좌, 신용카드, 인터넷, 핸드폰 이런 것들 신청해서 나올 때까지 다 한 달 넘게 걸렸어요."

충격 #4 "감독님, 안녕하세요. 네? 코치라고요?"

"한국에서는 보통 감독이 코치보다 나이가 많아요. 감독은 위, 코치들은 아래라는 공식이 딱 서있어요. 그런데 영국은 안 그렇더라구요. 맨 처음 더비 카운티에 갔는데 50대 코칭 스태프가 나와서 인사를 하는 거예요. 감독인 줄 알았죠. 그랬더니 자기는 코치라고 하더군요. 그 다음에 감독이 나왔는데 훨씬 젊은 거예요. 영국에서는 감독과 코치의 역할 구분이 확실해요. 연륜과 경험이 쌓인 사람이 선수들과 함께 훈련을 하고, 감독은 전화 통화, 인터뷰 같은 대외 업무를 맡는 식이에요. 훈련 때도 감독은 나와서 그냥 옆에서 지켜보는 식이었어요. 한국 축구계에서도 이젠 그렇게 각자가 맡은 분야에서 전문화가 이루어지는 게 맞다고 생각해요."

★ 축구 경기장 설계의 아버지 '아치발드 리치'

영국 축구의 기나긴 역사만큼이나 축구 경기장의 설계 역사도 깊다. 1865년 스코틀랜드 글래스고에서 태어난 아치발드 리치(Archibald Leitch)는 영국 근대축구 경기장 설계의 아버지라고 할 수 있다. 그의 작품을 나열해보면 그 이유를 금방 알 수 있다.

하이버리(아스널), 스탬포드 브릿지(첼시), 올드 트라포드(맨체스터 유나이티드), 셀틱 파크(셀틱), 안필드(리버풀), 크레이븐 코티지(풀럼), 햄든 파크(스코틀랜드축구협회), 아이브록스(레인저스), 구디슨 파크(에버턴), 화이트 하트 레인(토트넘), 빌라 파크(애스턴 빌라). 이 역사적 축구 경기장 모두가 바로 리치가 직접 설계한 디자인으로 건설되었다(이 외에도 굉장히 많다).

화이트 하트 레인의 동쪽 외벽(위). 풀럼 홈 경기장 크레이븐 코티지 박스오피스(아래).

이 중에서 원형이 가장 잘 보존되어 있는 곳은 풀럼의 홈경기장 크레이븐 코티지다. 1896년 개장한 이래 111년이 지난 2007년 한국과 그리스가 평가전을 펼쳤다고 생각하면 그 오랜 축구 역사의 흐름을 그대로 느낄 수 있다. 이영표가 활약했던 화이트 하트 레인도 리치의 작품이다. 그 동안 많은 리노베이션이 이루어져 원형을 찾아보기 힘들 정도로 그 모습이 바뀌었지만, 동쪽 외벽은 리치의 설계 그대로 보존되어 있다. 풀럼의 크레이븐 코티지와 화이트 하트 레인의 동쪽 외벽은 영국 정부로부터 문화재로 등록되어 이곳에 대한 설계 변경이나 개조는 정부 승인이 필요하다.

6. 모스크바의 눈물

영화에서는 가끔 이런 장면이 나온다. 화려한 무대, 한껏 들뜬 표정으로 객석을 가득 메운 관객들, 여기서만 잘해내면 고생 끝 행복 시작이다. 그러나 재능을 시기한 동료의 꾀임에 빠진 주인공은 결국 무대 위에 오르지 못하고 일생일대의 기회를 날려버린다. 또는 로맨틱 코미디 영화의 정수와 같은 '결혼식 망치기' 장면이라든가. 모든 게 완벽해 보이던 상황이 눈 한 번 껌뻑하니 천국이 지옥으로 바뀌어있는 그런 장면. 누가 혁명의 역사가 쓰여진 곳 아니랄까 봐 2008년 5월 21일 모스크바 루츠니키 스타디움에서 벌어진 해프닝도 거의 '혁명'에 가깝도록 충격적이었다.

모스크바에서 열리는 2007/2008시즌 UEFA챔피언스리그 결승전에 영국의 두 클럽 맨체스터 유나이티드와 첼시가 나란히 올라가자 불똥이 엉뚱하게 러시아 대사관으로 튀었다. 10만 명 이상의 영국 팬들이 한꺼번에 러시아 입국 비자를 받아야 하는 초유의 사태가 발생했기 때문이다. 부랴부랴 유럽축구연맹UEFA

2007/2008시즌 UEFA챔피언스리그 결승전을 앞두고 있지만, 크리스티아누 호날두의 모습은 즐거워 보인다.

과 러시아, 영국의 3자가 모여 대책을 마련했다. 결승전 입장권을 소지한 팬에 한해 72시간 동안 러시아 현지에 체류할 수 있도록 허용한 것이다. 경기 입장권이 곧 비자증이 되는 셈이다. 다만 취재진은 일반 관광 비자를 받되 신청 및 발부 절차를 간편화해주겠다는 조치가 취해졌다. 러시아대사관의 비자업무 담당 부서를 찾아 각종 증빙서류를 제출하고 나니 그 자리에서 일사천리로 비자가 발부되었다. 두 가지 사실에 깜짝 놀랐다. 우선 비자 신청료가 우리 돈으로 18만 원이라는 사실, 그리고 비자업무 사무실 안에 있는 5명의 직원이 모두 금발의 러시아 미녀들이었다는 점이다. 눈은 즐겁고 지갑은 슬픈 순간이었다.

박지성의 첫 UEFA챔피언스리그 결승전 출전 및 우승 가능성이라는 대박 건수는 머나먼 한국 취재진의 발걸음도 재촉했다. 현장에만 대략 25명 가량의 한국 취재진이 몰려들었다. 영국에서 비행기로 4시간이 채 걸리지 않는 편리한 지점에 있던 '영국파'로서는 그리 대단한 여정이 아니지만 한국에서 날아와야 하는 '국내파' 취재진에겐 엄청난 장거리 이동이었다. 루즈니키 스타디움 기자실에서 모인 한국 취재진 대부분 눈 아래 깊은 다크서클이 패어 있었다. 한국 축구사에 기록될 역사적 현장에 있다는 기대감과는 별개로 피곤한 건 어쩔 수 없는 노릇이다. 항공사별로 차이는 있지만 대부분 16~20시간씩 걸려 겨우 도착한 곳에서 짐을 풀자마자 곧바로 일을 해야 하니 당연한 피로함이다. 모스크바에서 벌어지는 클럽 경기 하나 때문에 이렇게 많은 축구 담당 기자들이 모이는 것도 생각해보면 박지성의 힘이라는 생각이 들었다.

결승전 당일 아침 일찍부터 부지런을 떨어 러시아 대표팀 훈련장을 찾아 거스 히딩크 감독을 만날 수 있었다. 모스크바에서 만나는 한국 기자가 신기했는지 히딩크 감독은 수많은 취재진을 제치고 5분 이상 시간을 내주는 친절함을 베풀었다. 히딩크 감독 역시 박지성의 존재가 자랑스러웠는지 "오늘 저녁에 제일 보고 싶은 친구지"라는 말을 남기며 윙크로 작별인사를 대신했다.

부랴부랴 택시를 잡아 타고 루즈니키 스타디움으로 향했다. 경기장 정면에 있는 레닌의 카리스마 넘치는 동상 밑으로 맨유와 첼시 팬들이 벌써부터 흥을 돋우며 결승전 분위기를 즐기고 있었다. 기자실에서 취재 준비를 하고 있으니 자신을 영국 〈옵저버〉의 기자라고 소개한 친구가 다가오너니 박지성에 대해서 궁금한 게 있다며 말을 걸었다. 무슨 연유인지 물었더니 그는 "맨유가 결승전에 진출하기까지 박지성의 공헌이 결정적이었잖아요. 그래서 사내에서 이번 결승전에서 박지성을 따로 떼서 특집 기사를 내보내기로 했어요"라고 설명했다.

사실 굉장히 놀랐다. 〈옵저버〉는 일간지 〈가디언〉의 일요 버전에 해당하는 주력지다. 지금까지 박지성이 얼마나 과소평가 받아왔던가. 이런 유력 매체에서 박지성을 테마로 잡다니 선수 개인은 물론 한국 축구에게도 대단한 개가가 아닐 수 없다. 아는 범위 안에서 그의 궁금증을 풀어줬더니 만면에 미소를 띄우며 "정말 고마워요. 뭔가 도움을 줘야 할 텐데… 혹시 호날두 핸드폰 번호 필요해요? 아무튼 선수들 연락처를 우리가 다 갖고 있으니 필요하면 언제든지 전화 줘요"라며 자기 자리로 돌아갔다.

시간이 흐르면서 양팀 출전명단이 공개될 시간이 점점 더 다가왔다. 축구 역사상 가장 위대한 대회의 결승전에 한국인 선수가 선다고 생각하니 흥미롭고 기대되었다. 주위에 있던 모든 한국 취재진도 마찬가지였다. 긴장의 시간이 아주 조금씩 조금씩 흘렀다. 그러던 중 뒤쪽에서 갑자기 한국어 외마디가 들렸다.

"없어!"

뒤를 돌아봤더니 타사 기자의 하얗게 질린 표정이 보였다. 없었다. 멋진 UEFA의 로고와 모스크바 결승전 디자인이 인쇄된 출전명단에서 박지성의 이름을 어디에서도 찾을 수가 없었다. 겉으로는 태연한 척하면서도 인쇄가 잘못된 게 아닌가 싶어 UEFA 공식 홈페이지를 확인했다. 혹시나 하는 마음에 F5 키를 몇 번 눌러봤지만 박지성의 이름은 떠오르지 않았다. 조금 전까지 박지성 특집을 준비하던 〈옵저버〉 기자의 표정도 가관이었다. 사람 눈이 그렇게 커질 수 있다는 사실을 그때 처음 알았다. 그는 손에 든 출전명단을 바라보며 "설마 농담이겠지You must be joking, right?"라며 혼잣말로 중얼거렸다. 한국에서 날아온 취재진 모두 아연질색 했다. 전세계 취재진이 모인 기자실 안 공기 중으로 "야, 이거 뭐야?", "왜 빠졌는지 좀 알아봐!", "진짜 없는 거 맞아?", "이런 젠장, 지금 장난하냐?" 등등의 비명에 가까운 한국어가 이리저리 날아다녔다. 솔직히 '차라리 부상이었으면 좋겠다' 라는 생각이 들었다. 불의의 부상을 당하는 쪽이 훨씬 더 당당할 수 있지 않은가. 하지만 이내 헛된 바람이었다는 사실이 드러났다. 기자실에 걸려있는 TV화면 위로 알렉스 퍼거슨 감독이 경기 직전 스팟 인터뷰에서 "끔찍하게 어려운 결정이었다"라며 박지성이 전술적 선택의 희생자임을 만천하에 공표했기 때문이다.

박지성이 없는 경기는 연장전과 승부차기까지 벌어진 탓에 새벽 1시가 넘어서야 승부의 결착을 봤다. 주위에 있던 외국 기자들 대부분 맨유를 응원했는지 에드빈 판데르 사르가 니콜라스 아넬카의 킥을 막자 다들 일어나 환호했다. 하지만, 한국 기자들은 혹시나 관중

결승전 당일 영광의 무대로 들어서는 맨유와 첼시 선수들(위). UEFA챔피언스리그 결승전 선발진을 알리는 전광판. 아쉽게도 박지성의 이름은 없었다(가운데). 결승전 기자석에서 홍재민 필자(아래).

석에서 관전 중인 박지성의 모습이라도 보이는지 목을 길게 빼고 주위를 둘러봤지만 선수단의 위치는 기자석에서 너무 멀리 떨어져있어 보이지가 않았다. 맨유의 우승이 확정된 순간에도 다들 눈을 가늘게 뜨고 까마득한 운동장 위를 달리는 박지성의 정장 모습을 찾았다. 경기 중에 멋진 활약을 목격해야 하는 눈으로

이런 슬픈 장면을 포착해야 하다니 마음이 착잡했다. 새벽 1시가 넘어 끝난 결승전, 하늘이 뚫어진 것처럼 퍼붓는 모스크바 밤하늘의 빗줄기, 양복을 입고 우승컵을 들어올린 박지성, 그리고 그를 취재하기 위해 모스크바까지 날아온 한국 취재진 모두에게 웃어야 할지 울어야 할지를 분간할 수 없는 그런 밤이었다.

경기 후 모든 취재진이 공동취재구역에서 박지성을 기다렸다. 축축히 젖은 잔디 위로 미끄러져 우승을 날려버린 존 테리의 두 눈은 이미 시뻘겋게 충혈되어 있었다. 프랭크 램파드를 제외한 거의 모든 첼시 선수들은 취재진의 인터뷰 요청을 뿌리치고 곧바로 자리를 빠져나갔다. 반면 맨유 선수들은 이날 하루만큼은 한없이 '미디어 프렌들리' 한 모습을 보여줬다. 인터뷰 안 하기로 유명한 폴 스콜스까지 인터뷰를 했을 정도다. 그리곤 저 멀리 박지성이 모습을 드러냈다. 모든 인터뷰 요청을 무시하고 지나갔지만 한 켠에 잔뜩 몰려있는 한국 취재진은 차마 그냥 지나치시 못하겠던지 박지성이 걸음을 멈췄다. 엔트리 제외 이유를 묻는 질문에 박지성은 태연하게 "모르겠는데요"라고 대답했다. 그 한 마디만으로도 진심을 숨기기 위한 박지성의 안간힘이 쉽게 느껴졌다. 모든 질문에 박지성은 짧은 대답으로만 일관했다. 하지만 아무도 그의 대답이 너무 짧다거나 무성의하다고 불평하지 않았다. 그런 상황에서 인터뷰에 응한 것만 해도 충분히 대단한 용기이자 배려라고 생각한다.

지금도 박지성은 모스크바에서 일어났던 일에 관해 말하기를 꺼려한다. 그와 관련된 질문을 받으면 그냥 웃어 넘기거나 아픈 만큼 더 성숙한다는 식의 틀에 박힌 대답만 내놓을 뿐이다. 그만큼 모스크바에서 받은 상처가 큰 것이다. UEFA챔피언스리그를 우승한 아시아 최초의 선수가 되었다는 업적보다 가장 중요한 순간에 외면 당했다는 아픔이 훨씬 컸던 모스크바의 비 내리는 밤이었다.

★ 러시아로 이어진 히딩크의 매직

　　2008년 UEFA챔피언스리그 모스크바 결승전에서는 박지성 말고도 한국 축구와 떼려야 뗄 수 없는 존재가 있었다. 바로 2002년 월드컵 4강 신화를 만들어낸 거스 히딩크 감독이었다. 당시 히딩크 감독은 러시아 대표팀의 사령탑으로 유로2008 본선을 위한 막바지 작업에 힘을 쏟고 있었다. 우연치 않게 결승전 전일 기자회견에서 인사를 나눈 러시아 기자의 도움을 받아 결승전 당일 러시아 대표팀이 훈련 캠프를 차린 FC모스크바 홈 경기장에서 히딩크 감독을 만날 수 있었다. 러시아 기자는 히딩크 감독이 러시아 축구에 큰 변화를 불러일으켰다며 입에 침이 마르도록 칭찬을 했다. 우선 대표팀 훈련을 취재진은 물론 일반인에게까지 공개한 것이다. 당일 훈련장에도 일반인 팬들이 관중석에 앉아 아무렇지도 않게 대표팀 훈련의 전 과정을 구경하고 있었다. 한국의 국기(國技) 족구를 훈련 종목으로 정착시켰다. 안드리 아르샤빈, 유리 지르코프 등의 스타플레이어들이 가운데 네트를 두고 족구를 하며 재미있어 하는 모습을 보며 저절로 웃음이 나왔다. 안내해준 러시아 기자는 "이런 훈련 종목은 처음 봤지만 선수들이 굉장히 좋아한다"라며 만족스러워 했다.

한국에서 신통력을 발휘했던 히딩크 감독의 족집게 과외는 유로2008에서도 유감없이 발휘되었다. 대회에서 러시아는 강호 스페인과 스웨덴, 그리스와 함께 D조에 속해 있었다. 객관적 전력에서 스페인과 스웨덴의 8강 진출이 유력한 상황. 첫 경기에서 러시아가 스페인에 4-1로 대패하자 역시나 러시아는 역부족이란 분위기로 흘렀다. 하지만, 히딩크 감독은 그리스와 스웨덴을 연파하며 당당히 8강 진출에 성공했다. 히딩크 감독은 8강전에서 자신의 조국이자 강력한 우승후보 네덜란드마저 통렬한 3-1 승리로 제압하며 4강 진출의 쾌거를 이룩했다. 1991년 소련(소비에트 연합) 몰락 이후 러시아 축구가 메이저 대회에서 거둔 최초의 4강 진출이었다. 6년 전 한반도에서 일궈냈던 영광을 러시아에서도 재현한 것이다.

대회 이후 행적도 러시아는 한국과 빼닮았다. 그 동안 자국 리그에서만 뛰던 러시아 선수들이 하나둘씩 유럽 빅리그 진출에 성공했다. 최고의 스타 안드리 아르샤빈은 '빅클럽' 아스널에 입성했다. 로만 파블류첸코는 토트넘으로, 유리 지르코프는 첼시의 유니폼을 입는 데 성공했다. 2002년 월드컵 이후 송종국, 이천수, 박지성, 이영표가 연달아 유럽 진출에 성공했던 한국과 비교하면 거의 쌍둥이 같은 내용과 결과를 낳은 '히딩크 매직'이었다.

 ★ 불편한 이웃사촌

2008년 UEFA챔피언스리그 결승전을 개최한 모스크바는 '축구의 도시'다. 2011/2012시즌 러시아 프리미어리그 16개 팀 중 4개 팀(스파르타크 모스크바, 로코모티프 모스크바, CSKA 모스크바, 디나모 모스크바)이 모스크바의 '한 지

붕 네 가족'을 이루고 있다. 그러나 이런 어색한 광경도 역시 영국 따라올 자가 없다. 여기 같은 연고지에서 불편한 동거를 하고 있는 팀들을 소개한다.

구분	연고지	클럽1	클럽2	홈 경기장간 거리
1	던디 Dundee	던디 Dundee FC	던디 유나이티드 Dundee United	354m
2	노팅엄 Nottingham	노팅엄 포레스트 Nottingham Forest	노츠 카운티 Notts County	1.19 km
3	리버풀 Liverpool	리버풀 Liverpool	에버턴 Everton	1.27 km
4	런던 London	첼시 Cheslea	풀럼 Fulham	3.04 km
5	버밍엄 Birmingham	애스턴 빌라 Aston Villa	버밍엄 시티 Birmingham City	5.63 km
6	에버딘 Aberdeen	하츠 오브 미들로시안 Hearts of Midlothian	히버니언 Hibernian	5.71 km
7	셰필드 Sheffield	셰필드 웬즈데이 Sheffield Wendseday	셰필드 유나이티드 Sheffield United	6.19 km
8	버밍엄 Birmingham	웨스트 브로미치 앨비언 West Bromwich Albion	애스턴 빌라 Aston Villa	6.29 km
9	런던 London	아스널 Arsenal	토트넘 Tottenham Hotspur	6.42 km
10	글래스고 Glasgow	레인저스 Rangers	셀틱 Celtic	7.53 km
11	브리스톨 Bristol	브리스톨 시티 Bristol City	브리스톨 로버스 Bristol Rovers	7.80 km
12	맨체스터 Manchester	맨체스터 유나이티드 Manchester United	맨체스터 시티 Manchester City	8.32 km

제 4 장

한 걸음 쉬어가다

ALBION
Next home game
Premier League
Chelsea v.
Manchester Utd
Sun Sept 21 2.00
SOLD OUT

1. 맨유에는 박지성이 있다

짧은 여름이었지만 많은 변화가 일어났다. 3년간 프리미어리그 무대를 누비던 '맏형' 이영표가 독일 분데스리가의 보루시아 도르트문트로 이적했다. 미들즈브러의 이동국은 K리그로 U턴을 결심해 성남 유니폼으로 갈아입었다. '컴퓨터 패서Computer passer' 김두현이 잉글랜드 중부 명문 웨스트 브로미치 앨비언의 일원으로 희망찬 프리미어리그의 날개를 활짝 펼쳤다. 설기현은 이적시장 막판 헐 시티의 영입제안을 뿌리치고 가족을 위해 풀럼에 잔류했다. 모스크바에서 끔찍한 악몽을 꿨던 박지성은 여전히 유럽 챔피언 맨체스터 유나이티드의 일원으로 나서는 2008/2009시즌이 개막되었다.

맨유의 2008/2009시즌 출발은 유럽과 잉글랜드의 챔피언이라는 명예로운 훈장과는 영 딴판이었다. 시즌 개막 전에 있었던 커뮤니티 실드에서 격하의 포츠머스와 무득점으로 비긴 것을 시작으로 개막전에서 뉴캐슬 유나이티드와 1–1 무승부, 두 번째 경기에서 포츠머스에 1–0으로 신승하긴 했지만 UEFA컵 챔피언 러시아의 제니트와의 슈퍼컵에서 1-2, 이어진 리버풀 원정에서 또 1-2로 2연패를 당했다. 7만5천 명이 꽉 들어찬 UEFA챔피언스리그 조별리그 첫 경기에선 비야레알의 끈적끈적한 페이스에 말려 또다시 0-0 무승부. 8월 10일 커뮤니티 실드를 시작으로 시즌 초반 가진 6경기에서 맨유는 1승 3무 2패라는 초라한 성적을 거두며 '슬로우 스타터slow starter' 라는 고질병이 재발해버렸다. 엎친 데 덮친 격으로 이런 우울한 상황에서 9월 21일 맞수 첼시 원정에 나서야 하는 리그 일정이 야속하기만 하다. 이 경기에서마저 져버리면 체면은 둘째치고 시즌 전반기 분위기를 완전히 망쳐버릴 수 있고, 초반 부진은 승점 1점이 너무나 아쉬워질지 모르는 시즌 막판에 어떤 영향을 끼칠지 아무도 장담할 수 없기 때문이다.

반면 우승 경쟁자 첼시는 시즌 초반부터 그야말로 대폭발 했다. 유로2008 직후 포르투갈 대표팀을 이끌던 월드컵 우승 명장 펠리페 스콜라리가 첼시의 새 사령탑으로 부임하며 일어난 '반짝 효과' 가 쏠쏠했다. 스콜라리 감독은 포르투갈에서 주제 보싱와를, 바르셀로나에서 데쿠를 데려왔다. 바르셀로나에선 후보로 밀리는 데쿠였지만 투박한 프리미어리그에서는 그의 테크닉과 축구 센스는 독보적이었다. 개막전에서 포츠머스를 상대로 환상적인 프리킥을 선보인 데쿠는 다음 경기인 위건 원정에서도 결승골을 터트려 팀에게 개막 2연승을 선사했다. 맨유와 만나기 전까지 첼시는 다섯 경기에서 4승 1무라는 기분 좋은 상승세를 타고 있었다. 더군다나 맨유는 불과 두 달 반 전 모스크바에서 뼈아픈 승부차기 패배를 안겼던 장본인 아닌가. 홈에서 맨유를 꺾는다면 첼시 선수단은 물론 팬들 모두 자신감과 자기 신념을 되찾을 수 있는 절호의 기회다. 영국 현지에선 스콜라리 센세이션이 일어났다. 스탬퍼드 브릿지에서 있었던 토트넘과의 런던 더비1-1 무승부가 끝나고 첼시의 기자실은 발 디딜 틈 없이 북새통을 이뤘다. 결과는 무승부였지만 현지 취재진은 스콜라리의 어눌하지만 당당한 영어 인터뷰에 열광했다.

아쉽게도 박지성의 새 시즌 출발도 삐걱거리긴 마찬가지였다. 프리시즌 동안 재발한 무릎 통증으로 대표팀 경기는 물론 시즌 개막전까지 놓치고 난 뒤 8월 29일 있었던 제니트와의 슈퍼컵에서야 후반 교체 투입으로 시즌 첫 출전을 신고했다. 첫 선발은 9월 17일 있었던 비야레알과의 홈경기였지만 아직 몸이 올라오지 않은 듯 심심하게 경기를 마치고 후반 17분 만에 일찌감치 교체되어 벤치로 내려왔다. 모스크바 결승전 악몽이 이어진 결과라곤 속단할 수 없지만 어쨌거나 모멸감을 씻어내고 초반부터 활짝 피어났으면 하는 바람은 마음 한쪽 구석으로 아쉽게 슬쩍 밀어둬야 했다. 그런 가운데 맞이한 첼시 원정이었다. 박지성으로선 반드시 뭔가 보여줘야 할 판이다.

경기 당일 스탬퍼드 브릿지 주변은 일찌감치 수많은 팬들로 가득 찼다. 경기장으로 향하는 풀럼브로드웨이 지하철 역의 플랫폼부터 축구 인파로 지상으로 올라가기까지 짧지 않은 시간이 소요되었을 정도였다. 머플러와 유니폼으로 한껏 치장한 팬들, 억센 근육을 뽐내며 뜨거운 콧김을 내쉬는 경찰 기마대, 경기 전 현장 분위기를 카메라에 담기 바쁜 취재진들 사이를 뚫고 미디어 출입구에 겨우 도달했다.

스탬퍼드 브릿지는 VIP 고객_{선수 가족, 스폰서 고객, 각종 클럽 초청객 등}과 취재진이 같은 출입구를 사용해서 가끔 대단한 유명인들 사이에 껴서 줄을 서야 하는 경우도 생긴다. 신분증 조사를 위해 줄을 서있는데 뒤쪽에서 코를 찌르는 듯한 향수 냄새가 나서 약간 찡그린 표정으로 뒤를 돌아보니 예전 첼시에서 활약했던 '패셔니스타' 지미 플로이드 하셀바잉크가 있었다. 간단한 눈인사_{영국은 이래서 좋}

다. 생면부지의 남이라고 해도 간단한 인사를 주고받을 수 있다. 초절정 미녀도 인사를 받아주는 천국 같은 곳!를 나눴다. 놀라거나 환호할 때 표정 때문에 '토끼'라는 별명을 가진 하셀바잉크답게 정말 '토끼' 같은 표정을 짓고 있었다. 기자실에 들어와 간단한 식사를 마치고 출전명단을 확인하자 박지성의 이름을 볼 수 있어 굉장히 반가웠다. 워낙 중요한 경기였고, 시즌 초반 박지성의 컨디션이 별로 좋아 보이지 않았던 탓에 솔직히 선발까지 기대하지 못했다. 그러기에 그

첼시와 맨유 경기를 알리는 스탬퍼드 브릿지 외벽 게시판(위). 경기 전 선수 도열 모습(아래).

의 선발 출전 사실이 기쁠 수밖에 없었다.

박지성은 퍼거슨 감독의 첼시 원정 대비 카드였다. 공격력은 떨어지지만 팀 플레이와 전술 수행 능력이 뛰어난 박지성을 왼쪽에, '땅꾼' 오언 하그리브스를 오른쪽에 배치했고, 대런 플레처와 '조율자' 폴 스콜스를 중앙 미드필드에 세웠다. 최전방에는 웨인 루니와 '신입생' 디미타르 베르바토프가 섰지만 누가 봐도 공격보다는 안전운행용 포메이션이었다. 유럽 챔피언을 만들어낸 명장의 노림수는 그대로 적중했다. 이전 경기에서 상대를 매섭게 몰아치던 첼시의 좌우 날개 공격은 박지성과 하그리브스의 '노동'에 막혀 위력을 발휘하지 못했다. 특히 조 콜과 보싱와가 맡은 첼시의 오른쪽 측면 공격은 박지성과 파트리스 에브라의

'절친 콤비' 에 철저하게 봉쇄되는 바람에 공격에 보탬이 되지 못해 경기 주도권을 원정팀 맨유에 내준 채로 끌려갔다. 그리곤 전반 18분 일이 터졌다. 파트리스 에브라가 기습적인 공격 침투로 페널티박스 안까지 치고 들어간 뒤 내준 땅볼 크로스를 베르바토프가 깔아 찼다. 첼시의 괴물 수문장 피터 체흐가 가까스로 쳐냈지만 볼이 힘없이 앞쪽으로 흘러나왔고 이를 쇄도하던 박지성이 가볍게 밀어 넣어 선제골을 터트린 것이다. 골을 넣은 쪽 바로 뒤가 공교롭게도 맨유의 원정 서포터즈석이었던 덕분에 맨유의 선수와 팬들 모두 하나가 되어 회심의 선제골을 환호할 수 있었다. 상대의 예봉을 앞선에서 무디게 하라고 들어간 박지성이 골까지 터트려주니 퍼거슨 감독으로선 이보다 더 좋을 순 없는 쾌감을 느꼈을 것이다. 첼시전에서 박지성이 골을 터트렸다는 사실이 더욱 드라마틱했다. UEFA챔피언스리그 결승전을 관중석에서 양복 차림으로 봐야 했던 박지성이 같은 팀을 상대로 회심의 선제골을 뽑아낸다는 설정은 스포츠만이 생산해낼 수 있는 각본 없는 드라마였다. 골이 터지자 기자석 여기저기서 현지 기자들이 앞다퉈 맨유의 언론담당관에게 경기 후 박지성을 잡아달라고 요청하기 바빴다. 다들 박지성의 선제골이 최고의 이야깃거리임을 직감했기 때문이다.

관중석에선 기다렸다는 듯이 박지성을 위한 '개고기 송' 이 터져 나왔다. 팬들이라고 박지성의 마음을 모를 리 없다. '개고기 송' 을 작곡했던 열혈 팬은 시즌 개막 전 구단 공식 매거진의 팬 코너를 통해 알렉스 퍼거슨 감독에게 "박지성을 결승전 엔트리에서 제외시킨 결정이 얼마나 힘들었는가?"라고 물었을 정도였다. 한국 팬들은 물론 맨유 팬 모두가 박지성이 뭔가 해주길 간절히 바라고 있던 찰나에 터져 나온 불굴의 첼시전 득점이었다. 후반 30분 박지성이 존 오세이와 교체되어 나오자 팬들은 모두 일어나 기립박수를 보냈다. 미안함과 격려, 그리고 "박지성, 네가 우리 팀의 선수라는 게 자랑스럽다"라는 뜻이 담긴 진심이었고 박지성도 원정 서포터즈를 향해 두 손을 높이 들어 박수로 화답했다.

경기는 아쉽게도 박지성이 나온 이후 후반 35분 살로몬 칼루에게 동점골을 허용해 1-1 무승부로 끝났지만 경기가 끝나고 생중계를 담당했던 〈스카이스포츠〉를 비롯해 하이라이트 중계권자 BBC까지 나서 선제골의 주인공 박지성을 인터뷰하는 열성을 보였다. 인터뷰를 끝낸 〈스카이스포츠〉는 이날 경기의 '맨 오브 더 매치' 박지성에게 큼지막한 샴페인을 선물했다. 한국 취재진은 물론 많은 외신이 박지성의 코멘트 몇 마디를 얻기 위해 줄지어 서있었다. 아일랜드의 RTE 방송국 리포터는 인터뷰가 끝나고 떠나려는 박지성을 붙잡고 사정을 한 끝에 결국 코멘트를 따내고 만족스러운 미소를 보였다. 네덜란드의 한 방송국은 박지성에게 "네덜란드어로 인터뷰 가능한가요?"라고 요청했지만 박지성이 손사래를 치며 고사해 뜻을 이루지 못했다.

뜨거운 취재 열기 속에서 마주한 박지성은 땀을 무척 많이 흘리고 있었다. 로커룸에서 하고 나온 간단한 샤워만으로는 첼시전의 흥분을 식힐 수 없어 보였다. 특유의 무뚝뚝한 표정을 지으면서도 박지성은 "골을 넣어서 너무 기분이 좋습니다. 하지만 이길 수 있었던 경기에서 승점 1점밖에 얻지 못해서 아쉽네요"라며 흥분과 아쉬움이 뒤섞인 경기 소감을 남기곤 총총 걸음으로 동료들이 기다리고 있는 구단 버스로 향했다.

★부자의 상징 '첼시'

청담동, 동부이촌동, 평창동, 한남동. 서울의 대표적인 부자 동네다. 런던에도 이렇게 부자들이 모여 사는 곳이 몇 군데 있다. 주로 '포쉬(posh, 호화로운, 상류층의)'라는 형용사로 표현되는 부자 동네는 주로 시내에 자리잡은 하이드 파크의 아래쪽으로 형성되어 있다. 메이페어(Mayfair)를 비롯해 나이트브릿지(Knightbridge, 유명한 해롯백화점이 있다), 켄싱턴 지역으로 으리으리한 저택들이 줄지어 있고, 조금 더 서남쪽으로 가면 첼시의 홈구장 스탬퍼드 브릿지가 자리잡고 있는 첼시 지역이 나온다. 메이페어 지역에는 멤버십으로만 운영되는 클럽이 많아 프리미어리그의 스타플레이어들은 물론 연예인들의 출입이 잦다. 이곳에 가면 슈퍼스타들을 심심치 않게 만나볼 수 있다. 이 지역을 관통하는 킹스로드(King's Road)는 런던 부자들의 상징처럼 여겨진다. 17세기 찰스 2세 국왕이 왕족 별장이 있는 큐(Kew) 지역으로 행차할 때 이용했던 도로로서 1830년까지 일반인에겐 진입 및 사용이 금지된 그야말로 왕실 전용이었다. 그래서 이곳을 연고로 하는 첼시 팬들은 은근히 '부자 동네 클럽'이라는 자부심을 갖고 있다. FA컵 등의 볼품 없는 하위 리그 팀의 경기장을 찾을 때마다 첼시 팬들은 "우리가 잔디 깔아주랴?"라는 응원구호를 외치곤 한다.

부자 동네답게 '럭셔리 마케팅'도 돋보인다. 풀럼 시절 설기현은 해롯백화점에서 기가 막히게 멋진 시계를 발견하곤 한참을 구경하고 있으니 직원이 "어제 프랭크 램파드가 사간 것과 같은 모델이다"라고 귀띔해줬단다. 하지만 가격을 들은 설기현은 이내 구입을 포기해야 했다. 직원이 말해준 가격은 25만 파운드, 한화로 무려 4억3천만 원을 호가했기 때문이다. 설기현의 연봉 수준도 적지 않지만 손목시계 하나 장만하는데 그 정도의 지출은 "너무 아니다 싶었다"는 후일담.

영국 공동주택 평균가격 톱5 (2011년 BBC 발표)

구분	지역명	금액	비고
1	켄싱턴, 첼시	16억 7천만 원	대표적 부자 동네
2	웨스트민스터	13억 3천만 원	웨스트민스터 사원
3	시티 오브 런던	9억 7천만 원	금융가
4	캠든	9억 6천만 원	신세대 패션의 거리
5	이즐링턴	6억 8천만 원	전통적 부유층(베컴의 고향)

＊침실(2), 거실(1), 욕실(1), 부엌(1) 구성의 공동주택 기준

★ '호빗' 연고지 독일 호펜하임

세상 모든 연고지가 첼시처럼 '포쉬(posh)'할 순 없다. 독일의 최상위 리그 분데스리가에서 인기 클럽들과 당당히 경쟁하고 있는 TSG 1899 호펜하임은 아주 아담한 곳을 연고지로 하고 있다. 2000년까지만 해도 5부 리그에 속했던 호펜하임은 세계적 소프트웨어 회사 SAP의 공동 창립자인 디트마르 호프가 투자를 시작해 2008년 1부 리그까지 치솟는 기적을 일궈냈다.

2008년 남아공 출신의 롭 무어라는 에이전트가 이적 협상을 위해 막 1부로 승격한 호펜하임을 찾았다. 기차를 타고 가던 무어는 어디서 내려야 할지를 직원에게 물었는데 "벌써 지나갔어요"라는 황당한 대답을 들었다. 무어가 "왜 정차도 안 하고 그냥 지나치냐?"라고 되묻자 직원은 "아까 정차했었어요. 손님께서 못 내리신 거예요"라며 무어를 절망시켰다. 사연인즉슨 호펜하임 역에서 내리는 사람이 너무 적은 탓에 평소 이곳을 지나는 기차는 딱 30초만 정차했다가 바로 떠난다는 사실. 기차가 너무 금방 떠나니 무어는 그곳이 1부 리그 클럽이 있는 호펜하임 역이라는 사실을 전혀 알아차리지 못했던 것이다. 하이델베르그 근처에 있는 호펜하임이란 작은 마을의 총 주민 수는 3,264명, 호펜하임의 홈구장 라인-넥카르-아레나의 수용인원은 30,150명이다.

2. 박지성, 루니 그리고 호날두

축구의 꽃은 단연 골Goal이다. 축구 선수들이 90분 내내 땀을 뻘뻘 흘려가며 이리저리 뛰어다니고 몸과 몸을 격렬하게 부딪히고 때로는 몸까지 다쳐가면서 불굴의 투지를 불사르는 궁극적인 이유이기도 하다. 할 말은 많지만 시간이 없는 축구의 역사는 양팀 22명의 선수들 중에서 득점자만 쏙 빼내어 기억하곤 한다. 그러나 어떤 골은 다르다. 너무 특별해서 그 한 골이 탄생하기까지의 과정과 골이 들어간 다음의 의미까지 후대로 전설처럼 이어진다. 1970년 FIFA월드컵 결승전에서 브라질 대표팀이 터트린 네 번째 골, 1999년 FA컵 준결승 재경기에서 라이언 긱스가 터트린 동점골, 그리고 2002년 UEFA챔피언스리그 결승전에서 지네딘 지단이 터트린 왼발 발리 골 등이 대표적이다. 2009년 5월 5일 에미리츠 스타디움에서 기록된 맨체스터 유나이티드의 세 번째 골도 그 중 하나다. 크리스티아누 호날두, 박지성, 웨인 루니, 다시 호날두로 이어져 완성된 득점은 가장 위대한 '카운터 어택' 으로 유럽 최고 권위의 챔피언스리그

대회 역사에 남아있다.

5월의 첫째 주, 런던은 '풋볼 피버'에 휘감겨 뜨거운 용광로로 변해가고 있었다. 화요일에는 아스널과 맨유가, 수요일에는 첼시와 바르셀로나가 UEFA챔피언스리그 결승전 진출 티켓을 놓고 겨루는 빅매치 더블헤더를 앞두고 있는 덕분이었다. 승자 두 팀은 '글래디에이터'의 고향 이탈리아 로마에서 벌어지는 영광의 결승전에 나서지만, 패자는 8개월에 걸친 노력이 모두 수포로 돌아가는 지독한 좌절을 맛봐야 한다.

월요일 아침 일찍 아스널의 클럽하우스로 차를 몰았다. 서울의 외부순환도로 격인 M25도로명 근처에 위치한 아스널 훈련구장의 주차장은 전세계에서 날아온 취재진 차량으로 일찌감치 만원이었다. 다음 날 있을 맨유와의 준결승전을 위한 공식 기자회견과 공개 훈련을 취재하기 위한 열기 때문이었다. 오전에는 홈팀 아스널이, 오후에는 원정팀 맨유가 대회 주최자 유럽축구연맹UEFA이 정한 내용으로 취재에 응하게 된다. 맨유 선수들에겐 남의 연습 환경이라서 불리할 것 같다는 생각을 할 수도 있지만 사실 그렇지 않다. 잉글랜드 대표팀이 소집 기간 중 캠프를 차리는 곳이 바로 이곳 아스널의 훈련구장이기 때문이다. 루니, 리오 퍼디낸드, 게리 네빌, 폴 스콜스, 마이클 캐릭 등 맨유 소속의 전현직 잉글랜드 대표팀 선수들은 아스널 훈련구장이 매우 익숙하다. 최첨단 전용 훈련시설인 파주 트레이닝 센터를 갖춘 한국과는 달리 잉글랜드 대표팀은 전용 연습구장이 따로 없다. 웸블리 스타디움이 재건축되고 있던 2000년부터 2006년까지는 여기저기 프리미어리그 클럽들의 훈련구장을 빌려 써야 하는 메뚜기 신세였다. 2006년 뉴 웸블리 스타디움이 개장한 뒤로는 줄곧 아스널의 훈련구장에 안착할 수 있었다.

아스널의 공개 훈련 현장에서 최고의 주인공은 부상에서 복귀한 로빈 판 페르시였다. 사이드라인에 늘어선 수많은 카메라 렌즈들은 일제히 판 페르시의 일거수일투족을 좇기 바빴다. 슬쩍 미소라도 띄우면 여지없이 사방팔방 '차라라라락~' 하는 셔터 소리가 경쟁적으로 났다. 연습 내내 여유 있는 표정으로 코칭 스태프와 수다를 떨면서 시간을 보낸 아르센 벵거 감독은 공개 훈련 후 참석한 공동기자회견에서도 자신감을 잃지 않았다. 취재진 중 한 명이 선수단의 동기 부여를 묻자 벵거 감독은 "동기 부여는 필요하지 않다. 오히려 선수들에게는 편안함이 필요하다"라고 강조했다. 질문 속에 "당신 선수들은 경험이 없어서 두려워할 것 같은데 어떻게 독려하는가?"라는 속뜻을 간파한 벵거 감독 나름대로의 노련한 현답이었던 셈이다.

점심 시간이 지나곤 맨유 선수들이 수십 대의 카메라 앞에 모습을 드러냈다. 절정의 호날두를 비롯해 루니, 긱스 등의 슈퍼스타들 사이로 박지성의 모습이 보였다. 언제나 그렇듯이 맨유 선수들은 밝은 표정으로 공개 훈련을 소화했고, 퍼거슨 감독은 별다른 지시 없이 훈련 모습을 바라보면서 어슬렁거렸다. 영국 축구에서는 훈련 메뉴를 짜거나 실제 진행은 철저히 해당 분야의 코치들 소관이기 때문에 실제 훈련에 감독은 거의 참여하지 않는다. 간혹 적극적으로 훈련에 참여하는 스타일의 감독도 있긴 하지만 한국처럼 상하 관계라기보다 파트너라는 인식이 강하다. 맨유도 훈련 구성 일체를 관장하는 사람은 퍼거슨 감독이 아니라 마이크 필런 수석코치다.

일주일 전 있었던 준결승 1차전에선 존 오셰이의 결승골로 맨유가 1−0으로 승리했다. 그러나 2차전을 홈에서 갖는 아스널로서는 한 골 차로 뒤지고 있는 상황이지만 충분히 자신감과 희망을 가져볼 만했다. 주어진 90분 동안 한 골만 넣어도 승부를 원점으로 돌릴 수 있기 때문이다. 에미리츠 스타디움을 가득 메운 5

만7천 명의 아스널 홈 관중도 경기 시작 전부터 이미 대역전승으로 결승행을 예약해놓은 듯이 들떠 있었다. 그러나 킥오프 8분 만에 최첨단 에미리츠 스타디움은 정적에 잠기고 말았다. 자기 진영의 페널티 박스 안에서 키에른 깁스가 미끄러지며 박지성에게 골키퍼와 일대일 찬스를 내줬고, 박지성은 이를 침착하게 득점으로 연결시켜 아스널 팬들의 가슴에 대못을 박았기 때문이다. 합산 스코어가 2-0이 되어버린 동시에 맨유에 원정득점을 허

아스널 홈구장 에미리츠 스타디움으로 가는 길목.

용했기 때문에 아스널이 결승전에 오르려면 3골을 넣어야 하는 절체절명의 상태가 되어버렸다. 아스널 선수들은 눈에 띄게 동요했고 3분 만에 호날두가 '황당무개' 초장거리 프리킥으로 마누엘 알무니아GK를 무너트려 아스널의 희망을 완전히 짓밟았다. 전반전이 끝난 상황에서 합산 스코어 3-0으로 앞선 맨유는 2년 연속 결승전 진출이 거의 확정적이었다.

그러나 이날 경기의 최고 하이라이트는 후반 6분 완성되었다. 맨유 진영 오른쪽 측면에서 아스널의 바카리 사냐가 올린 크로스를 문전에서 네마냐 비디치가 머리로 걷어냈다. 아크 정면에 떨어진 볼을 크리스티아누 호날두가 오른발 힐킥으로 박지성에게 살짝 내줬고 박지성은 이를 받아 중앙지역으로 전진한 뒤 하프

라인 직전 왼쪽으로 달려들어가는 루니의 앞 공간으로 완벽한 패스를 연결시켰다. 루니는 볼을 두 번 터치한 뒤 반대편으로 볼을 보냈고 이를 전속력으로 쇄도하던 호날두가 논스톱 슛으로 팀의 세 번째 골을 뽑아냈다. 호날두가 볼을 터치했던 순간부터 볼이 아스널의 골네트가 세차게 흔들릴 때까지 소요된 시간은 불과 8초. 호날두가 두 번, 박지성이 두 번, 루니가 세 번 볼을 터치했다. 중앙에서 왼쪽으로, 다시 오른쪽으로 연결되어 만들어진 이 역습 득점을 놓고 영국의 저명 전술 분석가 조나단 윌슨은 "유러피언컵 대회 역사상 가장 위대한 역습 골"이라고 평가했다. 호날두의 힐킥은 영리했고, 루니에게 보내진 박지성의 대각선 공간 패스는 패스의 정의를 내리는 것처럼 '퍼펙트' 했다. 맨 처음 볼을 원 터치로 박지성에게 보낸 지점부터 무려 80미터의 거리를 쉬지 않고 뛰어 들어가 결국 골을 터트린 호날두의 역습 주행은 개인의 능력과 팀 플레이가 조화되어 만들어낼 수 있는 아름다움의 극치였다.

경기 후 공동취재구역에 늘어선 세계 각국의 취재진은 두 명의 영웅 박지성과 호날두가 등장하자 필사적으로 이들의 이름을 부르며 멘트를 갈구했다. 두 선수 모두 짧지 않은 공동취재구역을 지나는 데 꽤나 긴 시간을 할애해야 했다. 박지성은 영어, 일본어, 한국어의 3개 국어를 사용하며 다국적 취재진과의 인터뷰를 자신감 넘치는 표정으로 해치웠다. 한국 취재진과 마주한 그의 얼굴엔 "봤죠? 나 이런 사람이에요"라는 듯한 강렬한 한 마디가 써있는 것처럼 보였다.

"팀이 이겨서 정말 기쁘네요. 또다시 결승에 진출한 것도 기쁘고요. 2년 연속 결승 진출이요? 결승에 간다는 게 정해졌기 때문에 이제는 약간 실감이 나네요. 이번 결승전을 기쁜 마음으로 기대하겠습니다."

옆에 있던 한 영국 기자는 박지성이 지나가자 한국 취재진에게 "무슨 얘기 했어요?"라며 혹시나 자기가 못 알아듣는 내용이라도 나왔는지 직업정신을 발휘했다. 박지성의 발언을 대충 설명해주더니 알았다는 듯이 고개를 끄덕인 그는 "오늘 아스널이 강하게 나왔는데 박지성이 일찌감치 골을 넣는 바람에 완전히 무너졌어요. 후반전 골은 너무 대단했어요. 그런 골 장면은 흔치 않죠. 최고의 역습 골이었어요"라며 칭찬을 늘어놓았다.

기자회견장에 들어선 퍼거슨 감독은 입을 떼서 다물 때까지 박지성 칭찬으로 일관했다. 맨유에 입단한 이후 최고의 경기를 펼쳤다는 둥, 활약상에 비해 가장 과소평가 받는 선수라는 둥, 2주간 휴식을 준 게 유효했다는 둥, 처음부터 끝까지 싱글벙글 대만족 칭찬 퍼레이드를 펼쳤다. 그러자 현지 기자 한 명이 물었다.

기자 : 자, 그럼, 감독님. 이번 결승전에서는 박지성을 뛰게 해주실 건가요? 기자회견장 모두 웃음

퍼거슨 감독 : 특유의 능글맞은 미소를 지으며 이번 결승전에서는 박지성이 실망할 일이 없을 것 같네 그려.

★ "퍼거슨(벵거), 난 네가 정말 싫어!"

알렉스 퍼거슨과 아르센 벵거는 프리미어리그의 살아있는 역사라고 해도 과언이 아니다. 그러나 라이벌인 만큼 그 동안 수많은 장외설전으로 지면을 장식했다.

퍼거슨 감독은 1986년 맨체스터 유나이티드의 사령탑으로 부임해 프리미어리그 원년 시즌인 1992/1993시즌을 제패하며 맨유제국의 개국을 만천하에 알렸다. 퍼거슨의 맨유는 1996/1997시즌 우승까지 초반 다섯 시즌 중 네 번을 우승하며 절대강자로 떠올랐다. 그러던 중 1996년 아스널에 갑자기 생전 들어보지도 못한 프랑스인 감독이 취임했다. 선수 시절도 별로, 지도자 경력도 별로인 철저한 무명의 아르센 벵거였다. 특히 일본 J리그에서 감독을 했다는 전력 때문에 보수적인 영국 축구계에서는 철저하게 이방인 취급을 해댔다. 퍼거슨도 "축구의 '축' 자도 모르는 프랑스인 감독"이라며 폄하에 앞장섰다. 그런데 벵거의 아스널이 1997/1998시즌 맨유를 제치고 프리미어리그를 제패하자 분위기가 대역전. 기자회견 때마다 유창한 영어는 물론 세련된 외모, 석사 출신이라는 배경과 프랑스인 특유의 유머까지 보태져 벵거는 일약 '엘리트 지도자'로 떠올랐다. 모든 면에서 벵거는 못 배우고 거칠고 고집 불통인 퍼거슨에 비해 우월해 보였다.

퍼거슨은 평소 외모, 교양, 학구적 지식 등에 대해선 열등감이 대단한 인물이었던 지라 벵거가 너무너무 얄미워 보일 수밖에 없었다. 한번은 공동기자회견에서 한 기자가 벵거의 고학력을 언급하며 질문을 하자 발끈한 퍼거슨은 질문의 요지에는 대답하지 않고 대뜸 "우리 팀에 코트디부아르에서 온 열다섯 살짜리 꼬마가 있는데 걔가 5개 국어를 하더라고!"라고 소리쳐 분위기를 썰렁~하게 만들기도 했다. 영원한 라이벌 퍼거슨과 벵거 사이에 오간 유명한 어록을 소개한다.

"그 친구는 초짜 감독이지. 일본 축구에 대해서나 떠들라고 전해줘."(1997년)

"복도에서 벵거가 우리 선수들한테 막 뭐라고 하더라고. 그래서 내가 가서 점잖게 행동하라고 말했지. 그랬더니 갑자기 양팔을 치켜들고 나한테 달려와서 그러는 거야. '도대체 원하는 게 뭐야?'라고. 다른 팀 선수들한테 그러는 거나 감독한테 그러는 짓거리나 상상초월이야. 유감이지만 솔직히 벵거는 사과하지 않을 거야. 그 친군 원래 그런 사람이거든."(2005년)

"퍼거슨은 좀 진정해야 할 것 같아. 잘못하면 우리를 벽에 세워놓고 총이라도 쏠 것 같아."(2004년)

"내가 진짜 이해하지 못하는 게 있는데, 퍼거슨은 항상 제멋대로 행동하고 당신들 언론은 언제나 굽실거린다는 거지."(2005년)

"퍼거슨은 통제불능이야. 현실감을 완전히 망각한 것 같아. 흥분해서 어디 시비 걸 사람을 찾아다니다가 싸움을 벌이곤 상대에게 사과하라고 난리를 치지. 이번엔 너무 멀리 가버린 것 같아."(2005년)

**풋볼
지식
사전** ★ 어설프게 탄생한 축구 등번호

플레이메이커를 상징하는 10번, 타깃형 공격수의 9번, 골잡이 11번. 축구 팬들은 전혀 모르는 팀이라도 등번호만 들으면 해당 선수의 역할이나 팀 내 중요도를 짐작할 수 있다. 그러나 처음부터 이렇게 등번호가 의미를 가졌던 것은 아니다. 예를 들어 '축구 황제' 펠레가 자신의 상징이 되어버린 10번 등번호를 갖게 된 사연은 이렇다. 1958년 브라질 대표팀은 월드컵에 출전했는데 브라질축구협회에서 선수들의 등번호 부여를 깜빡 잊었다. 경기 진행 요원이 무작위로 브라질 선수들에게 번호를 매겼는데 이 과정에서 펠레에게 10번이 주어진 것이 위대한 10번 전설의 '시원찮은' 탄생이었다. 아르헨티나 대표팀은 1978년과 1982년 월드컵에서 선수 이름의 알파벳 순서로 등번호를 정했다. 토트넘 레전드이자 천재적인 플레이메이커였던 오지 아르디예스(Ossie Ardiles)가 선수단 중 두 번째로 빨라 2번을 달았다. 네덜란드의 영웅 요한 크루이프는 14번을 고집했다. 네덜란드 대표팀도 선수 이름을 알파벳 순서로 나열했지만 크루이프는 언제나 14번 등번호를 받는 특급 대우를 받았다. 참고로 크루이프는 개인 스폰서를 이유로 해서 동료들과 다른 디자인의 유니폼을 입었다.

3. 아르헨티나 천재

다들 살면서 한 번쯤은 "그때 그랬었으면 어떻게 되었을까?"라는 무의미한 상상을 해본다. 그때 고백을 했더라면 어땠을까, 그때 다른 전공을 선택했더라면 어땠을까 등등이다. 영국 기자들은 소위 '가정 의문문'을 즐긴다. 감독과 선수에게 "그때 그 선수를 샀더라면 어땠을까요?"라는 식인데, 질문을 받는 사람들이 가장 꺼려하기도 한다. 알렉스 퍼거슨 감독 같은 경우에는 "Alex, what could be happened if you didn't do…"라는 질문을 받으면 매몰차게 입을 닫아버린다. 가정이 존재할 수 없는 과거지사에 대한 의견을 말해봤자 언론의 제호 뽑기만 도와줄 뿐이라고 믿기 때문이다.

프리미어리그에 진출했던 해외파들의 과거 활약상이 담긴 동영상을 뒤적거리다 보면 혼잣말이 튀어나오곤 한다. "아~ 저게 왜 안 들어가지?"라든가 "바로 때려야지, 왜 패스를 해?"식의 투덜거림이다. 동영상을 클릭하는 순간부터 내용과 결말을 뻔히 알고 있으면서도 그런 소리를 해댄다. 2009년 5월 로마에서 열

결승전 개최 장소 로마 스타디오 올림피코(위). 영웅의 탄생을 준비하는 바르셀로나 팬들(가운데·아래).

렸던 UEFA챔피언스리그 결승전 영상도 마찬가지다. 경기 시작 2분 크리스티아누 호날두의 강력한 프리킥을 바르셀로나의 골키퍼 빅토르 발데스가 막아냈고, 흐른 볼을 향해 박지성이 득달같이 달려들었다. 솔직히 골이라고 생각했다. 타이밍상 절대 골이라고 찰나의 순간 느꼈다. 하지만, 맨유에서 한솥밥을 먹던 제라르 피케의 다리가 그렇게 길 줄이야. 만약 그 장면에서 박지성의 리바운드 슛이 들어갔더라면? 결승전이라는 크나큰 무대에서 2분 만에 팀에게 한 골 리드를 선사해주는 혁혁한 공로를 박지성이 세웠더라면 경기의 결과가 많이 달라지지 않았을까?

결승전을 열흘 앞두고 맨유의 언론담당관에게 이메일이 날아왔다. 캐링턴 트레이닝 그라운드에서 UEFA챔피언스리그 결승전을 위한 미디어 데이가 있을 예정이라는 내용이었다. 지난해에 이어 두 번째로 가지는 결승전 미디어 데이. 이런 행사를 2년 연속 치르는 것도 대단한 일이라고 생각했다. 남들은 창단 이래 단 한 번도 밟아보지 못한 그 영광의 무대를 맨유는 2008년과 2009년 연달아 발을 내디뎠다. 맨유도 이렇게 2년 연속 결승전에 오르기는 창단 이래 처음 있는 쾌거다. 전문가들마다 약간의 의견 차이는 있지만 개인적으로 2006년부터 2011년에 이르는 6년간이 맨유 역사상 최전성기라고 믿는다. 이 기간 동안 맨유는 프리미어리그를 네 번 제패했고, UEFA챔피언스리그 결승전에 세 번이나 올랐다. 바르셀로나와 함께 맨유도 창단 이래 최절정에 도달해 있는 순간을 즐기고 있다고 감히 말하고 싶다. 그리고 그 안에는 한국인 선수 박지성이 있다. 박지성 개인의 노력과 능력도 있지만 이렇게 창단 이래 최전성기를 구가하는 바로 그때 주축으로 활약할 수 있는 기회를 얻었다는 점에서도 박지성은 천운을 타고난 영웅이라고 평가할 수 있다.

공개훈련 후 클럽하우스 옆에 붙어있는 실내 연습장에 임시로 설치된 공동취재구역에서 박지성을 만날 수 있었다. 더운 날씨에 훈련을 소화했던 터라 박지성은 샤워를 마치고 사복으로 갈아입은 상태였음에도 불구하고 땀을 많이 흘리고 있었다. 이날 공동취재구역에서 박지성은 최고의 선수였다. 한국 취재진은 물론 영국 현지 언론에서는 바로 1년 전 결승전 무대에서 엔트리에서 제외되었던 뼈아픈 기억을 담고 있는 박지성이 와신상담해 결승전에 선발로 나선다는 일종의 드라마에 초점을 맞추고 있었기 때문이다. 박지성은 영국과 스페인_{상대팀 바르셀로나에서 날아온}의 TV방송사들의 인터뷰를 묵묵히 소화해냈다. 사실 워낙 취재 요청이 쇄도해 한국 취재진끼리 "정말 힘들겠다"라며 귓속말을 나누기까지 했다. 인터뷰를 하나 마치면 곧바로 옆에서 "팍_{Park}! 한 마디만 부탁해요~"라는 외침이 튀어 나왔다. 그 '한 마디'는 당연히 한 마디로 끝날 리가 없다. 모든 외신 인터뷰가 끝나고 나서야 박지성은 그나마 허심탄회한 이야기를 할 수 있는 한국 취재진과의 인터뷰에 응했다.

"작년 결승전에서요? 당일 아침에 엔트리에서 빠졌다는 얘기를 들었어요. 상당히 아쉬웠고 또 실망스러워졌죠. 하지만 감독님의 선택이니 어쩔 수 없죠. 받아들여야죠. 이번에도 아직 결정된 바는 없습니다. 그날까지 가봐야 합니다. 하지만 경기에 나설 수 있다면 당연히 열심히 뛸 겁니다. 감독님께서 결정하시는 것에 따라 경기가 달라지고 출전 선수는 달라지죠. 경기 당일까지 최상의 컨디션을 유지하는 게 관건이에요. 바르셀로나는 이미 상대해본 경험이 있는 팀이고, 우리 팀 수비도 굉장히 좋기 때문에 최선을 다한다면 좋은 결과가 있을 거라고 생각해요."

이날의 현장 취재 열기를 반영하듯 다음 날부터 영국 현지 매체들의 스포츠 지면에는 박지성의 이야기가 여기저기 등장했다. 일간지 〈데일리 텔레그라프〉는 2면에 걸쳐 박지성 특집 기사를 실었다. 박지성이 개구리 등 보양음식을 먹었다는 이야기를 시작으로 결승전을 앞둔 박지성과의 인터뷰도 함께 소개했다. 24일 오전 BBC의 라디오 채널에서는 생방송으로 진행된 한국 취재진과의 전화 연결에서 지난 시즌 박지성 결장에 따른 한국 팬들의 당시 반응, 어린 시절 먹었던 개구리즙 에피소드, 고등학교 졸업 직후 K리그 구단에서 퇴짜를 맞았던 이야기들을 다루며 한국인 선수의 '개인의 역습'에 큰 관심을 나타냈다.

결전의 그날로부터 이틀 전, 맨유 선수단은 이탈리아 로마에 입성해 중앙역이라고 할 수 있는 테르미니 역 근처에 자리잡은 호텔에 캠프를 차렸다. 결승전 장소인 스타디오 올림피코Stadio Olimpico까지는 차로 약 20분 정도의 거리다. 맨유와 바르셀로나 양 팀 팬들도 일찌감치 로마로 건너온 터라 로마 시내의 모든 숙박시설은 모두 동이 나버렸다. 이럴 때마다 한국 취재진에게 너무나 고마운 존재는 바로 현지에서 운영되고 있는 한인 민박이다. 한국식 조식과 라면이 제

영광의 무대였던 UEFA챔피언스리그 결승전 식전 행사.

공된다는 이점도 있지만 무엇보다도 이런 류의 특수 성수기의 영향이 거의 없어 방을 구하기가 쉽다는 엄청난 혜택이 제공되기 때문이다. 결승전 하루 전 경기장에서 열린 공식 기자회견에 참석하기 위해 스타디오 올림피코를 찾았다. '맨발의 아베베'가 전설로 남은 1960년 로마 하계 올림픽이 열렸던 바로 그 장소였다. 경기장으로 들어가는 길목에 깔려있는 대리석 바닥이 여전히 신성한 분위기를 자아내고 있었다. 지난 시즌에도 박지성은 이곳에서 UEFA챔피언스리그 8강전을 치른 적이 있다. 당시 AS로마를 상대로 박지성은 천금 같은 결승골 어시스트를 기록했으니 좋은 추억을 담고 있는 행운의 장소라고 할 수 있다.

기자회견에 나선 퍼거슨 감독에게 재차 박지성의 선발 기용 여부에 대한 질문이 던져졌고 이번에도 퍼거슨 감독은 미소를 지으며 긍정적으로 화답했다. 제발 이번만은 그 미소에 뒤통수 맞는 일이 없기만을 간절히 빌었다.

박지성의 이름이 있었다. 결승전 킥오프 한 시간 전 기자실에 배포된 양팀의 출전명단에는 박지성이란 이름 석자가 뚜렷이 새겨져 있었다. 한국에서 대거 날아온 취재진 모두 박지성의 선발 출전 소식을 한국으로 타전하기 위해 핸드폰을 들고 키보드를 두들겼다. 안면이 있는 영국 기자는 엄지손가락을 치켜세우며 환한 웃음을 보내왔다. 이제야말로 진정한 박지성의 UEFA 챔피언스리그 결승전이 성사된 것이다.

대진상 맨유가 원정팀이 되었기 때문에 특유의 붉은색 홈 유니폼이 아닌 하얀색 유니폼을 입은 박지성이 축구 영웅들에게 바치는 대회 테마곡을 배경으로 맨유의 선택 받은 열한 명 가운데 당당히 포함되어 도열했다. 주심의 킥오프 휘슬이 길게 울렸다. 패싱 게임을 강점으로 하는 바르셀로나의 우세가 점쳐진 결승전이었지만 경기 초반 의외로 맨유가 주도권을 쥐고 바르셀로나를 몰아붙였다. 경기 시작 2분 만에 벌어진 박지성의 득점 기회가 피케에 의해 무산될 때만 해도 기자석에 앉아있던 전세계 취재진 모두 의외의 경기 흐름에 놀라는 눈치들이었다.

그러나 전반 10분 바르셀로나의 사뮈엘 에토가 기습적인 선제 득점을 성공시켰다. ‘통곡의 벽’이라던 네마냐 비디치는 에토의 날카로운 돌파에 무기력하게 무너지고 말았다. ‘원샷원킬’의 필살기처럼 에토의 송곳 같은 슈팅은 맨유의 골네트를 힘차게 갈랐다. 그리곤 경기 분위기는 완전히 바르셀로나의 흐름으로 넘어가 버렸다. 맨유의 모든 선수들은 바르셀로나의 환상적인 패스 연결을 더욱 돋보이게 해주기 위해 소품처럼 보였다. 후반 들어서도 도저히 경기가 풀리지 않자 퍼거슨 감독은 결국 박지성을 빼고 골잡이 디미타르 베르바토프를 투입시

컸다. 그러나 불과 4분 뒤 양팀을 통틀어 가장 키가 작은 리오넬 메시의 헤딩 쐐기골이 작렬되었다. 맨유는 작아졌고 바르셀로나는 커지기만 한 결승전 무대는 결국 바르셀로나의 2-0 완승으로 종료되었다.

아시아 축구 역사상 최초로 UEFA챔피언스리그 결승전 무대를 밟은 박지성은 후반 21분 공격수 베르바토프와 교체될 때까지 정확히 66분 51초의 출전시간을 기록했다. 총 7.14km를 뛰는 동안 박지성은 동료 선수들에게 26차례의 패스를 시도, 그 중 15개가 성공되어 58%의 패스 성공률을 기록했다. 슈팅은 전반 2분 피케에게 아깝게 막힌 그 슈팅 한 개뿐이었다. 아시아 축구 역사를 다시 쓴 역사적 장면과는 모든 면에서 전혀 어울리지 않는 참담한 결과만 남긴 채 글래디에이터의 전설은 박지성의 바람 대신 카탈루냐의 축구 천재들을 선택하고 말았다.

★이것도 부상은 부상

박지성은 무릎이 좋지 않다. 아시아 축구 역사상 최고의 선수에 오른 업적과 맞바꾼 일종의 훈장이라고나 할까? 하지만 이 세상에는 어디 가서 따로 설명하기도 민망한 부상을 당하는 선수들도 많다.

산티아고 카니사레스 (발렌시아)

2002년 한일 월드컵에서 스페인 국가대표팀의 주전 골키퍼였던 카니사레스는 샤워 후 실수로 떨어트린 애프터 쉐이브 병의 파편에 발을 다쳐 월드컵 출전 기회를 잃었다.

데이브 비선트 (사우스햄턴)

부엌 선반에 있던 드레싱 유리병이 정확히 그의 발등 위로 떨어지는 바람에 2개월 동안 경기에 나서지 못했다.

셀레스틴 바바야로 (첼시)

프리시즌 경기에서 동료의 골을 축하하기 위해 공중제비를 돌다가 부상을 당해 시즌 개막이었던 8월부터 10월까지 경기에 나서지 못했다.

대런 바나드 (반즐리)

기르던 애완견이 싼 똥을 밟고 미끄러져 무릎 연골을 다쳤다. 6개월 부상.

알란 닐센 (토트넘)

딸의 손가락에 눈을 찔리는 바람에 한 달간 쉬어야 했다.

알란 맥클러린 (포츠머스)

태어난 지 얼마 되지 않은 딸을 안기 위해 팔을 뻗었다가 힘줄이 찢어져 한 달 동안 쉬어야 했다.

커크 브로드풋 (레인저스)

전자레인지 안에 넣고 돌린 계란이 잘 익었는지 들여다 보다가 계란이 얼굴에 튀어 화상을 당했다.

스베인 그론달렌 (노르웨이)

국가대표팀 경기를 앞두고 집 근처에서 조깅을 하다가 사슴과 충돌해 결국 경기에 출전하지 못했다.

알렉스 스테프니 (맨체스터 유나이티드)

자기 팀 수비수들에게 소리치다가 턱뼈가 빠졌다.

풋볼
지식
사전

★ 인명을 구단명으로 사용하는 클럽들

축구 팀은 구단 역사에서 위대한 인물을 기리기 위해 홈구장 명칭을 인명으로 짓기도 한다. 레알 마드리드의 산티아구 베르나베우, 인테르 밀란의 쥐세페 메아차 등이 대표적이다. 하지만 아예 클럽명을 사람의 이름으로 지어버린 경우도 있다.

바스코 다 가마 Vasco Da Gama (브라질)

포르투갈의 유명한 모험가의 이름을 땄다.

벨레스 사스필드 Velez Sarsfield (아르헨티나)

달마시오 벨레스 사스필드는 아르헨티나의 헌법 및 시민법전을 제정한 인물로 근대화를 상징하는 인물이다. 1909년 벨레스 사스필드 기차역 근처에서 축구를 즐기던 훌리오 구글리엘모네, 마르틴 포티요, 니콜라스 마르틴 모레노라는 세 청년이 폭우를 피해 찾은 기차 터널에서 창단을 결의했다.

조모 코스모스 Jomo Cosmos (남아프리카공화국)

뉴욕 코스모스에서 활약했던 남아공 축구 영웅 조모 소노는 은퇴 후 고국 클럽 하이랜즈 파크를 인수해 자기 이름을 넣어 '조모 코스모스'로 개칭했다.

콜로-콜로 Colo-Colo (칠레)

칠레 유일의 리베르타도레스 우승 클럽으로 유명한 콜로-콜로도 인명이라는 사실. 칠레 중남부 원주민인 마푸체족의 전설적인 추장 콜로-콜로의 이름을 땄다.

레나토 쿠리 안골라나 Renato Kuri Angolana (이탈리아)

엘라골라나와 레나토 쿠리가 합병해 '레나토 쿠리 안골라나'라는 이름으로 새롭게 창단되었다. 레나토 쿠리는 1970년대 페루지아의 세리에A 승격을 이끈 레전드 미드필더. 1977년 불과 24세의 나이로 경기 중 심장마비로 사망했다. 페루지아의 현 홈구장 이름도 '스타디오 레나토 쿠리'.

★ 한국 최고의 패서(Passer)

다른 스포츠와 마찬가지로 축구에서도 같은 용어가 각 나라마다 다른 표현으로 사용된다. 한국과 일본에서는 페널티킥Penalty Kick을 영어 이니셜로 'PK'라고 줄여 부른다. 하지만 영국에서는 '페널티Penalty' 또는 '펜Pen'이라는 약칭을 쓰는 게 보통이다. 한국에서는 '프리미어리거'라는 단어가 통용되지만 영국에서는 '프리미어십 풋볼러Premiership Footballer'라고 부른다.

김두현 같은 스타일을 일컫는 표현은 아주 다양하다. 한국에서는 '플레이메이커Playmaker', 일본에서는 '사령탑司슈塔, 시레토', 영국에서는 '패서Passer', 이탈리아에서는 '트레과르티스타Trequartista'로 제각각 부른다. 이 중 김두현의 역할을 가장 간단명료하게 정의한 명칭은 아마도 영국의 '패서'라고 할 수 있다. 문자 그대로 '패스를 주는 사람'이란 뜻으로 상대 수비 조직을 날카로운 패스 한 방으로 뚫어내는 김두현의 스타일을 충실히 나타낸다고 생각된다. 웨스트 브로미치 앨비언 시절 김두현을 영입했던 토니 모브레이 감독은 "킴김두현을 지칭은 60미터 떨어진 동료에게 정확하게 볼을 보낼 수 있는 쿼터백 같은 선수"라는 극찬을 아끼지 않았다.

김두현은 잉글랜드에서 정확히 1년반의 시간을 보냈다. 그가 있는 동안 웨스트 브로미치는 프리미어리그로 승격했다가 1년 동안 악전고투 끝에 다시 챔피언십으로 강등되는 부침을 겪었다. 팀과 개인 성적 모두 K리그의 지배자였던 김두현의 명성과는 거리가 멀었기에 일반 팬들은 김두현을 "프리미어리그에서 실패한 선수"라며 짠 평가를 내리곤 한다. 물론 박지성, 이영표, 이청용 등과 비교한다면 그가 잉글랜드에서 남긴 결과에 후한 점수를 매기긴 힘든 게 사실이다. 그럼에도 불구하고 김두현은 "나는 실패하지 않았다"라고 단호히 말한다. 많은 것을 배우고 왔다며 뿌듯해한다. 설렘, 자신감, 아쉬움, 가능성을 모두 발견할 수 있었던 프리미어리그 생활에 대해서 대한민국 최고의 '패서' 김두현과 이야기를 나눴다.

Q 시간 참 빨라요. 버밍엄에서 본 게 엊그제 같은데 벌써 경찰청 제대 날짜를 꼽고 있으니 2011년 12월 기준.

A 그러게요. 경찰청 끝나고 나서 다시 외국에서 뛰어보고 싶다는 생각도 하고 있어요. 스페인 쪽이 어떨까 싶기도 하고. 그래도 월드컵은 한번 뛰어봐야 되잖아요 웃음.

Q 챔피언십 최종전1에서 골도 넣고 우승도 하고 그랬죠.

A 경기가 끝난 다음에 서포터즈석 앞에서 한 명씩 돌아가면서 우승 트로피를 들어올렸어요. 저는 팀에 들어온 지도 얼마 되지 않았기 때문에

---

1 2008년 5월 4일, 웨스트 브로미치는 퀸즈 파크 레인저스 원정 경기에서 2-0으로 승리해 챔피언십 우승을 확정했다. 당시 김두현은 하프타임에 교체 투입되어 후반 8분 선제 헤딩골을 넣는 활약을 펼쳤다. 잉글랜드 이적 후 공식전 첫 골이었다.

자격이 없다고 생각하고 있었는데 모브레이 감독이 와서 "킴, 뭐 해? 와서 트로피 들어야지"라고 말씀하시는 거예요. 쑥스러워하면서 들어 올린 기억이 나네요. 하지만 지금 와서는 멋쩍은 웃음과 함께 찍힌 사진이 남아서 참 다행이라는 생각도 들어요웃음.

Q 직접 경험한 프리미어리그 축구는 많이 다르던가요?

A 꼴찌 팀에서 많이 지면 당연히 선수들 의욕이 떨어지잖아요. 분위기도 가라앉고. 그런데 프리미어리그에서 뛰는 친구들은 약간 다르더라고요. 매 훈련, 매 경기 때마다 열심히 임하는 자세를 보면서 많이 다르다는 걸 느꼈어요. 한국 같으면 분위기가 완전히 와해되는 상황이었는데도 다들 굉장히 즐겁게 연습하고 경기에서 뛰고 그랬어요. 물론 열심히 해야지 팀이 강등되어도 자기는 다른 프리미어리그 클럽으로 이적할 수 있는 기회가 생기니까 그런 면도 없지 않죠. 하지만 그곳 선수들은 기본적으로 축구를 즐기려는 마음가짐을 갖고 있었어요. 운동 선수는 가장 행복할 때가 운동할 때인데 운동이 싫어지면 직업인으로서 낙이 없어지는 거잖아요. 한국에서 그렇게 하면 생각 없는 애로 바로 찍히죠웃음.

Q 한국에선 성공만 하다가 그렇게 매번 지는 팀에 가서 힘들었겠어요.

A 그런 환경은 처음이었어요. 아스널과 첫 경기를 하는데 선수들이 다들 말수도 적어지고 엄청나게 긴장하더군요. 정작 나는 괜찮은데 말이죠. 그리고 나서 팀 성적이 무너지니까 그때부터는 걷잡을 수가 없었어요.

구단의 시설 등도 구식이었어요. 먹는 거, 자는 거, 훈련 시설 등 수원이 훨씬 좋습니다. 프리미어리그에서 놀란 게 경기장 로커룸인데요. 홈팀은 그나마 나은데 원정팀 로커룸은 정말 작아요. 앉을 곳도 없어요. 화장실 냄새, 파스 냄새 등이 진동을 하죠.

Q 성적이 안 좋을 동안 훈련이 더 강하진 않았나요?

A 일단 시즌이 시작되고 나니 훈련 초점이 대부분 회복에 맞춰지더라고요. 훈련량이 너무 적은 게 아닌가 싶을 정도로 약했어요. 어느 날은 코치가 훈련을 끝내려고 하자 선수들이 조금만 더하자고 보챈 적도 있었어요. 하지만 코치는 내일도 훈련을 해야 하니 에너지를 아껴두라고 말했죠. 한국과는 많이 달라요. 한국에서 팀 성적이 그렇게 바닥을 치면 소위 '보복 훈련'이란 걸 하죠. 훈련을 더 많이 해서 뭔가를 개선해보려고 하는 분위기예요.

Q 잘나가다가 부상에 발목 잡힌 전형적인 케이스였는데요.

A 운이 없었죠. 경기 중에 미끄러져서 왼쪽 무릎 안쪽을 다쳤어요. 일자형 스터드를 사용했어야 했는데 그때 하필이면 그게 없어서 둥근 스터드를 신고 하다가 그만 다치고 말았어요. 그때 다치지만 않았어도 참 좋았을 텐데… 그런 거 보면 청용이가 참 적응 잘한 거예요.

Q 그런데 부상에서 회복하고 나서 출전 기회를 거의 얻지 못했던 이유는 뭔가요?

A 부상에서 거의 나아갈 무렵 감독님과 면담을 했어요. 부상 치료하는 동안 체력과 경기 감각이 모두 떨어져 있었거든요. 그런데 그때 팀 성적이 너무 안 좋았어요. 감독 입장에선 상황이 너무 급하잖아요. 처음에 본 내 능력을 그냥 묵히기도 아까우니까 조급하게 경기에 투입을 시킨 것 같아요. 지금 생각해보면 그때 2군 경기를 좀 뛰면서 체력을 끌어올렸어야 했어요. 완전치 못한 상태에서 경기에 나가니까 스스로 위축되면서 상대랑 부딪히는데 안 되더군요. 부상 당하기 전까지 갖고 있었던 자신감도 무너졌어요. 감독과 싸웠다거나 그랬던 건 전혀 아니었어요. 저를 너무 아껴줬어요. 그런데 팀이 계속 강등권에 떨어져있으니 감독도 선택의 폭이 극도로 좁아져 버린 거죠.

Q 2007/2008시즌 끝나고 곧바로 한국 복귀를 결심한 건가요?

A 솔직히 그 팀에 더 있으려고 했어요. 그런데 감독이 바뀌었고 새로 온 감독2이 저를 쓸 생각이 없다고 말하더군요. 다른 클럽으로 옮길 수도 있었어요. 잉글랜드 내에서도 오퍼가 있었고, 중동에서도 오라고 한 팀이 있었죠. 하지만 남아공 월드컵이다 뭐다 복잡하게 얽혀 있었고, 고민 끝에 수원으로 오게 된 거예요.

Q 아쉽지 않았나요?

---

2 로베르토 디 마테오. 모브레이 감독은 2007/2008시즌 웨스트 브로미치가 20위로 강등되자 사퇴했다. 디 마테오는 현재 첼시에서 안드레 빌라스-보아스 감독을 보좌하고 있다.

A 영국 가기 전까지는 계속 좋았어요. 학생 시절부터 프로에서까지 제가 속한 팀은 항상 우승했어요. 수원과 성남 모두 좋은 팀들이잖아요. 국가대표팀에도 뽑혔고, 그래서 영국까지 갈 수 있었고, 또 이적 초반에는 굉장히 좋았고요. 그런데 제가 노력했던 결과가 거기까지였나 봐요. 가장 아쉬운 점이 있다면 '좀 더 강한 팀에 갔었으면 어땠을까' 라는 거예요. 리버풀, 첼시, 아스널과 상대하면서 '내가 이 팀에 갔으면 어땠을까?' 라는 생각까지 들었어요. 제가 뛰어난 선수라고 우쭐해 하는 게 아니라 플레이 스타일 때문에 그래요. 저는 약한 팀에 있으면 약해지지만 강한 팀에 가면 꼭 필요한 선수가 되는 스타일이거든요. 나 혼자 해결하거나 그런 타입이 아니잖아요. 연결시켜주는 역할이기 때문에 잘하는 동료들이 있으면 훨씬 돋보여요. 에버턴 정도만 갔어도 좋았을 텐데, 라는 아쉬움이 지금도 있죠.

Q 한국 선수들이 프리미어리그에서 성공하려면 어떻게 해야 할까요?

A 한국 선수들이 기술적인 면에서는 프리미어리그에 내놔도 절대로 뒤지지 않다고 생각해요. 특히 국가대표팀에 뽑힐 정도의 선수들은 테크닉에선 전혀 문제될 게 없다고 봅니다. 하지만 나가서 성공하려면 독해져야 하더군요. 친구가 없어도 당당해야 하고, 얼굴에 철판 깔고 다닐 수 있을 만큼 뻔뻔해야 돼요. 어떻게 보면 유럽에서는 개념이 없어야 성공할 확률이 더 높을 수도 있어요웃음. 심리적으로 예민한 사람은 옆에서 조언해주는 사람이 반드시 필요할 것 같아요. 언어와 문화 충격 같은 것만 잘 극복해내면 충분히 할 수 있다고 생각해요. 움츠러들어서

점점 소외된다는 느낌이 생기기 시작하면 정말 쉽지 않아요.

Q 하지만 생각해보면 경찰청 제대해도 유럽 나이로 서른 살이에요. 충분히 다시 나갈 수 있잖아요?

A 지금도 가끔 아내와 다시 가고 싶다고 얘기해요. 잉글랜드에서 살 때 되게 좋았거든요. 스페인 쪽도 괜찮겠다는 생각도 하고요. 해외에서 지도자 수업도 받고 싶어요. 아시아에선 아직 유럽에서 지도자 경력을 쌓은 사람이 없으니 그런 길을 한 번쯤 도전해보고 싶어요.

★ 한국 축구의 브레인

축구인들은 다들 "국가대표 정도 되면 머리가 좋다고 봐야지"라고 말한다. 단순히 달리기가 빠르고 키가 크다는 식의 신체적 우월함과는 별도로 감독의 지시를 정확히 알아들어야지만 좋은 선수가 될 수 있는데 그런 이해력 없이는 국가대표팀에 승선할 수 없다는 뜻이다. 날이 갈수록 축구 전술이 복잡다단해지면 판단력, 이해력, 응용력 등 더 많은 소프트웨어가 필요해진다. '초롱이' 라는 별명에서 알 수 있듯이 이영표는 한국 축구에서 가장 똑똑한 선수로 통한다. 말을 참 잘한다. 함께 대화하고 있으면 그가 몸을 쓰는 운동선수라는 사실을 금방 잊을 정도로 달변가다. 나이는 필자보다 많이 어리지만 대화하는 동안 생각의 깊이와 통찰력에 감탄하곤 한다.

인터뷰를 위해 이영표와 마주앉은 때는 그가 캐나다 밴쿠버로 이적하기 직전이었다. 사우디아라비아 생활을 정리하고 한국에 들어와 가족과의 시간을 즐기고 있을 때였던지 느긋함과 여유가 느껴졌다. 현역 생활의, 아마도 마지막 장소가 될 밴쿠버로의 이적이 이미 확정된 상태였기 때문에 더 그랬을지도 모른다. 물론 고민도 많았다. 현역 은퇴 후 스포츠 디렉터 류의 행정가가 되기 위해 도움이 될 만한 석사 과정에 대해서 필자의 지식을 긁어갔다. 대화 중에 그의 표현이 다시 한 번 필자를 놀라게 만들었다.

필자 : 석사 과정에 들어가면 영어 원문 서적을 많이 읽으셔야 하는데 그게
처음에는 쉽지 않을 거예요.

이영표 : 당연히 힘들겠죠. 저야 뭐 까막눈이라서. 하하.

필자 : 그래도 영표 씨는 영어가 되니까 그나마 나은 거죠. 적응만 잘하면 됩니다.

이영표 : 어휴, 아니에요. 저는 지금까지 지식과 정보를 책을 통해서 얻은 적
이 없어요. 모두 경험으로만 지식을 쌓아왔죠. 그러니 책을 읽는다
는 게 쉽지 않아요.

평범하게 들릴지도 모른다. 하지만 '세상을 텍스트가 아니라 경험으로 배운
다'고 한 표현의 적확함에 놀랄 따름이다. 대부분 '운동 선수는 단순무식해서'
라며 웃어 넘길 수 있는 부분을 이렇게 설명하는 이영표를 보면서 '한국 축구계
에 이런 사람이 있어서 참 다행이다' 라는 거창한 생각까지 들었다.

대학교 시절 자신이 구슬땀을 흘렸던 바로 그 자리에 들어선 높다란 주상복
합 빌딩의 북카페에서 들은 이영표의 이야기를 독자 여러분께 선물로 드린다.
이영표의 말 한마디 한마디가 버릴 게 없어 필자의 질문은 생략하기로 한다.

네덜란드에서 영국으로

2005년 여름에 토트넘으로 이적했지만 사실 그때 AS모나코와의 이적 협상
이 거의 끝난 상태였다. 당시 모나코를 이끌던 디디에 데샹 감독이 내게 직접 전
화를 걸 정도로 영입 의지가 강했다. 나는 지금 맨체스터 유나이티드에서 뛰는
파트리스 에브라의 후임자였다. 에브라가 맨유로 가겠다며 데샹 감독과 사이가
안 좋아졌고 데샹 감독이 나를 점 찍은 것이다. 그러나 히딩크 감독님께서 "잉글

랜드라면 모를까 왜 프랑스로 가냐"면서 굉장히 말리셨다. 당시 나는 바이아웃 조항이 3백만 유로가 걸려있었기 때문에 그 금액만 내면 어디든지 이적할 수 있었던 상황이어서 영입 제안을 많이 받았다. FC포르투도 있었고 대략 5~6군데 정도 됐다. 구단에서는 "지금 너를 팔아서 받는 돈으로 너 같은 레벨의 선수를 못 산다. 적어도 3배 이상 줘야 한다"라며 하소연하면서 붙잡았다.

그러던 와중에 토트넘에서 연락이 왔다. 영어를 배우고 싶은 마음도 있고 해서 가겠다고 했다. 사실 잉글랜드에서 오퍼가 오니 히딩크 감독님께서도 난처해지셨다. 구단은 나를 잡기 위해 연봉을 세 번이나 올렸다. 피스컵 출전으로 한국에 왔을 때에도 구단은 계속 나를 말리던 상황이었다. 다른 선수들에게 영표 좀 말리라고 당부하기까지 했다. 이적시장 마감 2~3일 전에 히딩크 감독님께서 바로 전 시즌 팀 내 최고 연봉을 제안하셨다. 감독님께서는 "이게 PSV가 선수에게 지출할 수 있는 최고액이다"라고 말씀하셨다. 금액이 너무 좋아서 고민했다. 감독님께 죄송스러운 생각도 컸다. 수비수를, 그것도 아시아 출신 수비수를 유럽에 데려온 은인이었기 때문이다.

고민 끝에 마지막 날 감독님께 찾아가서 솔직하게 다 말씀드렸다. 나는 정말 떠나고 싶지만 감독님과 싸우면서까지 떠나고 싶지는 않다, 나를 웃으면서 보내줄 거면 가고, 그게 아니라면 PSV에 남겠다고 말했다. 혹여 PSV에 남는다고 해도 감사하고 기쁜 마음으로 남을 테니 감독님께서 결정해달라고 말씀드렸다. 하라는 대로 할 테니 그런 줄 아시라고 말하고 집으로 돌아왔다. 다음 날 감독님께서 가라고 하셨다. 나의 솔직한 마음을 알아주신 거였지만 솔직히 나도 놀랐다.

맨체스터 유나이티드로 떠난 지성이

지성이가 맨체스터 유나이티드에서 오퍼를 받았다는 말을 듣고 깜짝 놀랐다. 지성이, 나, 우리 식구, 히딩크 감독님, 구단 전체가 다 놀랐다. 감독님은 지성이를 보내고 싶지 않아 하셨다. 그때 이미 판 봄멀이 떠나기로 결정되어 있던 상태였기 때문이다. 굉장히 좋은 조건을 제시하면서 말리셨다. 시간이 지나면 좋은 팀에서 얼마든지 또 오퍼가 올 거라고 말씀하셨다. 조언이랄까 나는 지성이한테 두 가지를 말해줬다. 훌륭한 팀으로 가야지만 좋은 지도자와 좋은 선수들을 만날 수 있다는 점, 그러나 아무리 팀이 뛰어나도 경기를 못 뛰면 아무런 소용이 없다는 사실이다. 우리는 지금까지 힘들게 버텨왔기 때문에 어떤 팀에 가서 경기를 못 뛰는 게 얼마나 괴로운지 잘 알고 있었다. 지성이는 더 심했다. PSV 홈 경기에서 몸만 풀어도 관중이 야유를 보냈다. 왜 몸 푸냐고, 들어가라고. 1년 정도 지났을 때 지성이는 한국으로 돌아가려고 했다. 지금 생각해보면 그걸 끝까지 버텨낸 그 녀석 정말 대단하다. 나는 솔직히 내가 지성이한테 도움이 된 게 아니라 지성이가 내게 큰 도움이 되었주었다고 생각한다. 방도 함께 쓰고, 버스 옆자리에 나란히 앉아서 이런저런 얘기하면서 말이다.

토트넘에서 적응하기

솔직히 PSV에 처음 갔을 때보다 적응하기가 훨씬 편했다. 토트넘에 가보니 선수들이 이미 나에 대해서 알고 있었다. UEFA챔피언스리그 4강 진출 덕분이었다. 사실 2002년 월드컵 4강은 유럽에선 인정해주지 않는다. 게다가 아시아 출신 선수이니 더 인정하려고 하지 않는다. 네덜란드 현지 언론에선 히딩크 감독과의 개인적 친분 때문에 데려왔다는 보도가 계속 나왔을 정도였다. 그러면 감독님은 "경기장 와서 직접 보고 말하라"고 싸우시고. 토트넘에서는 모두 내 이름을 알고 있었고, 내가 한국인이라는 사실도 알고 있었다. 너무 편했다.

조코라, 미도, 디포, 레넌 같은 선수들과 친하게 지냈다. 조코라는 자기 집으로 우리 식구를 초대해서 식사 대접도 했다. 내게 패스를 안 한다고들 하는데 그건 틀린 말이다. 그 친구는 원래 쉬운 패스를 하지 않으려고 하는 스타일 때문에 그렇게 보였을 뿐이다. 지금 퀸즈 파크 레인저스에서 뛰고 있는 아델 타랍은 굉장히 가까운 곳에 살았다. 자동차가 없었던 탓에 매번 내게 태워달라고 졸라댔다. 우리 집에 와서 게임도 하고 밥도 같이 먹으면서 친하게 지냈다. 그때 아마 열일곱 살인가 그랬다. 자기는 첼시 유소년에서 오라는 걸 거절하고 당장 경기에 뛰고 싶어서 토트넘에 왔는데 출전 기회를 주지 않는다며 매번 투덜거렸다웃음.

레넌은 기독교 신자여서 더 친하게 지냈다. 레넌의 어머니가 독실한 크리스천이시다. 처음에 경험이 부족해서 경기 중에 내가 계속 위치를 잡아줘야 했다. 프리미어리그 선수들이 의외로 조언을 잘 받아들인다. 특히 자기가 인정한 사람의 조언은 철썩 같이 믿는다. 레넌은 유소년에서 막 올라온 어린 선수였고 나는 UEFA 챔피언스리그에서 뛴 선수였으니까 나를 인정해줬다. 그때 레넌처럼 뛰면 선수 혼자는 잘하는데 팀은 절대로 이길 수가 없다. 레넌이 공격 나갔다가 빨리 안 내려오면 내가 두 명을 막아야 한다. 한 명은 모르겠지만 두 명은 못 막는다. 레넌은 유소년 때 수비 요령을 배우지 않았는데 프리미어리그에서 수비할 줄 모르면 절대로 이길 수가 없다.

지성이와 손 맞잡은 그 사진, 그리고 나의 축구관

경기 끝나고도 특별히 그 부분에 대해서 서로 이야기 나눈 게 없다. 경기 중 당연히 일어날 수 있는 일이라고 생각한다. 지성이가 내 손을 잡은 것도 '미안하다' 가 아니라 '괜찮냐?' 라는 의미였을 것이다. 축구는 기본적으로 웃고 즐기는 스포츠이다. 좋아하거나 집착할 수도 있지만 결국 즐기는 게 축구다. 그 안에서 구분이 헷갈리면 힘들어진다. 축구는 당연히 이기려고 하지만 역설적으로 무조건 이기려고만 하면 또 안 된다.

나도 어렸을 때에는 축구가 내 인생의 전부라고 생각했다. 그래서 경기에서 질 때마다 울었다. 절망하고 세상이 끝난 것 같고 그랬다. 하지만 시간이 지나면서 축구보다 더 크고 중요한 게 세상에 있다는 걸 깨달았다. 축구는 스포츠일 뿐이다. 그냥 재미있는 것들 중 하나다. 그렇게 생각해야 남들이 욕해도 웃어 넘기고 칭찬해도 우쭐하지 않을 수 있다. 개인의 멘탈로 뛰어넘어야 할 영역이다.

어렸을 때는 기자들을 정말 싫어했다. 오해도 많이 하고, 기자들은 왜 사실이 아닌 걸 사실처럼 쓸까, 라고 생각했다. 그런데 지금 보면 '저렇게 쓸 수도 있겠다' 싶다. 주영이, 성용이와 관련해서 요즘 나오는 기사들도 다 이해한다. 이런 이야기들을 후배들에게 해주지만 지금은 잘 느끼지 못하는 것 같다. 인터뷰를 하기 싫어하는 선수들도 있다. 피해의식이 있기 때문이다. 잘해서 칭찬 받는 건 금방 잊어버리지만 못했을 때 비판 기사를 접하면 상처가 더 커져버린다. 그런 것만 기억에 남으니까 자연히 적대심이 생긴다. 대부분 다 그렇다. 언론도 선수들의 그런 심리를 이해해줘야 한다. 특히 부상 당했을 때에는 선수들의 시야와 생각의 폭이 좁아진다. 그럴 때에는 언론도 좀 더 신중해졌으면 하는 바람이다.

식중독 사건1

나는 괜찮았는데 선수단 중 여덟 명이 식중독에 걸렸다. 런던 원정시 항상 이용하던 요식 업체였는데 왜 그런 일이 일어났는지 지금도 사실 이해가 가지 않는다. 여덟 명 중 주전급이 대여섯 명이었다. 뷔페 식이었기 때문에 정확히 어떤 음식이 문제가 되었는지는 잘 모르겠다. 욜 감독이 식중독에 걸린 만큼 경기를 연기할 수 있다고 했고 실제로 프리미어리그에서도 하루 이틀 정도 연기할 수 있다고 대답이 왔다. 그런데 선수들이 뛰겠다고 했다. 잘은 모르겠지만 리그 최종전이었기 때문에 그랬던 것 같다. 선수들이 이 경기 끝난 뒤에 이런저런 스케줄이 잡혀 있었고 빨리 리그를 끝내고 싶다는 마음도 있었던 것 같다. 그때 팀이 참 좋았는데 마지막에 그런 일이 벌어져서 아쉽긴 하지만 식중독 때문에 4위권에 들지 못했다고 말해선 안 된다. UEFA챔피언스리그에 나갈 정도로 진짜 실력이 있었다면 식중독도 극복해내야 한다.

북런던 더비, 라이벌 의식

런던에서 원정 경기를 하면 전날 호텔에서 합숙을 한다. 아스널 원정 전날 호텔에 가면 선수들 동선에 따라서 곳곳에 '아스널을 묵사발냈다!Kill to Arsenal' 라는 글이 큼지막하게 쓰여있고 과거 아스널을 이겼던 스코어와 사진들이 붙어있다. 아스널이 저질렀던 만행(?)도 있고. 화장실에 가서 앉으면 문 바로 앞에 '죽여라Kill Them' 라고 쓰여져 있다. 로커룸에도 당연히 붙어있다. 우리가 칼링컵 준결승에서 5-1로 이긴 적이 있었다. 나도 그때 90분을 다 뛰었는데 정말 기분 좋

---

1 2005/2006시즌 웨스트 햄과의 리그 최종전을 앞두고 합숙에 들어간 호텔에서 토트넘 선수단이 집단 식중독에 걸리고 말았다. 경기 연기에 대한 논의가 이루어졌지만 결국 원래 일정대로 강행한 경기에서 토트넘은 한 수 아래인 웨스트 햄에 2-1로 패하고 말았다. 결국 토트넘은 승점 65점에 머무르며 같은 날 승리한 아스널의 67점에 다음 시즌 UEFA챔피언스리그 진출권을 양보해야 했다.

앉다.

라이벌 분위기를 유도하는 건 축구 흥행에 굉장히 좋다고 생각한다. 얼마 전 윤성효 수원 감독이 FC서울 경기를 앞두고 한 발언[2]이 문제가 되었는데 그런 걸 너무 나쁘게만 볼 필요는 없다고 생각한다. 경기 전 설전은 경기 자체 분위기를 더 재미있게 만들어준다. 알렉스 퍼거슨 감독과 아르센 벵거 감독도 매번 입씨름을 벌이지 않나. 감독들이 한 말이 있기 때문에 선수들은 경기에서 무조건 이겨야 하고웃음. 솔직히 '그 팀'보다 더 심한 발언도 괜찮다고 본다. 왜냐면 그런 발언과 비난은 어차피 축구라는 테두리 안에서만 이루어지는 것이기 때문이다. 그걸 축구에서 벗어나 인품, 인성 전체로 확대 해석하면 축구의 재미를 잃어버리고 만다.

치열한 주전 경쟁과 AS로마 해프닝

내가 있을 때 토트넘에는 왼쪽 풀백 포지션에만 국가대표가 여섯 명이나 있었다. 질베르토브라질, 아수-에코토카메룬, 베일웨일즈, 지글러스위스, 크리스북아일랜드, 한국 대표인 나까지 여섯 명이 한 포지션을 두고 경쟁했다. 누구 하나 빠질 것 없는 선수들이었다. 당연히 나도 매 경기 선발로 출전하기가 힘들었다. 나중에 욜 감독이 "나는 너만 쓰고 싶었는데 구단 고위층에서 어린 선수를 키워야 한다며 자꾸 간섭했다"라고 솔직하게 말씀해주셨다. 대니얼 리비 구단주는 아마도 프리미어리그 구단주 중 가장 클럽 내 영향력이 막강한 사람일 거다. 선수들 연

---

2 2011년 10월 3일 '현대오일뱅크 K리그 2011' 27라운드를 앞둔 기자회견에서 윤성효 감독이 FC서울을 "그 팀"으로 지칭했고, 이에 서울 측은 "예의에 어긋난 발언"이라며 발끈해 경기 전 분위기가 고조되었다.

봉 협상도 직접 챙길 정도였다. 빅클럽 되기 10년 프로젝트가 있어서 어린 선수 육성에 중점을 두었다.

AS로마로 가려고 했을 때도 마찬가지였다. 로마행을 최종적으로 포기하고 아침에 회복 훈련을 하러 나갔더니 욜 감독이 나를 보고 깜짝 놀라면서 왜 여기에 있냐고 물었다. 욜 감독 말이 나를 로마로 이적시키기로 합의를 했다는 것이다. 욜 감독은 내가 남기로 했다고 하자 굉장히 좋아했다. 나의 로마 이적도 결국 리비 구단주의 작업이었다. 그 일이 있은 뒤 당분간 경기에 나서지 못하다가 다시 경기에 나가기 시작하자 뉴캐슬과 맨체스터 시티 같은 곳에서 영입 제안이 왔다. 로마로 팔려 할 땐 언제고 그렇게 되니까 또 구단에서 "빅클럽 주전 레프트백을 팔 수 없다"라며 이적을 막았다. 불과 얼마 전까지만 해도 경기에 나가지도 못했는데 말이 그렇게 바뀌더라. 리비 구단주가 시키면 코몰리[3]가 그대로 따르는 식이었다.

프리미어리그의 컨디션 관리법

잉글랜드에서 지낼 적에 먹고 자고 쉬는 게 전부였다. 그 흔한 뮤지컬 한 편 보지 못했다며 아내가 아쉬워한다. 지금 생각해보면 왜 그렇게 여유가 없었나 싶기도 하다. 하지만 그렇게 빡빡한 경기 일정을 소화하기 위해 내 몸이 맞춰져 있었기 때문에 그냥 그렇게 계속 살았다. 그렇게 안 하면 경기를 못 뛰니까.

프리미어리그 구단의 선수단 컨디션 관리는 철저하다. 내가 한국에 있을 때

---

[3] 다미언 코몰리는 토트넘의 스포츠 디렉터를 거쳐 현재 리버풀에서 동일 업무를 맡고 있다. 선수단의 이적과 관리에 직접 관여한다. 감독이 "오른쪽 측면 공격수가 필요하다"고 하면 그에 맞는 후보를 추려서 영입에 나서는 식이다. 프랑스 출신이다.

만 해도 피지컬 코치가 아예 없는 구단도 있었다. 있어봤자 한 명이었다. 토트넘에만 피지컬 코치가 5~6명 있었다. 팀 닥터 2명, 피지오 6~7명, 마사지사도 7~8명씩 있었다. 훈련장에 가서 "오늘은 스피드를 키우고 싶다"고 요청하면 나만을 위한 훈련 메뉴를 짜준다. 한국처럼 한 명밖에 없으면 그런 세밀한 컨디션 조절을 할 수가 없다. 한 명이서 팀 전체 프로그램, 부상 선수 재활 프로그램 등을 다 짜야 하는데, 거기에다가 선수들이 개인 프로그램을 짜달라고 미안해서라도 요청할 수가 없다. 프리미어리그에서의 그렇게 겉으로 드러나지 않는 부분들이 부럽다.

한국 국가대표팀은 K리그 구단에 비해서 지원이 좋은 편이다. 하지만 대표팀에도 매뉴얼이 갖춰져 있지 못하다. 즉 누가 하느냐에 따라서 차이가 난다. 2010 남아공 월드컵 때 네덜란드의 레이몽드가 합류해서 이것저것 세심하게 챙긴 덕분에 선수들 몸 관리가 굉장히 좋았다. 그런데 월드컵이 끝나고 6개월 뒤에 아시안컵에 나가는데 레이몽드가 없어지니까 상대적으로 관리가 허술해졌다. 레이몽드가 했던 방법을 매뉴얼화시켰다면 그런 일이 벌어지지 않았을 것이다. 매뉴얼로 정해져 있으면 누가 피지컬 코치로 와도 동일 수준의 컨디션 관리가 가능해진다. 한국 축구가 가진 문제점들 중 하나가 바로 매뉴얼 부재다. 대표팀부터 그렇게 하면 서서히 K리그로 퍼져가고 축구 판 전체로 보급될 수 있는데 아쉽다.

내 생애 축구가 가장 즐거웠을 때

축구는 어디서 하느냐가 아니라 어떻게 하느냐가 제일 중요하다. 토트넘에서 뛸 때 나도 굉장히 좋았지만 내 인생을 통틀어서 가장 행복했던 순간은 토트넘도 아니고 2002년 월드컵 때도 아니었다. 내 인생 중 가장 행복했을 때는 바로 고등학교 3학년 때였다. 그때는 축구가 즐거웠다. 물론 주장으로서 책임감도 있었고 대학 진학을 위해 성적을 거둬야 한다는 부담감도 있었다. 하지만 그때 우리팀은 2관왕을 했고, 그 다음부터는 축구가 아주 재밌어졌다. 고급 축구를 구사하는 것도 아니었는데, 승패에서 벗어나 축구를 가장 행복하게 즐길 수 있었다. 국가대표팀에 뽑히느냐 마냐 등의 문제보다 결국 내가 축구를 어떻게 즐기느냐가 가장 중요하다.

이제는 말할 수 있는 한국 축구를 향한 고언

현실을 많이 겪어본 사람들이 어려운 소리를 많이 한다. K리그는 수요와 공급이 안 맞는다고들 말한다. 개인적인 생각이지만 그건 수요공급 차원의 문제가 아니다. 우리는 이미 2002년 월드컵에서 잠재 수요를 봤다. 아쉬운 건 그때 한국 축구의 그릇이 그 많은 수요를 담아낼 크기가 되지 못했다. 수요가 너무 많아서 넘쳐흘렀다. 지금 K리그를 보기 위해 경기장에 오는 사람만 '수요'라고 치부하면 안 된다. 잠재 수요를 이끌어내기 위해 축구 경기장에 가지 않으면 안 될 이유를 만들어줘야 한다. 일본은 처음부터 수요가 있었나? 선수들이 직접 팬들을 찾아 다니고 병원 방문하고 그러면서 없는 수요를 만들어냈다. 지금도 경기장에 오는 사람들이 그냥 시간이 남아서 오는 게 아니다. 반드시 이유가 있어서 온다. 그 이유를 찾아내야 한다.

승강제는 반드시 도입되어야 한다고 본다. 한국의 축구 시장이 승강제를 받아들일 만한 준비가 되지 않았다는 사실도 맞다. 하지만 그렇다고 해서 시장이 경쟁력을 갖출 때까지 기다리려면 시간이 너무 오래 걸린다. 우선 시스템적으로 먼저 가면 시장은 나중에 채워질 수 있다. 사실 강등되면 어쩌나 라는 두려움이 크다. 하지만 강등되지 않기 위해선 선수를 어떻게 키워야 하는지, 구단이 살아갈 수 있도록 돈을 어떻게 벌어야 하는지를 고민해야 하는 게 맞다. 지금 우리의 축구 환경은 더 이상 나빠질 수 없을 정도라고 생각한다. 그럼 이쯤 해서 판을 한번 확 갈아엎는 것도 중요하다. 나는 승강제가 성공하리라고 확신한다. 강등되었다고 해체되는 팀도 나올 수 있다. 하지만 그 정도로 팀을 해체시킬 사람들이라면 축구 구단을 운영할 자격이 없다고 생각한다.

팀이 해체되면 선수들은 어디로 가야 하냐고? 지금도 대학교 졸업하고 K리그로 들어가지 못하는 선수들이 훨씬 많다. 그런 식으로 선수들을 아껴야 한다면 지금이라도 당장 프로 팀을 한 120개 정도 만들어서 대학교를 졸업하는 축구 선수 전원을 받아줘야 한다, 그건 아니다. K리그 입단에 실패했다고 해도 겨우 20대 초반의 나이다. 진로를 바꿔 얼마든지 성공할 수 있다. 시장을 살려야 한다. 파스타 가게가 망하게 생겼다고 사람들이 가서 억지로 먹어줘야 하는 것은 아니다. 배고픈 사람들이 없어야 한다고 빵만 무조건 많이 만들면 온 천지에 빵이 아마 굴러다닐 거다. 그러면 사람들은 더 이상 빵을 먹지 않게 된다. 경기장에 가서 와, 와 소리가 나올 정도의 플레이를 보여줘야 사람들이 오지 않겠나.

한국 축구가 반드시 버려야 하는 마음이 있다. 다들 내가 없으면 안 된다고 믿는다. 그리고 그걸 자기 능력이라고 생각한다. 내가 떠나고 나서 일이 꼬이는 걸 보면서 자기 능력이라고 생각한다. 위대한 리더십은 내가 떠난 다음에도 일이 잘 돌아가게끔 만드는 능력이다. 한국 축구도 그렇게 하려면 좋은 선수를 키워야 하고 좋은 환경을 제공하고 우수한 지도자와 프로그램을 육성시켜야 한다. 그런데 그런 일들은 겉으로 티가 나지 않으니까 협회나 연맹 내부적으로 추진 우선순위가 떨어진다. 티가 잘 나는 분야에 대한 개선만 항상 최우선적으로 행해진다.

제 5 장

두 마리의 용,
영국으로 날아들다

1. 새벽 1시의 데뷔

한국과 영국의 시차는 9시간. 섬머타임이 적용되면 한 시간이 줄어들어 8시간이 된다. 한국의 회사원이 하루 일을 마치고 퇴근하는 바로 그 시간에 영국의 회사원은 사무실에 들어서며 "굿 모닝~"을 외친다. 반대로 한국 사무실에서 "좋은 아침!" 소리가 날 때 영국에서는 내일을 위해 잠을 청하는 '굿 나잇' 자정이다. 그러다 보니 영국에서 일어나는 일을 한국으로 전달해야 하는 일을 하는 사람은, 영국에 있든 한국에 있든, 겪어야 할 곤욕이 참 많다. 책상머리에 앉아 일하는 글쟁이도 이런데 거친 프리미어리그에서 필사적으로 뛰어야 하는 태극전사들이 어떻게 시차를 극복하는지 매번 볼 때마다 대단하다는 생각뿐이다.

잉글리시 프리미어리그 2009/2010시즌도 한국 축구 팬들에겐 기쁜 소식으로 막을 활짝 열어젖혔다. FC서울의 '미래' 3인방 중의 일각 이청용이 볼턴 원더러스에 입단하면서 역대 7호 프리미어리거가 탄생했기 때문이다. 아시아 축구 라이벌 일본의 대표급 선수들도 유럽에 많이 진출해 있지만 유럽 리그의 꽃 프리미어리그와는 인연이 영 닿지 않았다. 지금까지 이나모토 준이치와 나카타 히데토시 두 명만이 프리미어리그의 문턱을 넘었지만 두 선수 모두 흐릿한 족적만 남긴 채 금방 짐을 쌌다. 하지만 한국은 이청용이 벌써 일곱 명째다. 물론 그들 모두 "성공했다"라고는 평가할 수 없겠지만 이른바 축구의 변방이라고 하는 아시아 국가에서 이토록 지속적으로 프리미어리거를 배출한다는 사실 자체만으로도 한국 축구의 경쟁력을 보여주는 객관적 증거라고 할 수 있다.

이청용의 볼턴 이적은 일사천리로 진행됐다. 그의 이적을 주도한 티아이스포츠의 김승태 사장은 평소 스타일답게 조용히, 그러나 빠르고 깔끔하게 이청용의 프리미어리그 진출을 처리했다. 짙은 피부색, 작은 키, 걸쭉한 말투여성분께서 들으면 살짝 거칠게 느껴질 수도 있는!의 외모와는 전혀(!!) 다른 능력의 소유자 김승태 사장은 리복 스타디움에 딸린 호텔에 투숙하면서 이청용의 이적과 현지 적응을 기획 및 설계했다. 메디컬 테스트와 계약 상세 조항을 최종 협의하기 위해 7월 말 영국을 다녀간 이청용은 한국 생활을 정리하고 볼턴에 8월 13일 도착했다. 사실 현지 도착이 너무 늦은 감도 있었다. 새 팀 동료들과 손발을 맞출 여유는커녕 이제부터 최소 3년 동안 살아가야 할 동네가 도대체 어떻게 생겨먹은지도 전혀 모른 채 그야말로 몸만 달랑 온 셈이다.

고민 끝에 결국 2009/2010시즌의 첫 현장 취재 경기로 박지성의 맨체스터 유나이티드가 아닌 이청용의 볼턴 홈경기vs 선덜랜드를 선택했다. 박지성의 최근 상태가 별로 좋아 보이지 않아 개막전 출전 여부가 불확실했고, 무엇보다 혹시나 모를 이청용의 프리미어리그 데뷔 현장을 놓쳐선 곤란했기 때문이다. 경기 하루 전날 올라가 맨체스터에 숙소를 잡았다. 사실 볼턴 취재는 당일치기로밖에 해본 적이 없었기 때문에 어디서 묵어야 할지도 판단이 서지 않았다. 무엇보다 볼턴은 맨체스터에서 자동차로 달려 20분 정도면 갈 수 있는 거리에 있다. 더군다나 당시 2010 남아공 월드컵 대표팀의 정해성 코치가 이청용을 체크하기 위해 볼턴에 와있었다. 정해성 코치와 이런저런 대화를 나누다가 슬쩍 물어보니 "청용이가 그러는데 잘하면 내일 명단에 포함될 수도 있다던데"라는 고마운 정보를 얻을 수 있었다. 물론 정해성 코치의 말만 철썩 같이 믿을 순 없는 노릇이다. 볼턴의 게리 멕슨 감독이 이청용에 아무리 흠뻑 빠졌다고 해도 잉글랜드 땅을 밟은 지가 정확히 48시간도 채 지나지 않은 상태였던 탓이다. 심지어 이청용이 새 동료들과 손발을 맞춰본 것도 이날8월 14일이 처음이었으니 실전 투입에 대한 기대는 김칫국 마시기에 가까웠다.

맨체스터 숙소에서 하룻밤을 보낸 뒤 8월 15일생각해보니 광복절이다! 리복 스타디움으로 갔다. 경기장 주변은 킥오프 시간이 다가옴에 따라 볼턴의 흰색 홈 유니폼을 입은 많은 팬들이 몰려들기 시작했다. 개막전을 반기듯 높은 하늘에서 내리쬐는 햇살을 고스란히 반사해내는 팬들의 모습이 더욱 눈부셨다. 프레스 패스를 받아 기자석으로 향하는 가파른 계단을 힘겹게 올라갔다. 리복 스타디움의 기자석은 메인 스탠드의 맨 꼭대기에 설치되어 있는 탓에 취재진에겐 자기 자리를 찾아가는 것도 적지 않은 에너지가 필요하다. 다행히 구단 직원들은 다들 친절했다. 이해할 수 없을 정도로 불친절한 빅클럽 직원들에 염증을 느끼다가도 볼턴처럼 소규모 클럽의 가족처럼 따뜻한 직원들과 만나면 정말 마음이 편해진다.

서서히 분위기가 고조되는 킥오프 한 시간 전 구단 직원이 기자석 사이를 누비며 양팀의 출전명단을 나눠주기 시작했다. 정말 이청용이란 이름이 교체 명단에 뚜렷하게 새겨져 있었다. 반가움과 의아함이 교차했다. 이청용의 프리미어리

동양인 선수라는 희소성과 함께 전에 볼 수 없었던 테크닉을 선보이는 '신입생' 이청용은 볼턴 팬들
에게 인기가 좋았다.

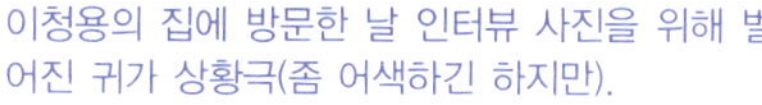
이청용의 집에 방문한 날 인터뷰 사진을 위해 벌어진 귀가 상황극(좀 어색하긴 하지만).

이청용의 신발들. 이청용은 눈이 안 좋으신 할머니를 위해 튀는 색깔의 축구화를 신는다.

그 데뷔를 현장 취재할지도 모른다는 반가움, 그렇지만 시차 적응도 제대로 못한 신입생을 덜컥 명단에 넣어버린 멕슨 감독의 판단에 대한 의문스러움이었다. 시간이 좀 지나자 볼턴 선수들이 그라운드로 나와 몸을 풀기 시작했다. 큰 덩치들 사이에 작고 가냘픈 이청용이 끼어 묵묵히 땀을 내고 있었다. 멀리서 그런 이청용을 지켜보며 지금까지 프리미어리그를 거쳐간 한국 선수들이 머리 속을 스쳤다. 겨우 21세를 갓 넘겼을 뿐인 이청용에게 어쩌면 이 땅은 외롭고 긴 싸움의 공간이 될지도 모른다는 사실에 걱정이 생기기도 했다.

손발이 전혀 맞지 않았던 볼턴은 경기 시작 5분 만에 상대 팀 공격수 대런 벤트에게 선제 실점을 내주며 끌려갔다. 동점골이 절실했지만 볼턴의 플레이는 좀처럼 살아나지 않았다. 실망스러운 전반전이 끝나고 시작된 후반전에서도 마찬가지였다. 경기장 내에 설치된 대형 스크린 위로 멕슨 감독의 심각한 표정이 크게 비친 직후 뭔가 결심한 듯 벤치를 향해 뭐라고 외치자 코치는 사이드라인에서 몸을 풀던 이청용에게 호출 신호를 보냈다. 벤치로 돌아와 투입할 채비를 마친 이청용을 불러 세운 멕슨 감독은 세심하게 작전 지시를 내렸다. 알아들었을까? 하지만 생각해보면 이청용의 리스닝listening 능력은 그리 중요하지 않았다. 한 골 뒤진 상태에서 교체 투입되는 공격수에게 내릴 수 있는 지시란 게 뻔하지 않나. 골을 넣든가 골을 넣도록 도와주든가 둘 중 하나다. 무엇보다 이청용이 지금 막 프리미어리그에 첫발을 내디디려 한다는 게 가장 중요한 사실이었다.

천만다행. 이청용이 투입되자 볼턴의 분위기가 살아났다. 화려하거나 시선을 사로잡진 않았지만 이청용은 안정적인 터치와 간결한 패스로 팀 플레이에 활력소가 되어주었다. 경기 막판에는 오른쪽 측면에서 수비수 세 명을 제치고 돌파에 성공하며 2만 여 볼턴 홈 관중으로부터 큰 박수를 끌어내기도 했다. 긴장한 모습이 역력했고 실수도 분명히 있었다. 하지만 실망보다는 희망을 갖기 충분했던 22분간이었다.

경기가 끝나고 리복 스타디움 부설 호텔에서 이청용과 만났다. 하얗다 못해 창백해 보이기까지 하는 그의 피부와 특유의 쑥스러움이 보태져 영락없이 '이국 땅에서 고생하는 한국 청년'의 모습 그대로였다. 경기 소감을 묻기도 전에 이청용은 "어휴, 지금 정신이 하나도 없어요"라며 얼떨떨해 했다. 역시 아직까지 시차가 완전히 극복되지 못한 눈치였다. 일반인의 경우, 하루에 한 시간씩 시차를 맞춰간다고 어디선가 읽은 기억이 있다. 한국과 영국의 시차가 8시간이니 아무리 노력해도 최소 일주일 이상을 보내야지만 생체시계가 영국시간과 동기화된다는 소리다. 이날 경기는 오후 3시에 시작되었다. 섬머타임 중임을 감안하더라도 한국은 광복절 밤 11시였다. 후반 23분에 교체 투입되었으니 이청용의 생체 시간으로는 8월 16일 0시 23분에 프리미어리그에 데뷔한 셈이다. 훈련 시간 빼고는 '방콕' 하며 최대한 휴식을 취한다고 동료들이 이청용에게 붙인 별명이 바로 '부처님' 이다. 매일 자정은 이청용은 백이면 백 잠자고 있을 시간대. 하지만, 어릴 적 꿈이었던 프리미어리그의 데뷔 순간이 이런 시간대에 이루어질 거라고 이청용 본인은 아마 상상도 못해봤을 것 같다.

★ 볼턴의 '약간 늙은 갈라티코' 정책

1995년 프리미어리그로 승격한 볼턴은 이후 강등과 승격을 반복한다. 1999년 필 가트사이드의 회장 취임과 '볼턴의 아들' 샘 알리다이스가 감독으로 영입되어 '환상의 콤비'를 이룬다. 의기투합한 두 사람은 2000/2001시즌 플레이오프에서 승리해 다시 한 번 프리미어리그로 복귀한다. 두 사람은 두 가지를 약속한다. 더 이상 강등 당하지 말 것과 그러기 위해선 경험 많은 스타플레이어 출신의 영입이 필요하다는 점. 하지만 살림살이도 넉넉지 않은 데다 이름값도 턱없이 부족해 정상급 선수들을 유혹하기란 현실적으로 무리다. 여기서 가트사이드 회장이 낸 아이디어가 바로 '약간 늙은 갈라티코(Galácticos, 슈퍼스타들을 끌어모으는 레알 마드리드의 선수 정책)' 정책! 전성기를 넘긴 왕년의 스타들을 싼값에 데려온다는 작전이었다. 나이가 들었거나 현재 소속팀 주전에서 완전히 밀려난 스타플레이어, 또는 아직 팔팔하지만 평소 행실이 안 좋아 모든 클럽이 영입을 꺼리는 악동 스타가 영입 대상이었다.

첫 번째 작품이 바로 프랑스의 유리 조르카에프였다. 1998 프랑스 월드컵과 유로2000 우승에 빛나는 조르카에프는 33세라는 당시 나이에서 알 수 있듯이 이제 빅클럽에서는 아무도 쳐다보지 않는 '끝물' 선수였다. 하지만 볼턴 팬들로서는 월드컵 우승 스타가 '우리 선수'가 된다는 사실이 너무나 감사할 따름이다. 단박에 조르카에프는 리복 스타디움의 최고 인기 선수에 등극했고, 2001/2002시즌 볼턴은 프리미어리그 잔류에 성공한다. 2002년 여름에는 나이지리아의 슈퍼스타 제이제이 오코차와 함께 카타르에 있던 레알 마드리드의 영웅 페르난도 이에로(임대 후 완전이적)를 불러들인다. 2003년에는 이브라힘 바, 이반 캄포, 그리고 그리스 최고 공격수 스텔리오스 기아나코폴로스의 영입에 성공해 선수단의 면면을 더욱 화려(?)하게 만들었다. 2004년에는 리버풀로부터 엘 하지 디우프를 임대 영입해 이듬해 완전이적시켰고, 2005년에는 일본의 영웅 나카타 히데토시를 피오렌티나로부터 임대 영입해왔다. 2006년 여름 터키의 페네르바체에서 뛰던 '저니 맨' 니콜라스 아넬카를 다시 프리미어리그로 복귀시키면서 볼턴의 약간 늙은 갈라티코 정책은 정점을 찍는다.

<h3 align="center">볼턴의 '약간 늙은' 슈퍼스타들</h3>

연도	선수명	국적	주요 경력(클럽)	영입 당시 나이
2001	유리 조르카에프 Youri Djorkaeff	프랑스	1998 월드컵 우승(프랑스)	33세
	이반 캄포 Ivan Campo	스페인	2000, 2002 UEFA챔피언스리그 우승(레알 마드리드)	27세
2002	이브라힘 바 Ibrahim Ba	세네갈	2003 UEFA챔피언스리그 우승 (AC 밀란)	30세
	스텔리오스 기아나코폴로스 Stelios Giannakopoulos	그리스	유로2004 우승(그리스)	29세
2004	페르난도 이에로 Fernando Hierro	스페인	1998, 2000, 2002 UEFA챔피언스리그 우승(레알 마드리드), 2002 월드컵 베스트XI (스페인)	36세
	엘 하지 디우프 El Hadji Diouf	세네갈	2002 월드컵 8강(세네갈), 2002년 아프리카 최우수 선수	23세
2005	나카타 히데토시 中田 英壽	일본	1997, 1998 아시아 최우수 선수, FIFA가 뽑은 100인의 위대한 선수	28세
2006	니콜라스 아넬카 Nicolas Anelka	프랑스	2000 UEFA챔피언스리그 우승(레알 마드리드), 1999년 레알 마드리드 이적 당시 2천230만 파운드로 세계 최고액 이적료 기록 경신	27세

'갈라티코'라는 취지에 부응하듯 아시아 출신 선수 영입에도 적극적으로 나섰다. 앞서 소개한 나카타를 비롯해 니시자와 아키노리(일본), 알리 알-합시(오만), 안드라닉 테이무리안(이란), 이청용(한국)이 아시아를 대표해 볼턴에 합류했다. 그래서 이 정책의 결과가 어땠냐고? 물론 대성공! 전성기를 지났다고 해도 이들 모두 세계적 선수들이었으니 언론의 주목을 끌기가 한결 수월해졌다. 팀 성적도 일취월장, 2004/2005시즌 프리미어리그를 6위로 마감하며 볼턴은

UEFA컵(현 유로파리그) 진출권까지 획득하며 '유러피언 클럽'으로 우뚝 선다.
가트사이드 회장은 알리다이스 감독에게 보기 드문 10년 계약을 선사하는 괴짜
스러움도 보이는 인물이지만, 클럽의 현실과 너무나 잘 맞아떨어지는 발전전략
을 수립하는 기가 막힌 리더십을 발휘했다.

★가장 화려한 우승 기록을 가진 축구선수는?

스타플레이어의 기준 중 하나는 뭐니뭐니해도 우승컵 숫자다. 맨체스터 유나
이티드의 라이언 긱스는 프리미어리그만 열두 번 우승했고, UEFA챔피언스리그
에서도 두 번이나 우승했다. AC밀란의 클라렌스 세도르프는 아약스, 레알 마드
리드, AC밀란에서 각각 UEFA챔피언스리그를 네 번이나 경험했다. 바르셀로나
의 작은 영웅 챠비 에르난데스도 빠질 수 없다. 월드컵 우승 1회, U-20 월드컵
우승 1회, 유로 우승 1회, UEFA챔피언스리그 우승 3회, 라 리가 우승 6회… 우
승을 지겹도록 많이 해본 스타 중 스타들이다.

그러나 축구 역사상 가장 화려한 우승 기록을 보유한 선수는 바로 스페인 축
구의 영웅 프란시스코 헨토! 레알 마드리드 소속으로 일단 라 리가만 열두 번 우
승했다. 진짜 대단한 우승 기록은 그 다음이다. 헨토는 1956, 1957, 1958, 1959,
1960, 1966년에 모두 유러피언컵(현 챔피언스리그)에서 우승했다. 감독과 선수
를 통틀어 헨토는 축구 역사상 최다 유러피언컵 우승자로 기록되고 있다. 헝가
리 페렌치 푸스카스와 함께 막강 콤비를 이뤄 유러피언컵에서 전무후무한 5연패
기록의 주인공이기도 하다. 측면 공격수였음에도 불구하고 빠른 발(100미터 11
초!)을 이용해 상대 수비를 무너트린 뒤 직접 골도 많이 넣었다. 프로 통산기록
은 438경기 128골. 윙어치곤 나쁘지 않은 득점력이다.

2. 천당과 지옥 그리고 데뷔골

한 시간 반 동안 우리는 무얼 할 수 있을까? 친구와 마주 앉아 잡담 실컷 하다가 "어디 가서 커피나 한잔 더 하자"라는 소리 나오기 딱 좋은 시간이거나, 또는 영화 〈반지의 제왕〉을 보다가 "이거 이야기 정말 천천히 풀어가네"라는 생각이 꼬물꼬물 생겨나기 시작할 시간이다. 하지만 그라운드 위에서 주어지는 한 시간 반, 90분은 희로애락과 흥망성쇠가 몽땅 담겨있다. 2002년 안정환은 지옥으로 떨어졌다가 마지막 한 방으로 천국으로 들어서는 짜릿한 대반전을 경험했다. 2008년 모스크바에선 크리스티아누 호날두가 바닥으로 떨어졌다가 극적으로 살아났다. 이청용의 프리미어리그 첫 골도 그렇게 나왔다.

영국 도착 48시간도 채 되기 전에 경기에 투입되는 호사를 누린 이청용은 그 뒤로도 후반 조커로 활용되며 실전 감각을 끌어올렸다. 그러나 뭔가 톱니바퀴가 영 맞아 들어가지 않는 느낌. 무엇보다 팀 동료들이 이청용에게 마음을 열지 않았다. 프리미어리그에선 팀 내에서 아직 확실하게 자리잡지 못한 선수가 경기 중 팀에 녹아들기가 참 힘들다. 아무리 동료라고 해도 신뢰가 쌓이지 않은 친구에겐 좀처럼 패스를 내주지 않는다.

미들즈브러에서 이동국의 플레이를 더욱 위축시킨 건 다름 아닌 패스를 주지 않는 동료들이었다. 토트넘에서 뛰었던 조코라는 경기 중 자신과 친한 아수-에 코토의 포지션을 꿰차고 있던 이영표에게 절대로 볼을 넘겨주지 않았다. 어찌 보면 애들 장난처럼 보이기도 하지만 프리미어리그에선 그런 장면을 아주 흔하게 볼 수 있다. 지금이야 볼턴의 간판스타로 떠올랐지만 이청용도 처음에는 좀처럼 동료들의 지원을 받지 못했다. 분명히 좋은 위치를 점하고 있는데 동료들의 패스는 이청용의 반대편을 향하기 일쑤였다. 덩달아 이청용을 영입한 게리 멕슨 감독의 입지가 시즌 초반부터 마구 흔들렸다. 선덜랜드와의 개막전 패배 후 이어진 승격팀 헐 시티 원정에서도 져버려 시즌 개막 두 경기만에 경질이란 단어가 튀어나올 정도였다.

2009년 8월 25일 칼링컵 트랜미어전 출전 이후 A매치 주간과 벤치 잔류가 이어지면서 이청용은 한 달 가까이 출전 기회를 잡지 못했다. 덩달아 팀 분위기도 떨어졌다. 개막전vs 선덜랜드에 이어 리버풀2-3패, 스토크 시티1-1무로 이어진 세 경기까지 정작 잘 보여야 할 홈 관중 앞에서 맥을 추지 못하자 팬들의 불만이 쌓여갔다. 그런 분위기 속에 볼턴은 9월 22일 시즌 네 번째 홈 경기칼링컵 32강전에서 웨스트 햄을 상대했다. 소위 '필승 경기Must-win game'였다. 그런데 볼턴의 '홈 무기력증'은 역시나(?) 기대를 져버리지 않았다. 후반 14분 웨스트 햄의 헤리타 일룽가에게 선제 실점을 허용해 0-1로 끌려가기 시작했다. 관중석에선 짜증을 듬뿍 담은 야유가 터져 나왔다. 애가 타는 멕슨 감독은 10분 뒤 이청용을 투입시켰다. 이청용은 활발한 움직임으로 팀의 반격을 도왔고 결국 경기 종료 4분 전

이청용이 리복 스타디움 가까운 곳에 얻은 2층짜리 단독 주택에서 조원희 선배와 차린 진수성찬(?).

케빈 데이비스의 극적인 동점골이 터져 나오며 경기는 연장전에 돌입했다. 연장 전반 6분 만에 게리 케이힐의 득점으로 볼턴은 승부를 뒤집는 데 성공했고, 연장 29분 이청용이 완벽한 드리블 돌파로 요한 엘만데르의 팀 세 번째 득점을 도우며 잉글랜드 무대 첫 공격 포인트를 기록했다. 멕슨 감독에게도, 볼턴에게도, 그리고 무엇보다 이청용 개인에게도 너무나 소중한 승리였다.

그의 첫 도움이 너무나 기쁠 수밖에 없었던 또 하나의 이유는 이날 한국에서 날아온 선배와 함께 이청용의 집에서 하룻밤 신세를 지기로 했기 때문이었다. 선수 측에서 흔쾌히 제공한 기회였지만 당일 경기 결과가 좋지 않아 집 주인이 우울해 하면 아무래도 손님 입장에선 엉덩이가 불편해질 수밖에 없지 않나. 일행과 함께 이청용의 보금자리에 도착했다. 아무래도 좋은 일이 있었던 만큼 경기가 끝나고도 경기장에서 볼일이 많았는지 이청용은 아직 도착 전이었다.

웨스트 햄을 상대한 시즌 네 번째 홈 경기에서 이청용이 득점 연결에 수훈을 세운 날. 필자가 이청용의 집에서 그를 만났다. 팀 승리로 인해 얼굴에서 미소가 떠나지 않았다.

이사한 지 사흘밖에 안 되는 그야말로 '새 집'이었다. 잉글랜드에 도착해 지금까지 한 달여 가량을 호텔에서 지낸 이청용은 리복 스타디움에서 가까운 곳에 2층짜리 단독주택을 얻었다. 청년 한 명이 살기에는 집이 너무 컸지만 가끔이라도 영국에 와야 할 가족이나 손님까지 생각해 제법 큰 집을 구했단다. 방 5개, 주방, 다이닝 공간, 작은 정원으로 꾸며진 뒤뜰까지 조용한 시골 마을의 완벽한 전원주택이었다. 전화는 물론 인터넷, TV 등 아무것도 갖춰져 있지 않은 문자 그대로 '새 집'이었다.

이청용의 적응을 돕고 있던 현지 매니저와 첫 공격포인트에 대한 이야기를 주고 받고 있는 사이 이청용이 집에 도착했다. 깔끔한 정장 차림으로 문을 열고 들어오는 이청용의 얼굴에서 행복한 미소를 확인할 수 있었다. 연장전으로 이어졌던 경기를 뛴 탓에 잔뜩 피곤해 보였지만 팀이 모처럼 이긴 것에 대해 선수 본인도 즐거워했다. 아무리 기자가 껄끄러운 존재라고 해도 이런 이국 땅에서 만나게 되면 반가울 수밖에 없나 보다.

천신만고 끝에 시즌 홈 첫 승을 거둔 멕슨 감독에게 웨스트 햄전에서 이청용이 보여준 플레이는 굉장히 강한 인상을 남겨줬나 보다. 경기로부터 나흘 뒤 벌어진 버밍엄 시티 원정 명단에 이청용은 다시 이름을 올렸다.

반전된 팀 분위기를 말해주듯 볼턴은 경기 시작 10분 만에 타미르 코헨이 선제골을 넣으며 앞서갔다. 버밍엄 시티가 무섭게 반격해왔지만 볼턴은 집중력 있는 수비로 잘 버텨냈고, 용기를 얻은 멕슨 감독은 힌 골 앞서던 후반 9분 공격수 이청용을 투입시키며 빠른 역습을 통한 추가골 기회를 엿봤다. 하지만 후반 39분 '득점의 달인' 케빈 필립스가 홈 팬들을 열광시키는 동점골을 터트렸다. 아뿔싸! 골의 빌미를 제공한 게 바로 이청용이었다. 분위기를 타고 올라서야 할 경기에서 결정적 실수를 저지르다니 보는 사람으로 하여금 너무나 안타까운 상황이었다.

물론 누구보다 이청용 본인이 안타까워했다. 자신의 실수로 빼앗긴 볼이 그대로 동점골로 이어지자 이청용은 상반신을 앞으로 숙이고 양손으로 머리를 감싸 안았다. 응원차 버밍엄까지 따라와주신 부모님 앞에서 이런 실수를 저지르다니 평소 어른 잘 모시기로 소문난 이청용에겐 너무나 잔인한 시나리오였다. 자신을 믿고 경기에 일찍 투입시켜준 멕슨 감독의 얼굴을 쳐다보기도 미안해질 만한 상황이라는 게 불안감을 더했다. 만약 이대로 경기가 무승부 또는 역전이라도 당하는 날에는 이청용은 출전 기회를 기대하기가 힘들어질 게 뻔했다. 주어진 기회를 스스로 차버리는 선수에겐 두 번 다시 명예 회복의 기회가 주어지지 않는 게 프리미어리그의 불문율이었다. 비싼 값을 치르고 데려온 스타플레이어라면 모를까 이청용처럼 완전한 '미스터 노바디'라면 이후 결과가 더더욱 뻔했다.

그러나 불과 2분 뒤 이청용은 자신의 운명을 바꿔놓고야 말았다. 그것도 빈대떡 뒤집듯 '폴짝' 뒤집었다. 무승부로 끝날 것 같은 분위기가 짙어지던 후반 41분 볼턴이 아크 정면 오른쪽에서 프리킥 기회를 얻었다. '명품 왼발' 매튜 테일러가 정교한 프리킥은 수비 벽을 넘어 버밍엄의 오른쪽 골대를 맞힌 뒤 골문 앞에 있던 이청용의 앞으로 떨어졌다. 하지만 이청용이 몸으로 떨궈놓은 볼을 향해 버밍엄 시티의 수비수 두 명이 필사적으로 다리를 뻗으며 몸을 날렸다. 그 장면을 보면서 솔직히 "젠장, 막혔어"라는 말이 탄식과 함께 입에서 새어 나왔다. 그런데 이게 웬일인가. 열이면 아홉은 그냥 우격다짐으로 밀어 넣을 만한 장면에서 이청용은 오른발을 뻗어 볼을 툭 차올려 자신의 왼쪽으로 가져다 놓았고, 블로킹하려던 수비수 두 명의 네 다리는 허공만 가른 뒤 허탈하게 땅에 떨어졌다. 몸을 돌린 이청용은 다시 한 번 왼발로 볼을 잡아놓은 뒤 아무도 없는 골문 안으로 가볍게 밀어넣었다. 너무나 급박한 상황에서 이제 겨우 스무 살을 넘긴 선수가 어쩌면 그렇게 침착해질 수 있는지 도저히 믿을 수가 없었다.

눈앞에서 슬로비디오처럼 벌어진 장면을 목격한 볼턴의 원정 팬들은 한껏 죽였던 숨을 한꺼번에 터트려내며 포효하는 이청용을 향해 열광했다. 볼턴의 모든 선수들도 이청용을 향해 달려와 한 겹 쌓이고 두 겹 쌓이며 승리로 가득 찬 작은 인간 언덕을 만들었다. 2분 전 동점골의 역적이 엔도르핀이 마구마구 분비되는 원정 역전승리의 영웅으로 '급변신'했다. 너무 멀어서 '극極'자까지 붙은 극동아시아에서 날아온 검은 머리 신입생이 이제야 볼턴 덩치들의 패밀리로 가입되는 순간이기도 했다. 단순히 이청용이라서 더 대단해 보이는 게 아니었다. 이 득점 장면은 볼턴의 2009/2010시즌을 상징했다. 리복 스타디움 안에 있는 기자실의 한쪽 벽에도 이청용의 버밍엄 시티전 골 장면을 담은 사진이 당당히 걸려 있다.

★ 어머니의 김치찌개가 이청용의 프리미어리그 데뷔골을 만들었다?

한국 사람에게 가장 좋은 것은 역시 한국 음식. 외국에 나와 빵과 고기를 아침부터 먹어대는, 특히나 영국처럼 음식이 맛없기로 소문난 나라에서는 더더욱 한국 음식이 그리울 수 밖에 없다. 혀와 위에서 칼칼하고 매콤한 음식을 애타게 찾는다. 이청용이 가장 좋아하는 음식은 바로 김치찌개. 특히 어머니가 손수 끓여주는 김치찌개를 최고로 꼽는다. 이청용은 볼턴 구단에 입단하고 난 후 한동안 집을 장만하기 전까지 호텔에서만 살아야 했다. 경기장에 딸린 호텔로 고급 호텔로 손꼽히는 곳이지만, 다른 것은 몰라도 시간이 지날수록 한국 음식이 간절히 생각날 수 밖에 없었다. 그나마 볼턴에서 30분 정도 달리면 도착하는 맨체스터에는 4곳 정도의 한국 식당이 있지만 볼턴에는 단 한 곳도 없다. 외식도 한두 번, 한국 음식이 그리울 때마다 맨체스터에 갈 수도 없는 노릇이었다. 영국 생활조차 아직 익숙지 않았던 탓에 직접 장을 보러 간다는 것은 엄두도 내지 못할 상황이었다.

다행히 새 집을 장만하고 며칠 지나지 않아 기다리던 부모님께서 볼턴에 오셨다. 부모님을 만난 기쁨과 더불어 이청용은 드디어 그립고 그립던 어머니의 손맛까지 맛볼 수 있었다. 얼큰한 김치찌개가 속을 꽉 채워주는 바로 이 맛, 화끈 달아오르는 이 맛에 이제야 제대로 음식 같은 것을 먹은 든든한 기분이 들었을 정도다. 따끈한 엄마손 김치찌개를 먹고 나니 힘이 펄펄 난 이청용. 공교롭게 다음 날 이청용은 버밍엄시티를 상대로 데뷔골을 넣었다. 그야말로 버밍엄시티를 상대로 한국의 매운맛을 그대로 보여준 셈이었다.

 ★ 골키퍼라고 골문만 지키라는 법 있나?

버밍엄 시티전에서 터진 역전골도 극적이었지만 골키퍼가 터트리는 골만큼 최고의 볼거리도 없다. 골을 지키는 것으로도 모자라 직접 골까지 터트린 '욕심 쟁이' 골키퍼들을 소개한다.

지미 글라스 (1999년 5월 8일, 칼라일 2-1 플리머스)

1998/1999시즌 스윈든 소속의 지미 글라스는 당시 4부 리그 소속이었던 칼라일로 임대되어왔다. 리그 24위 칼라일은 시즌 최종전에서 무조건 승리하고 23위인 스카브러가 비기거나 지기를 바라야 하는 절체절명의 상황이었다. 스카브러가 1-1로 경기를 마쳤다는 타 구장 소식이 전해졌지만, 정작 칼라일은 후반 추가시간 종료 10초 전까지 1-1로 승부를 가리지 못했다. 하지만 마지막 코너킥 공격에서 공격에 가담한 글라스가 골을 터트려 칼라일은 극적으로 리그 잔류에 성공했다. 이 골은 영국 축구 역사상 가장 극적인 골로 평가받는다.

호세 루이스 칠라베르트 (1999년 11월 29일, 벨레스 사스필드 6-1 페로 카릴 오에스테)

파라과이의 수호신 칠라베르트는 정교한 킥 능력으로 페널티킥뿐만 아니라 프리킥으로도 상대 골문을 뚫어내며 공포의 대상으로 군림했다. 최고의 하이라이트는 1999년 11월에 찾아왔던 아르헨티나 명문 벨레스 사스필드(김귀현의 소속팀) 소속으로 나선 페로 카릴 오에스테와의 경기에서 페널티킥으로만 3골을 터트려 축구 역사상 해트트릭을 기록한 최초의 골키퍼로 역사에 남았다. 2004년 현역에서 은퇴할 때까지 칠라베르트의 프로 통산 기록은 546경기 62골이었다. 참고로 2010/2011시즌 종료시점까지 박지성의 프로 통산 득점수는 53골.

찰리 윌리엄스 (1900년 4월 14일, 선덜랜드 1-3 맨체스터 시티)

맨체스터 시티의 수문장 윌리엄스는 1부 리그 역사상 골을 기록한 최초의 골키퍼이다. 1900년 4월 14일 선덜랜드 원정에서 윌리엄스가 자기 진영에서 힘껏 걷어낸 볼이 그대로 선덜랜드 골문 안으로 들어갔다. 윌리엄스의 골에 힘입은 맨체스터 시티가 당시 경기에서 3-1로 승리했다.

3. 희망에서 절망으로

이청용이 영국으로 오기 전, 한국 선수들 중 유럽진출 가능성이 높은 선수를 꼽으라면 늘 1순위는 기성용이었다. K리그 팬들 사이에서 '쌍용'으로 불리며 큰 인기만큼이나 기대를 한 몸에 받았던 기성용은 2009년 중반 일찌감치 스코틀랜드의 절대강자 셀틱과 이적에 합의한 뒤 그 해 12월 드디어 새로운 세상 글래스고에 발을 내디뎠다.

국내 팬들은 스코틀랜드 리그의 수준을 이유로 "더 높은 곳으로 가야 한다"라며 아쉬워했다. 솔직히 그 소리를 처음 듣고 깜짝 놀랐다. 천하의 셀틱이 대한민국에서는 찬밥 신세를 면치 못한다는 사실이 흥미롭게 느껴지기도 했다. 최근 들어 많이 위축되긴 했지만 셀틱은 유럽 축구 역사에서 빠질 수 없는 위대한 이름이다. 특히 1967년 셀틱은 유러피언컵현 UEFA챔피언스리그에서 영국 축구 클럽 최초로 우승을 차지하며 역사의 한 획을 그었다. 당시의 노스탤지어는 지금까지 그대로 남아있어 현재의 전력 여부와 상관없이 셀틱은 전세계 어디를 가나 주목

받는 세계적 인기 클럽으로 사랑 받고 있다. 이런 대단한 클럽에 입단하게 되었는데도 한국에서는 그런 논란이 일어날 줄은 꿈에도 생각하지 못했다.

셀틱 소속 선수들이 누리는 가장 큰 혜택은 바로 언론의 관심도다. 아무리 스코티시 프리미어리그가 쇠약해졌다고 해도 영국의 모든 언론은 셀틱과 그 라이벌 레인저스를 언제나 높은 우선순위로 다룬다. 선수 입장에서는 미디어에 자주 노출될수록 몸값이 유리하게 형성되니 이보다 더 좋은 환경을 찾기란 쉽지 않다. 같은 실력이면 아무래도 좀 더 유명한 선수가 유리하다는 시장 속성 덕분이다. 자고로 마케팅과 브랜드의 시대 아닌가! 기성용도 마찬가지였다. 이례적으로 한국에서 치러진 공식 입단식 소식도 영국 언론에서 다루어졌다. 기성용이 언제 비행기를 타서 글래스고 공항에 도착하는지도 보도되었을 정도다. 한국 언론에서도 소개되었지만, 기성용이 글래스고에 도착하던 날 스코틀랜드의 주요 언론은 직접 공항에 진을 치고 한국인 선수의 입국 모습을 생생히 TV카메라에 담았다. 금상첨화 호주에서 소년 시절을 보낸 기성용이 영어로 자기 소개와 셀틱 입단 소감까지 밝히니 스코틀랜드 현지 팬들의 관심도가 높아질 수밖에 없었다. 사족이지만, 영국에서는 으레 동양인 선수는 영어를 한 마디도 하지 못할 거라는 편견이 강하게 남아있다. 박지성이 현장에서 영어로 인터뷰에 응할 때마다 그 모습을 본 영국 기자들은 매번 나에게 "박지성이 영어를 저렇게 잘하는 줄 몰랐다"며 놀랐다는 표정을 짓곤 한다.

신년 새해였지만 기성용에게는 쉴 틈이 없었다. 스코틀랜드 생활에 적응하랴, 팀 훈련에 참여하랴, 들쭉날쭉한 날씨에 맞추랴, 그는 정신이 없었다. 글래스고 시내에서 훈련장까지는 자동차로 대략 30분 정도 걸린다. 유서 깊은 홈 경기장인 셀틱 파크는 시내 중심가에 있지만 기성용은 클럽하우스와 훈련시설이

셀틱의 레녹스타운 훈련구장 모습.

있는 레녹스타운Lennox Town에 새 보금자리를 잡았다. 다운타운영어로 쓰면 그럴 듯해 보이는데 우리 식으로 말하면 '읍내'다도 형성되어 있지 않은 전형적인 스코틀랜드의 시골 마을이다. 산과 들판이 있고 양떼들이 뛰어노는 그런 곳이다. '레녹스타운 트레이닝 센터'를 찾아 들어가는 길은 동네 주민이 아니면 찾아가기 거의 불가능할 정도로 어렵다. 꽁꽁 숨어있다는 표현이 어울릴 정도. 이 훈련장은 2007년 10월 9일 공식 개장했다. 총 공사비만 800만 파운드약 160억 원가 소요됐다. 훈련장 정문을 통과하면 양쪽으로 대형 그라운드가 눈에 들어와 시원함을 느낄 수 있다. 유럽축구연맹UEFA의 정규 경기장 기준에 준하는 천연잔디 그라운드 3개 면과 실내 인조잔디 면을 합쳐 총 5개 면을 갖추고 있다. 골키퍼를 위한 전용 훈련장은 레녹스타운 트레이닝 센터의 자랑이다. 훈련장 본관 건물 내부에는 피트니스 센터, 의무시설, 사우나, 재활수영장과 기자회견장 등이 준비되어 있다. 교외에 있는 만큼 훈련장에서 바라보는 맞은편 산등성이의 경치는 그야말로 한 폭의 그림 같다. 뼛속까지 시릴 정도로 으슬으슬 추운 것만 빼고는 판타스틱!

기성용은 1월 16일 홈구장 셀틱 파크에서 열린 펄커크와의 홈경기에서 스코틀랜드 무대 데뷔전을 치렀다. 기다리던 데뷔전에 나선 기성용은 전혀 주눅들지 않았다. 기성용을 선택한 토니 모브레이 감독의 얼굴 표정에서도 만족스러움이 묻어났다. 기성용은 장기인 정확한 롱패스로 상대의 좌우 측면을 허물어 공격에 힘을 보탰고 몸싸움에서도 밀리지 않았다. 예리한 프리킥과 코너킥으로 기성용은 전반 13분과 후반 30분 공격수 포르투네의 머리에 정확히 볼을 배달했지만 헤딩슛은 모두 골대를 벗어나면서 아쉽게 기성용은 공격 포인트 작성 기회를 놓치고 말았다. 하지만, 팀 동료들 모두 기성용의 기량에 놀라는 눈치였다. 나이도 어린데다 동양에서 왔다는 핸디캡을 보기 좋게 날려 버렸다. 숫자로 남은 공격 포인트를 기록하진 못했지만 경기가 끝난 후 느낌은 상쾌했다. 그러나 호사다마였다. 기성용은 당시 경기에서 후반 22분 부상을 당했다. 긴장감이 온 몸을 지배할 수 없는 데뷔전이었기에 참고 뛰겠다며 어금니를 꽉 깨물었고, 더군다나 다친 시점에서 셀틱은 이미 교체 카드를 모두 써버렸기 때문에 어쩔 수 없이 기성용은 경기 종료까지 뛰어야 했다. 이후 기성용은 당시를 회상하면서 "정말 속상했어요. 하지만 돌이킬 수도 없잖아요"라며 쓰디쓴 입맛을 다졌다. 결국 기성용은 데뷔전 이후 2주간 결장해야 했다.

웨스트 브로미치 앨비언 시절 김두현을 영입했던 모브레이 감독은 기성용을 전폭적으로 신뢰했다. 모브레이 감독은 부상에서 회복되자마자 기성용의 실전 감각 회복을 위해 곧바로 경기에 투입시켰다. 하지만, 당시 셀틱 상황이 기성용의 마음과 희망과는 정반대를 향해 치닫고 있었다. 공교롭게도 기성용 합류 시점과 동시에 성적이 떨어지기 시작한 것이다. 홈에서 히버니언에게 패했고 킬마녹 원정에서도 승점을 떨어트렸다. 그리곤 2월 말 벌어진 올드 펌에서도 완패 당하고 말았다. 경질설이 슬금슬금 고개를 들기 시작하던 3월 24일 세인트 미렌과 원정에서 셀틱은 무려 4골을 내주는 치욕을 맛봤다. 바로 이튿날 구단은 모브레이 감독을 경질했다고 공식 발표했다.

팀의 추락에서 기성용도 화를 면할 수 없었다. 대패했던 세인트 미렌 경기에서 기성용은 가장 먼저 교체 아웃되었다. 데뷔전에서 보여줬던 신선함이 재현되지 않자 셀틱 팬들도 기성용을 도끼눈으로 쳐다보기 시작했다. 당시 경기 중계진도 "매번 볼을 잡는 타이밍이 늦다. 셀틱이 볼 점유율이 월등히 높은 상황에서는 빠른 속도로 동료 선수와 패스를 이어가면서 상대편 수비를 흔들어야 한다"며 기성용이 자신의 역할을 제대로 수행하지 못하고 있다며 날카롭게 지적했다. 자신을 철썩 같이 믿어줬던 모브레이 감독도 경질된 마딩에 경기력까지 떨어지니 기성용은 그야말로 가시방석에 앉아있는 꼴이었다. 모브레이에 이어 닐 레넌 수석 코치가 감독 대행 자리에 올랐다. 빨간 머리털이 상징하듯 그는 불 같은 성격의 소유자였다. 스코틀랜드 축구를 상징한다고도 할 수 있는 그런 인물이었다. 지휘봉을 잡은 레넌 감독은 기성용을 벤치로 내리고 좀처럼 기회를 주지 않았다.

레넌 감독이 시즌 종료까지 기성용을 경기에 투입시킨 것은 네덜란드 AZ알크마르와 가졌던 평가전뿐이었다. 1군 멤버들이 대거 빠지고 그 동안 경기를 뛰지 못했던 후보 선수들이 출전하게 되었는데 그 중에 한 명이 기성용이었던 것이다. 열심히 무언가 해 보려고 하는 기성용이었지만 너무 오랜만에 그라운드에 나선 탓에 그의 몸은 천근만근이었다. 경기 후 모처럼 기성용을 만났다. 하지만 그의 얼굴은 말이 아니었다. 큰 꿈을 품고 온 해외 리그에서 마음 고생이 심하다는 것은 굳이 물어보지 않아도 그의 얼굴만으로도 확인할 수 있었다. 준비를 열심히 하겠다는 말, 알크마르전이 좋은 경험이었다고 말하고 있지만 그가 얼마나 힘겨운 시간을 보내고 있는지 충분히 느낄 수 있었다.

2009/2010시즌이 막판으로 접어들면서 기성용은 한국에서 날아온 TV방송사들의 인터뷰 요청을 많이 받았다. 시즌 종료와 함께 시작되는 2010 FIFA 남아공 월드컵을 대비한 특집 프로그램 제작을 위해서였다. 하지만 인터뷰에 나서는 기성용의 표정은 먹구름만 잔뜩 끼어 있었다. 멀리 한국에서 날아와 파이팅 넘치는 기성용의 각오를 들어야 하는 TV방송사 취재진으로서는 정말 안타까운 상황이 아닐 수 없었다. 당시 기성용이 바라는 것은 오직 하나밖에 없었다. 하루빨리 힘든 글래스고에서 탈출해 대한민국 국가대표팀에 합류해 마음껏 자기가 하고 싶은 축구를 선보이는 일뿐이었다.

★ 영국 축구 최고의 더비 '올드 펌'

기성용과 차두리가 활약하는 셀틱은 연고지(글래스고)를 공유하는 레인저스와의 맞대결 '올드 펌(The Old Firm) 더비'의 주인공이다. 푸른 색의 레인저스가 1872년 먼저 창단되었고 녹색의 셀틱이 1888년 생겨나 세기의 맞대결이 탄생했다. '올드 펌'이란 명칭이 처음 사용된 것은 1904년 양팀이 맞붙었던 스코티시컵 결승전부터였다. 당시 '스코티시 레프리'라는 스포츠 잡지가 결승전을 소개하기 위해 게재했던 카툰에서 유래된 이름이다. 양팀간 치열한 라이벌 의식을 부추긴 것은 종교적 차이였다. 레인저스는 개신교, 셀틱은 가톨릭으로 양분되었다. 레인저스는 20세기 초부터 1980년대까지 가톨릭 신자 선수를 뽑지 않았다. 1989년 영입한 셀틱 출신의 모 존슨이 창단 이래 첫 공식 가톨릭 신자였을 정도로 양팀 사이에는 금단의 벽이 한 세기 가깝게 지켜졌다. 지금도 라이벌 의식은 여진하다. 스코티시 프리미어리그 운영방식상 양팀은 매 시즌 최소 4번 이상 만날 정도로 자주 상대하지만 그때마다 경기장에서는 불꽃이 튄다. 선수들은 물론 팬들 사이에서의 으르렁거림은 심각한 수준이다. 글래스고 시내에서 멋모르고 레인저스나 셀틱의 유니폼을 입고 다니는 동양 배낭 여행객은 봉변을 당하기 십상이다. 같은 팀의 팬을 만나면 금방 친해질 수 있지만 만에 하나 다소 불량한 상대팀 팬과 길거리에서 마주치면 침을 뱉거나 인종차별을 당하는 경우도 적지 않다. 영어를 전혀 못 알아듣는 게 편할 수도! 올드 펌 통산 전적(2010/2011시즌까지)은 395전 157승 143패 95무로 레인저스가 근소하게 앞서있다.

기성용 '올드 펌' 출전 경기 (2010/2011시즌 기준)

2010.2.28 레인저스 1-0 셀틱

2010.10.24 셀틱 1-3 레인저스 (1도움)

2011.2.6 레인저스 2-2 셀틱

2011.2.20 셀틱 3-0 레인저스

2011.3.2 셀틱 1-0 레인저스 [스코티시컵]

2011.3.20 셀틱 1-2 레인저스 [리그컵 결승전]

2011.4.11 레인저스 0-0 셀틱

차두리 '올드 펌' 출전 경기 (2010/2011시즌 기준)

없음 ➡ 희한한 기록!

 ★ 영국TV중계진의 말실수 퍼레이드

영국에서는 프리미어리그뿐만 아니라 하위 리그 경기까지 빠지지 않고 실시간으로 방송된다. 경기가 열리는 토요일 하루에만 영국 각지에서 40경기 정도가 동시에 열리니 스포츠 뉴스만 보고 있어도 정신이 쏙 빠질 정도다. 그러다 보니 전국 각지에서 경기 소식을 전해오는 중계진이나 리포터들도 정신없이 바쁘다. 당연히 말 실수에 의한 방송사고도 많다. 재미나고 엉뚱한 방송사고를 모아봤다.

"자, 오늘 정말 축구 경기가 많았습니다. 우선 먼저 스코티시 리그컵 결승전 하이라이트부터 보시죠!" (축구 하이라이트 프로그램에서는 보통 결승전을 가장 나중에 보여주는 게 정상일 텐데.)

"머지사이드 더비는 보통 90분 경기로 치러지죠. 오늘도 그럴 거예요." (이게 무슨 당연한 소리?!)

"노르웨이의 로젠보리는 지난 시즌 자그마치 66경기에서 승리를 거뒀어요. 더 대단한 건 66경기에서 전부 골을 뽑아냈다는 사실입니다."(축구란 골을 넣어야 이길 수 있는 종목)

"게리 리네커가 시즌 37호 골을 터트렸습니다! 지난 시즌 득점수의 정확히 두 배네요."(37은 홀수!)

"0-0으로 끝난 경기에서 방금 캐로우 로드(축구팀 이름)가 골을 넣었네요!"(뭔 소리야?)

"경기 중 볼을 얻는 방법은 두 가지죠. 우선 자기 동료에게 패스를 받는 방법이 있습니다. 그 외엔 없죠."('두 가지'라면서!)

(인터뷰 중) "축구계를 떠난 후에는 무슨 일을 하실 계획인가요? 축구와 관련된 일을 하실 생각이신가요?"(분명히 축구계를 떠난다고 말했는데, 또 '축구 관련 일'을 할거냐고 묻는 리포터의 어이없는 재치!)

4. 청용 리, 청용 리, 청종 리

시즌 종료를 한 달여 앞두고 볼턴의 미디어 담당자로부터 연락이 왔다. 시즌 최종전 후 볼턴 구단의 '시즌 어워즈' 행사가 있는데 참여해줄 수 있냐는 문의였다. 웬일인지 한국인 통역까지 구해놨단다. 당연히 참석하겠다고 대답했다. 이청용이 〈이보다 더 좋을 수 없다〉라는 영화 제목 같은 데뷔 시즌을 보낸 터였기 때문에 수상에 대한 기대감이 컸다.

2010년 5월 9일 프리미어리그의 최종전 10경기가 잉글랜드 전국 각지에서 열렸다. 취재 우선순위 탓에 볼턴이 아닌 맨체스터 유나이티드의 최종전 현장에서 시즌의 마지막 취재를 마쳤다. 경기가 끝나자마자 부리나케 볼턴으로 자동차를 몰았다. 다행히 시상식 시작이 늦은 저녁이었기에 시간을 맞출 수 있었지만 드레스코드에 신경 쓰느라 갈아입은 정장과 나비넥타이가 영 어색했다. 어색함이 잔뜩 묻어나는 내 모습을 백미러로 확인한 후 조심스럽게 행사장으로 이동했다.

행사장은 리복 스타디움에 딸린 프리미어 스위트였다. 이런 종류의 행사는

볼턴 어워즈 행사장에서 코일 감독의 장난으로 당나귀 옷을 입은 이청용.

물론 종종 복싱 매치가 열리기도 하는 곳이다. 행사장 안에 들어갔을 때에는 이미 만석에 가까웠다. 이날 행사장에 초대받은 인원은 총 700여 명. 주인공인 선수단과 그 가족을 비롯해 구단 직원, 스폰서 관계자들이 행사장을 가득 메웠다. 행사장 직원의 안내를 받아 찾아간 테이블에는 이청용이 어머니, 여동생과 함께 나란히 앉아 있었다. 난생 처음 보는 정장 차림의 서로를 보자 "이거 완전 어색해"라는 쑥스러운 인사말이 절로 나왔다. 아무리 스타플레이어라고 해도 이청용 역시 이런 서양식 파티 분위기가 어색하긴 마찬가지였다. 예정보다 30분 정도 늦게 시작된 행사는 코일 감독과 선수들의 입장으로 시작됐다.

모든 사람들이 자리에 착석하고 사회자의 소개에 가장 먼저 코일 감독이 단상에 올라 시즌을 마감하는 소감을 전했다. 코일 감독의 인사말은 꽤나 길게 이어졌다. 자기 자신도 시즌 도중 배신자 소리를 들어가며 옮겨왔던 볼턴에서의 첫 시즌엄밀히 따지면 '반' 시즌에 대한 감회가 새로웠나 보다. 대충 마무리되는가 싶었는데 코일 감독이 갑자기 "청이!"를 외쳤다. 행사장 내 모든 시선이 이청용이 앉아있는 테이블로 쏠렸다.

"지금 이 자리에 말귀를 잘 알아 듣지 못하는 친구가 한 명 있습니다. 내가 오늘 그 친구한테 꼭 당나귀 옷을 입혀야겠어요!"

이게 웬 귀신 씻나락 까먹는 소리? 이청용도 분위기 파악이 전혀 안 된 탓에 '어리둥절'이다. 당황해 하는 이청용의 모습이 장내 설치된 대형 스크린에 잡히자 사람들은 더욱 재미있어 하며 이청용에게 빨리 무대로 올라가라고 손짓을 해댔다. 뭔진 잘 모르겠지만 하여튼 분위기를 맞춰야 한다는 생각이 들

볼턴 어워즈의 주인공은 이청용이었다.

었는지 이청용이 자리에서 느릿느릿 일어나 무대 위로 올라갔다. 이청용이 다가오자 코일 감독은 준비한 녹색과 노랑색으로 우스꽝스럽게 생긴 당나귀 옷을 건넸다. 특유의 덧니를 드러내며 이청용이 무대 위에서 주섬주섬 당나귀로 변신해가자 테이블 이곳 저곳에서 킥킥, 하하, 호호 웃음보가 터지기 시작했다. 설상가상 행사 진행자가 "오늘 행사가 끝날 때까지 그 옷은 절대로 벗으면 안됩니다!"라고 거든 탓에 '청용' 당나귀는 그 모습 그대로 테이블에 와 앉았다. 조금 전까저 내 옆에 있던 자랑스러운 태극전사는 온데간데없이 동키 한 마리가 앉아있다니! 자리에 앉아 민망한 표정을 짓던 이청용이 갑자기 "맞다, 그거!"라며 손바닥으로 자기 무릎을 내려쳤다. 무슨 영문인지 몰라 연유를 묻자 이청용은 "아~ 내

가 속았어. 내 이럴 줄 알았어 정말"이라며 막 웃어댔다.

"원래 훈련할 때마다 그날 잘 못하는 선수들에게 이 당나귀 옷을 입히거든요. 마지막 훈련하는데 감독님께서 나한테 흰색 깃발 쪽으로 뛰라고 하시는 거예요. 그래서 나는 그런가 보다 하고 흰색 쪽으로 뛰었죠. 그런데 뛰다 보니까 이게 파란색으로 바뀌어 있는 거예요. 그땐 이게 뭔 일인가 싶었지만 뭐 아무 소리도 없길래 그냥 넘어갔죠. 오늘 보니까 나한테 이 옷을 입히려고 일부러 감독님께서 깃발을 몰래 바꿔놓으신 거네요. 나를 걸리게 만들려고요. 하하하."

코일 감독은 성격이 워낙 유쾌하고 적극적이어서 볼턴은 훈련 내내 떠들썩하다. 모든 훈련을 마이크 필란 수석코치에게 일임하고 느긋하게 지켜보는 맨유의 알렉스 퍼거슨 감독과는 천지차이다. 코일 감독은 미니게임에도 직접 들어가 선수들과 태클을 걸고 몸싸움을 해댄다. 특히 코일 감독은 마냥 꼬마 같아 보이는 이청용을 곧잘 장난의 대상으로 삼는다. 하지만 영리하기로 소문난 이청용이 코일 감독의 억센 스코틀랜드 사투리를 못 알아듣는다고 훈련에서 문제를 일으킬 리가 만무하다. 아마도 자기 말을 하나도 알아듣지 못하면서도 시키면 실수 없이 다 통과해버리는 이청용이 얄미워서라도 단단히 별렀던 모양이다. 어쨌든 코일 감독의 장난 덕분에 이청용은 이날 행사의 시작부터 히어로가 되었다.

코일 감독에 이어 필 가츠사이드 구단주 그리고 메인 스폰서의 환영사가 끝이 나고 기다리고 기다리던 저녁 식사가 이어졌다. 닭고기와 감자로 된 메인 코스였고 달달한 디저트까지 서빙되는 근사한 코스였다. 식사가 끝날 즈음, 장내 정리를 위해 진행자가 다시 분위기를 띄우는 게임을 시작했다. 한바탕 웃음 바다가 지나고 나서야 본격적인 '볼턴 어워즈' 행사가 시작되었다. 큰 상은 아니더라도 한국어 통역과 기자까지 불렀으니 이청용이 최소한 하나 정도는 받겠구나 싶은 기대를 하고 있었다. 하지만 예상은 여지없이 빗나갔다. 아니 빗나가도 한참 빗나가버렸다.

맨 처음 언론이 선정한 선수 후보 중 하나로 이청용의 이름이 호명되었다. 수상자는 중앙 수비를 책임졌던 개리 케이힐이었다. 아쉽지만 후보에 올랐다는 사실 자체만으로도 충분히 축하하고도 남을 일이었다. 곧이어 최고 공격수에게 주어지는 '골든 부츠' 부문에서도 이청용이 이름을 올렸다. 팀의 주장 마크 데이비스가 시즌 '골든 부

볼턴 어워즈에서 이청용은 올해의 영입, 선수가 뽑은 올해의 선수, 최고 활약 3인, 올해의 선수 부문의 상을 수상했다. 이청용의 노력과 땀의 대가였다.

츠'의 영예를 안았다. 그리고 이어진 부문은 이청용의 수상이 유력한 '올해의 영입'이었다. 이반 클라스니치와 잿 나이트도 함께 후보로 선정되었다. 수여자로 나선 스폰서 관계자의 입에서 어눌한 발음 "청용 리"가 외쳐졌고 행사장 내에선 큰 박수가 터져 나왔다. 관점에 따라 의미 부여가 달라질 수 있겠지만, 어쨌든 불안감을 품고 훌쩍 떠나온 이청용으로선 값진 보상이 아닐 수 없었다. 하지만, 이 상은 이날의 시작에 불과했다. 구단 식구들에게 감사의 인사를 전하는 기쁨도 잠시, 이청용은 '선수가 뽑은 올해의 선수', '최고 활약 3인'에 연거푸 주인공이 되었다. 간판스타 케빈 데이비스보다도 더 큰 주목을 한 몸에 받은 이청용은 기쁘면서도 얼떨떨한 표정을 감추지 못했다. 함께 앉아있는 테이블에 모든

이목이 집중되는 바람에 나조차 어깨가 으쓱해질 정도였다.

그리곤 이번 행사의 대미인 '올해의 선수' 부문의 시상이 이어졌다. 역시 이청용은 이번에도 후보로 이름을 올렸다. 이미 상을 3개씩이나 받은 터라 이청용도 더 이상 바랄 게 없다는 듯이 부담을 떨친 채 분위기를 즐기고 있었다. 제아무리 뛰어난 활약을 했다고 해도 설마 이번 시즌 갓 들어온 선수에게 이런 영광을 준다고는, 최소한 한국적 정서와는 거리가 멀었던 탓에 우리 테이블에 앉아 있는 식구들 모두 데이비스나 케이힐이 받을 거라는 생각이었다.

"자, 여러분. 올 시즌 최우수 선수는 과연 누굴까요? 후보를 발표하겠습니다. 파트리스 무암바, 케빈 데이비스, 이청용입니다."

진행자의 소개가 나오자 주위 테이블에 있는 선수와 가족들 모두 이청용을 향해 엄지손가락을 세워 보였다. 쑥스러운 청년 이청용은 활짝 웃으면서 손사래를 쳤다. 이날의 메인 이벤트에 걸맞은 현란한 조명이 돌아가며 분위기를 고조시키는 배경음향이 크게 울려 퍼졌다.

"청용 리!"

1년에 4개 대회에서 우승하는 걸 보고 '쿼드러플'이라고 했던가. 볼턴 유니폼을 입기 시작한 지가 이제 1년도 채 안 되는 이청용이 2009/2010시즌 볼턴에서 가장 빛나는 별이 되는 순간이었다. 다들 수고가 많았으니 골고루 상을 나눠 가지는 게 우리네 상식이었지만 볼턴은 달랐다. 이날 하루에만 이청용에 무려 네 개의 상을 준 것이다. 이청용의 이름이 호명되자 메인 조명은 이청용 오직 한 사람만을 비췄고, 행사장을 가득 메운 구단 식구와 참가자 전원이 자리에서 일어나 박수 갈채를 보냈다. 마치 아카데미 남우 주연상이라도 선정된 듯한 분위기. 행사가 시작될 때부터 영어가 서툰 이청용을 위해 이것저것 도와준 동료 선수들도 이청용의 수상을 자기 일처럼 기뻐하며 진심 어린 축하를 보내줬다. 이청용 본인도 도저히 이런 상황이 이해가 가지 않는다는 듯 어리둥절해 하며 엉거주춤 무대 위로 다시 올라갔다. 골든부츠을 비롯해 세 개의 상을 받은 데이비스를 제치고 이청용은 자타공인 이날 최고의 히어로가 되었다. 행사가 끝날 때쯤 영웅의 사인을 받기 위해, 영웅과 함께 사진을 찍기 위해 우리 테이블은 수많은 사람들로 둘러싸였다.

세상 사람 모두가 남들로부터 인정받기 위해 살아간다. 그만큼 인정받기가 참 어렵고 힘들다. 이청용 앞에 나란히 놓인 네 개의 트로피는 억센 축구 문화가 지배하는 잉글랜드 북서부 클럽이 이청용을 인정했다는 증거일 게다. 무엇보다 동료들이 뽑은 '올해의 선수' 트로피가 이청용의 가슴을 뭉클하게 만들었다.

"올해의 선수상도 좋지만 뭐니뭐니 해도 선수들이 뽑은 올해의 선수 상이 최고네요. 동료들이 나를 인정해줬다는 소리잖아요. 시즌 중간에 어려웠지만 하나로 뭉쳐 좋은 결과를 만들어낸 친구들이 내게 이런 상을 주다니 기분이 너무 좋네요."

그래, 얼마나 기분 좋고 뿌듯할까? 말도 잘 통하지 않는 이국 땅에서 나 홀로 노력해 받은 값진 트로피들. 시즌 도중 감독이 교체되는 혼란을 겪으면서도 이청용은 볼턴 팬들을 열광시켰고 코일 감독의 뒤를 든든히 받쳤다. 콧대 높은 잉글랜드 축구 문화 속에서 톡톡 튀는 플레이로 붙박이 주전을 꿰찼고, 오늘 이렇게 최고의 자리에 우뚝 섰다. 청용아, 너 정말 수고 많았다. 파이팅!

★ 2009/2010시즌 볼턴 어워즈

2010년 5월 9일 리복 스타디움에서 열린 볼턴 어워즈에선 총 10개 부문의 시상이 이루어졌다. 이름 그대로 한 시즌간의 노고를 치하하는 볼턴 내 시상식이다. 볼턴의 새로운 스타플레이어로 떠오른 중앙 수비수 게리 케이힐을 비롯해 볼턴의 대표 골잡이 케빈 데이비스, 슈퍼 서브로 교체 투입 때마다 깨알 공헌을 보여줬던 이반 클라스니치 등이 이름을 올렸다.

- 언론 선정 올해의 선수 : 게리 케이힐

- 골든 부츠 : 케빈 데이비스

- 올해의 영입 : 이청용

- 올해의 명승부 : 웨스트햄전 (케빈 데이비스, 잭 월셔)

- 올해의 사회봉사 : 그레타 스타인손

- 선수가 뽑은 올해의 선수 : 이청용

- MVP : 이반 클라스니치

- 올해의 3인 : 파트리스 무암바, 케빈 데이비스, 이청용

- 올해의 골 : 게리 케이힐

- 올해의 선수 : 이청용

★ '영국 축구의 메카' 영국 북서부

이청용이 활약하는 볼턴이 위치한 영국 북서부 지역은 '축구 종가'가 태어난

곳이다. 국립축구박물관이 있는 곳도 랭커셔 지역의 프레스턴이며 프리미어리그 클럽 숫자도 인구 밀도가 가장 높은 런던이 아니라 바로 이곳 북서부다. 볼턴의 홈 경기장 리복 스타디움에서 주변 경기장들까지 얼마나 떨어져 있는지 아래를 보시라. 아, 자동차 주행 거리이니 직선 거리로 따지면 더욱 가까워진다.

리복 스타디움 ➡ JJB 스타디움(위건 어슬레틱) : 11.5km

리복 스타디움 ➡ 올드 트라포드(맨체스터 유나이티드) : 28.1km

리복 스타디움 ➡ 이우드 파크(블랙번) : 31.2km

리복 스타디움 ➡ 시티 오브 맨체스터 스타디움(맨체스터 시티) : 33.2km

리복 스타디움 ➡ 블룸필드 로드(블랙풀) : 56.1km

리복 스타디움 ➡ 안필드(리버풀) : 63.6km

리복 스타디움 ➡ 구디슨 파크(에버턴) : 64.9km

리복 스타디움 ➡ 브리타니아 스타디움(스토크 시티) : 99.5km

5. 나는 맨유 선수다

라이벌이란 힘겨운 상대이기도 하지만 때론 그 팀을 살아가게 하는 원동력이 되기도 한다. 서로 으르렁거리면서 함께 발전한다. 축구 클럽이 각처에서 자연스럽게 태어나고 발전해온 역사적 배경 덕분에 영국에서는 나라 전체에서 이런 라이벌 관계를 쉽게 발견할 수 있다. 흔히 '더비'라는 명칭으로 불리는 라이벌전은 영국 축구의 재미를 배가시키는 양념 역할을 한다. 유난히 더비가 많은 잉글랜드 북서부 지역에서도 역시 최고봉은 맨체스터 유나이티드와 리버풀의 '노스웨스트 더비'다. 맨체스터 더비맨체스터 유나이티드, 맨체스터 시티나 머지사이드 더비리버풀, 에버턴도 큰 인기를 끌지만 영국 축구의 자존심을 걸고 맞붙는다는 의미에서 노스웨스트 더비에 쏠리는 관심과는 비교할 수 없다. 라이벌 의식은 리버풀이 1970, 80년대 최고 전성기를 누리면서 생겨났다. 그 전까지는 사실 사이가 좋은 축에 속했지만 리버풀이 놀라운 성공을 거두자 맨유 팬들이 질투심이 발동했고, 90년대 들어 헤게모니가 맨유 쪽으로 넘어가자 이번에는

리버풀 팬들이 발끈하고 나서는 과
정을 통해 역대 최고 더비전이 탄
생하게 되었다. 엇비슷한 우승컵
역사가 양팀의 경쟁의식을 부추긴
다. 치열함과 승부욕이 불타 오르
는 맞대결답게 수많은 명승부가 연
출되는데 그럴수록 선수들에겐 더
비에서의 활약이 중요해진다. 어느

노스웨스트 더비가 열리는 경기장 주변에 등장한 티셔츠 진열대.

때보다 팬들의 관심이 클 수밖에 없으니 그런 경기에서 결정적인 활약을 하게
되면 단박에 팬들의 인기를 독차지할 수 있기 때문이다.

맨체스터 유나이티드와 리버풀의 역대 우승 횟수 비교

맨체스터 유나이티드	대회명	리버풀
19(1위)	프리미어리그(과거 풋볼리그)	18(2위)
11(1위)	FA컵	7(4위)
4(3위)	리그컵(칼링컵)	7(1위)
18(1위)	커뮤니티 실즈	15(2위)
3(8위, 영국 클럽 2위)	UEFA챔피언스리그(유리피언컵)	5(3위, 영국 클럽 1위)

＊2011년 12월 기준

　2010년 3월 21일, 올드 트라포드 주변이 일찌감치 사람들도 가득 찼다. 발
디딜 틈 없다는 말이 딱 맞을 정도로 이미 올드 트라포드 근처 펍과 식당, 노점
상까지 대목에 정신이 없어 보였다. 맨체스터 경찰 당국은 평소 경기의 두 배가
넘는 전투경찰을 시내에서 경기장으로 이어지는 길목마다 배치해 만일의 사태에
대비했다. 별다른 일만 없는 한 기마경찰은 많은 축구 팬들에게 좋은 구경거리이

자 현장 분위기를 더 흥겹게 해주는 '도우미' 역할을 해주지만 이들의 '진짜 업무'는 구경거리와는 거리가 멀다. 물론 매우 드문 일이긴 하지만 기마대가 축구 폭도를 진압하는 장면을 지금까지 딱 한 번 목격한 적이 있다. 2006/2007시즌 개막을 앞두고 열린 첼시와 스코틀랜드 셀틱의 친선전이 끝나고 경기장 밖에서는 양팀 서포터즈 사이에서 시비가 붙었다. 해산 명령에 응하지 않자 기마대의 선임경찰이 결국 진압 명령을 내렸다. 꿈틀거리는 근육을 뽐내며 말들이 양쪽 팬들을 향해 내달리자 서포터즈는 마치 고양이를 만난 쥐떼처럼 사방팔방으로 흩어졌다. 그냥 거대한 덩치의 말들이 서포터즈 무리 한가운데로 돌진하는 것만으로도 충분했다. 화면 속에서 달리는 말은 낭만적으로 보이지만 자기를 향해 달려오는 말은 괴물 그 자체였다.

올드 트라포드 주변의 요란스러움을 헤치고 들어와 기자실에 자리잡고 앉으니 한숨이 절로 새어 나왔다. 경기 시작 전부터 이렇게 사람을 지치게 만드는 노스웨스트 더비가 원망스러워지기까지 했다. 출전명단을 확인하니 박지성과 안토니오 발렌시아가 나란히 선발 명단에 이름을 올렸다. 그런데 재미있는 건 또 다른 측면 공격수인 나니까지 선발 출전한다는 점이었다. 알렉스 퍼거슨 감독 나름의 필승전략 '센트럴 팍'이 AC밀란 경기 이후 11일 만에 재가동된 것이다. 나니와 발렌시아가 좌우 측면에 배치되고 박지성은 웨인 루니의 바로 뒤에 자리를 잡고 상대 공격수와 미드필더를 상대로 쉼 없는 압박을 가하는 중차대한 임무를 부여 받았다. 더군다나 해당 시즌 첫 번째 맞대결에서 맨유는 0-2로 완패하고 말았다. 진 빚을 갚아야 한다는 퍼거슨 감독이 비장의 카드를 꺼내 들고야 말았다. 박지성으로서도 이 경기는 중요할 수밖에 없었다. 발렌시아에게 주전 자리를 내주며 줄어들고 있는 자신의 팀 내 존재감을 입증해낼 수 있는 절호의

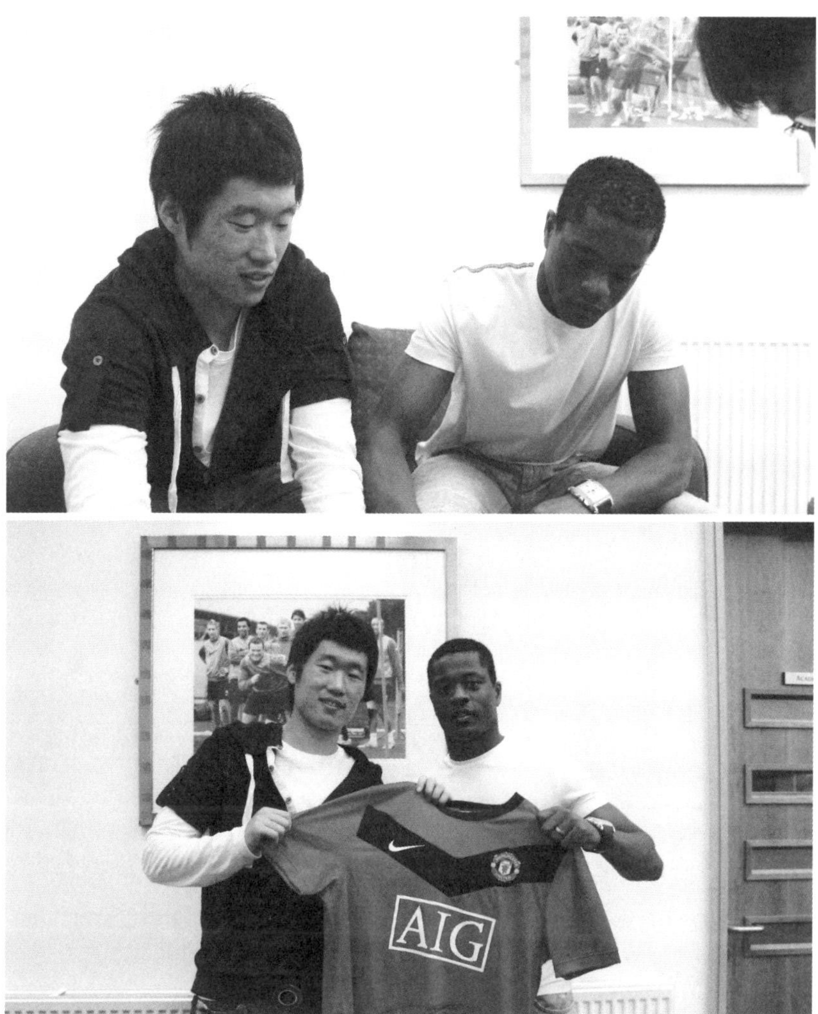

박지성과 그의 '절친' 파트리스 에브라의 공동 인터뷰 때의 모습. 인터뷰 내내 두 선수의 우정을 확인할 수 있었다.

기회였기 때문이다. 여기서만 잘하면 박지성은 퍼거슨 감독은 물론 올드 트라포드를 가득 메운 홈 팬들의 마음을 사로잡을 수 있다. 하지만 보상이 큰 만큼 잘

못 풀렸을 경우의 리스크도 대단했다. 만약 여기서 그냥 주저앉으면 박지성의 필요성이 현격히 줄어들 수밖에 없는 탓이다.

희망차게 시작된 경기였지만 먼저 포문을 연 것은 맨유가 아닌 원정팀 리버풀의 페르난도 토레스였다. 전반 5분 만에 디르크 카윗의 크로스를 받아 그대로 골로 연결했다. 하지만 7분 뒤, 루니가 동점골을 터트리며 반격에 성공해 현장 분위기를 다시 맨유 쪽으로 가져왔다. 이후 치열하게 이어진 양팀의 격돌에서 가장 돋보인 것은 다름 아닌 '중앙 미드필더' 박지성이었다. 전후좌우로 움직이면서 박지성은 리버풀의 플레이메이킹 과정에 훼방꾼 노릇을 톡톡히 해냈다. 공격시에는 페널티박스 안까지 침투해 골문을 노리는 적극성도 보였다. 그러나 뭔가 한방이 더 필요했다. 지금껏 박지성에 대한 과소평가의 진원지라고 할 수 있는 마지막 2%가 반드시 채워져야 할 시점이었다. 그러던 후반 15분 '살림꾼' 대런 플레처가 오른쪽 측면에서 오버래핑 쪽으로 몸의 균형을 빼앗긴 수비 틈새를 노려 문전으로 크로스를 올렸다. 볼은 리버풀의 수문장 페페 레이나와 박지성의 사이에 생긴 공간을 향해 날아갔다. 무인지경으로 날아오는 볼에 레이나, 박지성, 글렌 존슨 세 명이 반응했다. 박지성이 제일 빨랐다. 본능적으로 박지성은 몸을 날렸고 정확히 머리에 갖다 맞춘 순간 리버풀의 골네트가 출렁거렸다. 나도 모르게 탄성이 튀어 나왔다. 기자석에 앉아있던 모든 기자들이 함께 탄성을 질렀으니 창피할 일도 없었다.

공교롭게도 박지성이 골을 넣은 리버풀 골대 바로 뒤가 맨유 골수 팬들의 보금자리인 '스트레드포드 엔드', 리버풀의 홈구장 안필드로 따지면 '콥 스탠드' 같은 곳이었다. 맨유 선수라면 누구나 바로 이 스트레드포드 엔드 앞에서 골을 넣고 맨유 팬들 앞에서 골 세리머니를 펼치는 게 꿈이다. 그 경기가 세계적 관심

사인 노스웨스트 더비라면 더더욱 감동이 특별해질 수밖에 없다. 최고의 시나리오, 최상의 무대와 설정, 그리고 최고의 연기가 아우러진 '박지성 원맨쇼'가 바로 눈앞에서 펼쳐진 것이다. 7만5천 명이 가득 찬 현대판 콜로세움 올드 트라포드에서 박지성의 응원가가 울려 퍼지기 시작했다.

"Park, Park, Where ever you may be

You eat dogs in your home country

But it could be worse

You could be a scouse

Eating rats in your council house"

"박지성!

너희 나라에선 개고기를 먹지.

하지만 더 심한 녀석들도 있지.

정부보조아파트에 살면서

쥐고기를 먹는 리버풀 자식들처럼 말이지!"

그 유명한 박지성의 '개고기 송'이었다. 아, 이 응원곡을 바로 이럴 때 쓰라고 만들어놓은 거구나 싶었다. 박지성을 응원하는 내용이 이렇게 감칠맛 나게 들릴 수 있을까? 개고기라는 단어 때문에 국내에선 인종차별 논란이 벌어지기도 했지만 사실 내용상으로는 잉글랜드 특유의 블랙 유머라고 할 수 있다.

지금도 팬들 뇌리 속에는 리버풀전에서 골을 넣은 박지성이 가슴에 단 맨유

엠블럼을 손바닥으로 쳐가며 포효하는 장면이 선명하게 남아있다. 마치 "내가 박지성이란 말이야! 맨유의 박지성!"이라고 외치는 듯 보였다. 2005년 맨유 입단 후 궂은 일을 도맡으면서 고생했지만 언제나 화려한 스타플레이어들의 그림자에 가려 제대로 된 평가를 받지 못했던 박지성이 스스로 그늘에서 일어나 햇살 가득한 양지로 나온 듯한 느낌이었다.

기자석 주변에 있는 팬들도 까만머리 기자를 향해 엄지손가락을 치켜세워주기까지 했다. 경기가 끝나자 서둘러 인터뷰를 위해 공동취재구역으로 내려갔다. 마음 같아선 박지성의 어깨를 두들겨주고 싶었다. 이날 경기에서 '맨 오브 더 매치'로 선정된 박지성은 한참 후에야 모습을 드러냈다. 구단 TV채널은 물론 〈스카이스포츠〉, BBC 등 현지 TV방송사들의 인터뷰 요청이 쇄도했고 득점 장면에서 당한 부상귀의 뒷부분이 상대 수비수 스터드에 긁혀 찢어졌다도 치료 받아야 했기 때문이었다. 박지성의 표정에서는 피곤함이 묻어났다. 우리도 흔히 큰일을 치르고 나면 긴장감이 풀려 몸이 축 처지는 그런 상태라고 생각하면 될 것 같다. 경기 중 너무 많이 뛴 탓인지 걸음걸이도 약간 절뚝거렸다. 하지만 그의 입은 웃고 있었다. 대한민국 축구 담당기자들이라면 인터뷰 중 박지성이 웃는 모습을 보기가 얼마나 힘든지 너무나 잘 알고 있다. 평소에는 잘 웃지만 인터뷰 자리에선 그의 웃는 모습을 보기가 힘들다. 이날은 달랐다. '활짝'은 아니었지만 이야기하는 내내 박지성의 표정에서는 분명히 짜릿한 성취감이 묻어 나왔다.

★박지성은 무뚝뚝해

대한민국 축구 담당 기자에게 박지성은 최우선 취재 대상이다. 단순히 축구계를 넘어 사회 전체의 주요 관심사 중 하나이기 때문이다. 그래서 언론사가 가끔 '박지성'이란 단어를 무리해서라도 기사 제목에 넣는 경우도 생긴다. 그의 이름이 있느냐 없느냐에 따라 기사 클릭수는 천지 차이가 나기 때문이다. 80년대 박종환, 90년대 박찬호, 2000년대에는 박지성이 스포츠 저널리즘을 지배한 키워드였다.

박지성과의 단독 인터뷰는 매체 흥행에 보증수표와도 같기 때문에 가장 큰 공을 들이는 취재활동 중 하나라고 할 수 있다. 하지만 간혹 박지성과 처음 만난 취재진 중에는 당황스러운 경험을 하기도 한다. 한번은 이런 일도 있었다. 한국에서 출장 온 어떤 기자가 경기 후 인터뷰가 끝나고 박지성이 돌아가자 옆에 있던 현지 통신원에게 "여기까지 왔는데 박지성 선수 기분이 나빠 보여서 안타깝네요"라고 말했다. 그러자 옆에 있던 통신원이 "어? 오늘 기분 좋아 보이던데"라고 대답했고, 다들 "그래, 저 정도면 말도 길게 해주고 잘해준 거예요"라며 고개를 끄덕였다. 그 기자는 영문을 모르겠다는 듯이 "아니, 저게 지금 기분이 좋은 거라고요?"라고 되물었다. 워낙 표정이 굳어 있었고 답변도 짧았던 터라 박지성이 대단히 화가 났다고 착각한 것이다.

TV 다큐멘터리에서는 환하게 웃고 농담도 잘하지만 실제로 경기장에서 취재진 앞에 서는 박지성은 대단히 무뚝뚝하다. 좀처럼 감정을 드러내지 않고 사실 속내를 거의 꺼내지 않는다고 보면 된다. 그래서 가끔 활짝 웃는 사진이 첨부된 인터뷰 기사를 보면서 기자들끼리 "와, 확실히 이 선배 능력 좋단 말이야. 박지성이 웃었어"라며 신기해 하기도 한다. 박지성은 특히 축구 외적인 질문에 대해선 거의 대답을 하지 않는다. '측근 통신'에 따르면 박지성은 취재진이 축구 외적인 부분을 물어보는 이유를 아직도 이해하지 못한단다. "축구선수에게 축구를 물어야지 이상형을 왜 묻는 거야?"라는 명쾌한 논리다. 물론 기자들에겐 대단히 곤란한 논리겠지만.

★아예 신문을 발행해버린 축구선수

세상에는 별의별 선수가 다 있다. 그 중 한 명이 바로 크리스티아노 루카렐리이다. 1975년 이탈리아 중서부에 있는 리보르노에서 태어난 루카렐리는 1992년 쿠오이오펠리에서 프로에 데뷔했다. 이탈리아 공산당의 고향 리보르노에서 태어난 루카렐리는 이탈리아 21세 이하 대표팀 시절 경기 중 골 세리머니로 유니폼 안에 입고 있던 체 게바라 티셔츠를 보여주었다가 팀에서 쫓겨났다. 2002/2003시즌 세리에A의 토리노에서 뛴 루카렐리는 고향팀 리보르노가 세리에C에서 B로 승격하자 비싼 연봉 제안을 뿌리치고 2부 리그 리보르노로 이적했다. 그리곤 2003/2004시즌 29골을 터트리며 리보르노를 세리에A로 승격시켜 고향의 영웅이 되었다. 2007년 여름 우크라이나의 샤흐타르 도네츠크로 이적한 뒤 루카렐리는 그 해 9월 리보르노와의 끈을 이어갔다. 그리곤 리보르노에서 창간된 〈코리에 디 리보르노〉의 주주로 참여하기로 결심했다. 축구선수가 신문 발행인이 된 것이다. 신문에 자기와 관련된 기사가 나와도 루카렐리는 "나를 비난하는 기사가 나와도 문제 삼지 않았다. 신문으로서 당연히 해야 할 일을 했을 뿐이니까"라고 '쿨'하게 받아들였다. 아쉽게도 이 신문은 기존 지역지의 아성을 넘지 못하고 2010년 11월 폐간되었지만 루카렐리는 신문 발행에 대해 여전히 자랑스러워 하고 있다.

★ 한국 축구의 미래

2007년 여름 캐나다에선 전세계 축구의 미래 지형을 가늠해볼 수 있는 FIFA 20세 이하 월드컵이 열렸다. 조동현 감독이 이끄는 한국의 20세 이하 대표팀은 2무1패로 조별리그에서 탈락하긴 했지만 경기력만큼은 대회 관계자들은 물론 축구 팬들의 눈을 즐겁게 해줬다. 특히 한국 대표팀의 측면 날개는 공격에 나설 때마다 보는 이들의 가슴을 설레게 만들 정도로 창의적이고 아름다웠다. 바로 열아홉 살의 이청용이었다.

프리미어리그에서 이청용의 성공은 한국 축구에 큰 자신감으로 다가온다. 이청용은 이른바 테크닉으로 영국에서 성공을 거둔 첫 사례라는 점에서 의미가 크다. 기본기 부족이라는 한국 축구의 고질병을 비웃듯 이청용은 정교한 볼 컨트롤과 완벽한 터치, 자로 잰듯한 패스, 빠른 템포를 그대로 살릴 줄 아는 상황 판단력으로 우람한 체구의 프리미어리그 수비수들을 가볍게 압도한다.

무엇보다 이청용은 스타성이 넘쳐난다. 화려한 외모나 튀는 행동과는 거리가 멀다. 일상 속 청년 이청용은 축구선수에 어울리지 않는 새하얀 아기 피부를 갖고 있고, 덧니를 드러내는 '배시시 웃음'을 보고 있으면 영락없이 부끄럼 많은 소녀 감성의 젊은이다. 그러나 축구 스타가 되기 위한 가장 결정적 요소가 그의 DNA에 심어져 있다. 자고로 스타플레이어가 되기 위해선 팬들의 가슴을 흔들

줄 알아야 한다. 영양가 없는 열 골보다 팬들의 감성을 자극하는 결정적 한 골을 넣는 능력이 중요하다. 이청용의 데뷔골은 경기 종료 4분 전 팀에 승리를 선사해 줬고, 번리와의 경기에서 터트린 결승골은 시즌 도중 부임한 오언 코일 감독을 살렸다. 후반 추가시간에 터져 나온 이청용의 결승골은 볼턴을 11년 만에 FA컵 4강에 진출시키는 감격의 득점이었다. 고향과 소속팀에서 팬들로부터 받는 사랑의 크기가 비슷한 선수는 아마도 이청용이 유일할지 모른다.

끔찍한 골절 부상의 악몽을 털어내고 있던 추운 겨울날 볼턴의 자택에서 이청용과 오랜만에 만났다. 웨일즈의 한 병원 침대 위에서 너무 아파 잠도 못 자며 괴로워하던 그를 위로한 지가 엊그제 같은데, 현관문을 열어주는 이청용의 표정이 밝아 보여 안심이 되었다. 실전 복귀가 가시권에 들어오기 시작한 때였기에 일부러라도 부상 이야기는 일체 입 밖으로 꺼내지 않았다.

Q 볼턴 영입 제안은 언제 처음 들었나요?

A 처음엔 인터넷 보고 알았어요. 그 전까지 볼턴 얘긴 전혀 듣지 못했기 때문에 기사를 읽으면서 거짓말인 줄 알았어요. 그 전에도 이적설이 많았기 때문에 이번에도 그냥 넘어가겠지 싶었죠. 에이전트나 구단에서 아무 얘기도 안 해주고. 그런데 얼마 있다가 에이전트가 전화로 모든 게 확정되었다는 거예요. 볼턴에서 정식으로 오퍼를 보내왔다고요. 나중에 들어보니 볼턴에서 대표팀 경기까지 직접 보고 갔다고 하더군요.

Q 볼턴 이적을 결심한 이유는 무엇이었나요?

A 솔직히 확신이 안 섰어요. FC서울에서 너무 오래 있어서 다른 곳으로 간다는 생각을 해본 적이 없었거든요. 하지만 팀에서 저를 원하고 만족할 만한 금액을 준다고 하더군요. 자주 올 기회가 아니라고 판단했어요. FC서울에서는 당연히 시즌 중반이었던 탓에 모든 코칭 스태프들이 제가 잔류하기를 원했어요. 귀네슈 감독님께서 저를 따로 부르셨어요. 모든 조건이 구단과 잘 맞는데 중요한 건 제 마음이라고 말씀해주셨어요. "나는 너와 함께하고 싶지만 결정은 네가 해라"고요. 쉽게 올 기회가 아닌 것 같았어요. 정말 죄송스럽지만 영국에 가서 좋은 경험을 하고 싶다고 솔직하게 말씀 드렸죠. 그래도 FC서울에서 뛴 마지막 경기에서 골도 넣고 경기에서도 이겨 조금이나마 마음이 좋았어요.

Q 처음 와본 볼턴이란 곳은 어땠나요?

A 너무 조용하더라고요_{웃음}. 경기장은 마음에 들었는데, 주변 환경이 정말 조용해서요_{웃음}. 하지만 적응에는 오히려 도움이 될 것 같았어요. 처음에는 호텔에서 한 달 정도 지냈어요. 그땐 팀 스태프들이나 호텔 직원들이 많이 챙겨줬어요. 물이나 음료수 같은 것들도 떨어질 만하면 알아서 갖다 주고 그랬어요. 한국 음식은 일주일에 한두 번 정도 한식당에 가서 먹었어요. _조원희 형이 치음 집으로 초대해서 밥을 해줬어요. _박지성이 형도 저를 불러다가 밥을 먹여줬고_{웃음}. 적응하는 데 큰 도움을 받았죠.

Q 볼턴에 도착한 첫 날, 게리 멕슨 감독이 늦게까지 기다렸다가 직접 맞아줬죠?

A 맞아요. 솔직히 볼턴으로 오는 내내 걱정했거든요. 나를 원하는 감독이라곤 하지만 사실 만난 적도 없으니까요. 그런데 막상 첫날 왔는데 감독님께서 호텔에서 저를 기다리고 계신 거예요. 밤 12시가 넘었으니까 정말 깜짝 놀랐죠. 그런 감독님을 뵈면서 불안했던 마음을 다잡을 수 있었어요. 본 적은 없지만 제게 정말 기대를 하고 있다는 게 그대로 느껴졌어요. 첫 경기에서도 뛰게 해줘서 또 깜짝 놀랐죠. 정말 정신 없이 뛰었던 데뷔전이었어요. 팬들도 박수를 많이 쳐줬고. 그런데 경기에선 막 버벅거렸어요웃음. 경기도 졌고요. 하지만 그 경기하고 나서 뭔가 할 수 있겠다는 자신감을 가질 수 있었어요. 감독님께서 제게 굉장히 잘해주셨어요. 영어를 못 알아들으니까 쉽게 이야기해주시고. 팀 선수들한테도 저에게 더 잘해주라고 요청하시고요. 다른 선수들보다 저를 각별히 챙겨주셨던 것 같아요.

Q 처음엔 좀 심심하지 않았나요?

A 하루 중 가장 좋을 때가 훈련 시간이었어요. 한국에 있으면 축구도 하고 친구들도 만나고 그러잖아요. 그런데 볼턴에 처음 왔을 때에는 훈련이 없으면 아무것도 할 게 없는 거예요웃음. 그래서 볼턴에서는 동료들 만나서 같이 훈련하는 시간이 최고였어요. 처음에는 스타인손이랑 알리알 합시, 골키퍼가 많이 도와줬어요. 알리가 훈련 스케줄을 잘 알려줬어요. 처음엔 제가 차가 없으니 훈련장까지 자주 태워주기도 하고요. 케

빈 데이비스는 훈련장에서 잘 챙겨줬어요. 티는 안 나지만 패스를 많이 주고, 뭐 그런 식으로 저를 도와줬어요.

Q 영어가 서툴러서 실수도 많았겠어요?

A 어휴, 말도 못하게 많았죠웃음. 매번 선수단 모이는 시간을 몰라서 힘들었어요. 우리는 영어로 시간을 말할 때 "Eight ten8시 10분"이라고 말하잖아요. 그런데 영국에서는 "Ten past eight"라고 말하니까 시간 알아듣기가 정말 어렵더라고요. 아예 훈련장에 가지 않은 적도 있었어요웃음. 방에 있는데 왜 안 나오냐고 전화 받고 부랴부랴 나갔어요. 다른 선수들 같았으면 벌금을 내야 하는데 저는 봐줬어요웃음. 지금은 눈치껏 잘하고 있어요.

Q 볼턴에는 신입생 신고식 같은 게 없나요?

A 신고식이 없어요. 그게 너무 좋아요웃음.

Q 박지성 선수와는 멀지 않은 곳에서 사는데요. 도움이 많이 됐겠어요?

A 대표팀에서 봐서 오기 전부터 친했어요. 형이나 나나 둘 다 말이 많은 편이 아니었지만 대표팀에서 같은 방을 써서 대화도 많이 나눴어요. 지금도 그렇지만 여기 처음 왔을 때, 팀에 처음 들어갔을 때, 다들 한국 사람이냐고 물어봐서 제가 그렇다고 하면 다들 "그럼 박지성이랑 친구냐?"라고 물어보더라고요. 그럴 때 지성이 형이 대단하긴 대단하구나 라고 느끼죠. 버스 타고 이동할 때 맨유 경기 보고 있으면 동료들이 다

제게 와서 지성이 형이 정말 대단한 선수라고 말해줘요. 그럴 때마다 정말 자랑스럽죠.

Q 첫 골 얘기 해봅시다. 그때 골 넣기 전에 실수 때문에 동점골이 들어갔잖아요.

A 실수했을 때 동료들에게 너무 미안했어요. 감독한테도 죄송했고. 그땐 1승이 워낙 중요한 때라서 더 미안했어요. 너무 창피했어요. 나 때문에 이 경기 망치는구나 라는 생각까지 들었어요. 부모님께서 오셔서 본 첫 경기였잖아요. 경기가 끝나기 전에 어떡하든지 만회를 해야겠다는 생각밖에 없어서 진짜 열심히 뛰었어요. 마지막에 결국 골을 넣을 수 있었어요. 그땐 어떻게 그런 플레이를 했는지 잘 기억도 안 나요. 그냥 몸이 움직이는 대로 따라갔어요. 만약 그 골이 없었다면 적응하지 못했을 수도 있다고 생각해요. 그 골 이후로 적응이 빨라졌어요. 팀 선수들과도 금방 친해졌고요. 동료들도 조금씩 저를 대하는 태도가 달라졌어요. 칭찬도 많이 해줬거든요.

Q 시즌 도중에 감독이 바뀌었어요. 갑자기 변화가 찾아온 건데요.

A 처음에는 좀 불안했는데 막상 코일 감독님 오시고 첫 훈련을 하고 나서는 걱정이 없어졌어요. 훈련시간이 약간 길어지긴 했지만 전에는 거의 하지 않았던 패스 연습을 거의 한 시간 내내 했어요. 제게는 항상 자신감 있게 뛰라고 하셨고 언제나 칭찬을 해주셨어요. 어린애한테 "잘한다, 잘한다"라는 식이었어요웃음. 번리전에서 제가 골을 넣고 나서 속으

로 '아, 이 감독과 잘 맞겠구나' 라는 느낌이 들었어요. 말도 많고 재미 있는 분이에요. 선수들에게 친구처럼 대해줘요. 사실 그 전에는 경기 못 뛰는 선수들이 약간 불만이 있었거든요. 그런데 코일 감독님이 오신 다음부터 그런 선수가 없어졌어요. 한겨울에도 반바지를 입는 이유를 궁금해 하시는 분들이 많은데, 현역 은퇴한 지가 얼마 되지 않아서 경 기 뛰는 선수들 마음을 느끼고 싶어서 입는다는 얘기를 어느 기사에선 가 본 것 같아요.

Q 프리미어리그와 K리그는 많이 차이가 나던가요?

A 전부 다. 팀에 있는 모든 것들이 다 달라요. 훈련할 때 선수들 자세도 다른 것 같아요. 한국에서는 훈련이 많고 영국은 굉장히 적어요. 그래 서 모든 선수들이 정말 게임 뛰듯이 열심히 연습에 임하죠. 한국에서도 물론 열심히 하지만 분위기가 약간 달라요. 경기 끝나고도 많이 달라 요. 한국에서는 경기에 이기고 지고에 따라 팀 분위기가 천지 차이가 나죠. 그런데 여기선 안 그래요. 물론 경기에서 지면 기분이 좋을 리가 없지만 일단 로커룸에서 나오면 졌더라도 고개를 숙인다거나 시무룩해 하지 않아요. 앞으로 경기가 너무 많으니까 다음 경기를 생각하면서 컨 디션 조절을 잘해야 한다는 분위기예요. 한국에선 연승을 하다가 한 번 이라도 지면 분위기가 갑자기 떨어져요. 부정적인 분위기가 다음 경기 까지 이어져서 또 지고 그러죠.

Q K리그가 배울 만한 점이 있다면요?

A 인프라 등을 포함해서 많은 부분을 배워야 할 것 같아요. 선수가 중심이 된다는 점도 중요해요. 솔직히 여기에서는 선수들이 불만을 가질 수가 없어요. 1, 2군을 대하는 태도가 약간 다르긴 하지만 한국처럼 차이가 크진 않아요. 한국에선 1, 2군의 대우가 너무 틀려요.

Q 동양인이라서 더 힘든 점이 있나요?

A 그런 건 정말 많죠. 하지만 다른 선수들도 다 똑같다고 생각해요. 원정 경기에 가면 그런 팬들이 꽝장히 많죠. 인종차별 야유는 늘 들어요. 맨날 원숭이 소리 내고 그래요. 하지만 심각하게 받아들이진 않아요. 그렇게 인종차별 야유를 하는 사람들도 약간 형식적이라는 느낌도 들어요_{웃음}.

Q 이곳에선 길거리에서 팬들이 잘 못 알아보지 않나요?

A 제가 사는 동네에선 좀 알아보세요, 뭐, 작은 동네긴 하지만요_{웃음}. 아무래도 한국보다는 바깥으로 돌아다니기가 편하죠. 한국에서는 솔직히 밖에서 돌아다니기가 많이 불편해요.

Q 혹시 기억에 남는 영국 팬이 있나요?

A 처음에 와서 동네 마트에 갔는데 여기 사람이 FC서울 유니폼을 입고 있는 거예요. 와, 정말 반가웠어요. 물어보니 자기가 서울에 갔을 때 FC서울 경기를 보러 가서 유니폼을 샀다고 하더군요. 그땐 처음이라 그 사람도 저를 잘 몰랐어요. 인사 나누고 제가 볼턴에서 뛰게 되었다

고 말해주고 그랬죠. 너무 반가웠어요.

Q 노트북 광고 함께 찍었던 여자 모델 정말 예쁘던데요?

A _{웃음} 어딘지 모르겠지만 동유럽 모델이었어요. 어휴, 너무 추웠어요. 잠을 자야 할 시간에 촬영을 해서 힘들었죠. 고생해서 찍었는데 나중에 방송을 보니 너무 창피했어요. 그래도 식구들은 좋아하지 않았냐고요? 저보다 더 창피해하던데요_{웃음}.

Q 유튜브에도 팬들이 올려놓은 이청용 동영상이 많더라고요.

A 잘하는 장면만 모아두셨더라고요. 너무 만족스럽죠. 솔직히 저도 제가 뛴 경기를 다 기억할 수가 없잖아요. 가끔 경기가 잘 안 되면 집에 가서 그런 동영상을 보면서 힘도 얻고 해요.

Q 생애 처음 출전했던 월드컵에서 두 골이나 넣었어요.

A 솔직히 골 넣은 경기에서 다 졌기 때문에 제가 골을 넣은 것 같지가 않아요. 골을 넣었을 당시는 너무 좋았죠. 특히 아르헨티나전에서는 2-0으로 뒤진 상황에서 넣어서 정말 기분이 좋았어요. 하지만 경기에 졌으니 소용없죠. 우루과이전은 아쉬움이 커요. 충분히 이길 수 있었던 경기였는데….

Q 아르헨티나에 4-1로 대패했는데, 그 만큼 실력 차이가 나던가요?

A 전반전에는 아르헨티나가 정말 잘하더군요. 전반 20~30분 정도 보니

까, 이건 뭐 어떻게 해도 이길 수가 없겠구나 라는 생각이 들 정도였어요. 그런데 제가 골을 넣고 나서 그 친구들도 흔들리더라고요. 후반전에는 좀 해볼 만할 것 같았어요. 하지만 운이 많이 없었죠. 너무 쉽게 골을 허용했어요. 그게 결국 차이인 것 같아요.

Q 하지만 정말 힘들었죠?

A 예, 많이 힘들었어요. 하지만 또 너무 즐거웠어요. 꿈에 그리던 월드컵에 뛸 수 있어서 너무 좋았죠. 대회가 끝나고 나선 많이 아쉽기도 했지만 일단 쉴 수 있다는 생각에 솔직히 좋기도 했어요웃음. 그땐 체력적으로 정말 힘들었거든요. 쉬고 싶다는 생각이 컸어요.

Q 이젠 대표팀에 박지성 선수가 없어요. 어떤가요?

A 지성이 형, 영표 형은 있고 없고에 따라서 팀 분위기나 무게감 차이가 클 수밖에 없다고 봐요. 하지만 어쩔 수 없죠. 경험 많은 선수가 없더라도 우리끼리 해나가야 해요. 그래야만 후배들에게 힘이 될 수 있으니까요. 큰 변화였지만 잘 넘기고 이젠 안정 단계에 오지 않았나 싶어요. 지성이 형이 더 할 수도 있다고 생각하지만 어디까지나 본인의 결정이었으니까 존중해야겠죠. 지성이 형이 떠나고 나서 저 개인적으로는 대표팀에 더 진지하게 임하게 되었어요. 책임감 면에서 왠지 모르게 좀 더 무거워지는 느낌도 있어요. 부담감까지는 아니고요.

제 6 장

오늘과 내일이 함께 뛴다

1. '기차 듀오'와 만나다

새벽 기차와 오픈카의 공통점은 뭘까? 영화 속 한 장면으로 보면 기가 막히게 로맨틱하고 그 안에 직접 들어가보고 싶다는 생각이 불쑥 든다. 그런데 현실 속에선 전혀 다르다는 사실. 오픈카를 타고 고속도로를 시원하게 달리면 사방팔방에서 들이닥치는 세찬 맞바람에 정신이 하나도 없다. 안개가 내려앉은 철로 위로 정차해 있는 새벽 기차는 낭만적으로 보이지만 현실 속에선 시간 맞춰 타기 힘든, 사람 잡는 순도 100%, 효과 만점의 피로유발제다.

새로운 시즌이 시작된 지 한 달여, 셀틱에서 한솥밥을 먹게 된 기성용과 차두리의 '1타2피' 인터뷰가 성사되었다. 시즌 개막부터 셀틱의 미디어 담당자인 로나를 끊임없이 괴롭힌 덕을 톡톡히 볼 수 있게 됐다. 졸린 눈을 비벼가며 비몽사몽 상태로 킹스크로스 역에 도착했다. 언제나 인터뷰를 위해 나서는 길의 가방은 무거울 수밖에 없다. 사진기자가 따로 없으니 나 홀로 노트북, 녹음기, DSLR 카메라, HD 동영상 핸디캠, 삼각대 등의 전천후 취재 군장을 짊어져야 하는 탓이다. 혼자 자동차를 몰고 런던에서 글래스고까지 650킬로미터, 왕복 1,300킬로미터를 주행하다가 수마에 잡혀 불쌍하게 객사할지도 모르겠다 싶어 "차라리 무거운 짐 들고 조금만 참자"라며 내린 결론으로 글래스고행 새벽 기차를 선택했다.

'기차 듀오'와의 만남은 런던에서 열렸던 에미리츠컵 이후 두 달 만이었다. 에미리츠컵이란 에미리츠 스타디움을 소유한 아스널이 프리시즌에 맞춰 주관하는 토너먼트다. 구단 입장에서는 쟁쟁한 팀을 상대로 효과적인 연습 경기도 가질 수 있을 뿐 아니라 겸사겸사 돈도 벌 수 있는 일석이조의 기회로 인기가 높다.

2010년 FIFA 남아공 월드컵 직후 독일의 프라이부르그에서 뛰던 차두리는 셀틱에서 새로운 둥지를 틀어 후배 기성용과 한솥밥 식구가 되었다. 독일어에 능통한 차두리가 영어권 국가에서의 경험을 원했고 셀틱은 독일과 월드컵 무대에서 입증된 차두리의 파워풀한 풀백 플레이에 흠뻑 매료되어 이적은 일사천리로 진행되었다. 차두리는 쉴 새도 없이 곧바로 에미리츠컵을 통해 새 동료들과 손발을 맞췄다. 이제는 유럽에서 많은 경험을 쌓은 터라 차두리에게 낯선 환경에 대한 적응은 그리 큰 어려움은 없었다. 대회 첫날 셀틱은 프랑스의 강호 올랭피크 리옹과 맞붙었다. 선발 출전한 차두리는 58분간 그라운드를 누빈 반면 첫 경기에서 기성용은 벤치에서 출전 기회를 잡지 못했다. 경기는 2-2 무승부로 끝났고, 공동취재구역으로 내려가서 셀틱 신입생 차두리와 만나 인사를 나눴다. 특유의 활짝 웃는 표정이 너무나 인상적이 차두리는 베테랑답게 새 환경 적응에 대한 걱정은커녕 스코틀랜드에 오게 되었다는 사실을 굉장히 재미있어 한다는 느낌마저 들 정도로 낙천적이었다.

런던에서 글래스고까지의 650 km 기차 여행길은 장시간이 소요되긴 하지만

올드 펌 당일 삼엄한 경기장 주변 모습(위). 셀틱 파크 스토어의 사인 용지 코너에서 발견한 반가운 두 얼굴(아래).

눈은 심심하지 않다. 창 밖으로 펼쳐지는 영국 특유의 시골 풍경을 감상하는 것도 나쁘지 않다. 영국에는 산이 거의 없다. 기껏 있어봤자 언덕hill이 고작이다. 그래서 기찻길 주위로는 한가롭게 풀을 뜯는 양떼, 커다란 골프백을 끌고 다니며 라운딩을 즐기는 골퍼들의 모습을 쉽게 볼 수 있어 마음의 여유를 찾게 해준다. 스피커를 통해 나온 억센 스코틀랜드 억양의 안내방송에서 글래스고 중앙역까지 거의 다 왔다는 사실을 짐작할 수 있었다.

에미리츠 스타디움에서 열린 아스널 에미리츠컵 경기 후 차두리가 인터뷰를 하고 있다.

플랫폼에 발을 내디디며 역사 안에 달려있는 커다란 시계를 보니 오전 10시를 가리키고 있었다. 새벽부터 서두른 덕분에 인터뷰 약속시간인 정오까지 꽤 넉넉한 시간 여유를 얻을 수 있었다. 역사를 빠져 나와 렌터카 지점으로 가 예약해놓은 차량을 인수받았다. 셀틱의 훈련구장은 글래스고의 외곽인 레녹스타운이라 자동차 없이는 접근이 용이치 않다. 렌터카 직원의 스코틀랜드 사투리를 제대로 알아듣지 못해 약간 고생하긴 했지만 런던에서는 느끼기 힘든 사람 냄새에 마음이 푸근해졌다.

훈련장에 도착했을 때 녹색 그라운드 위에서 훈련에 한창인 1군 선수들의 모습이 보였다. 담당직원의 친절함 덕분에 연습 잔디면 옆에서 훈련 광경을 지켜

볼 수 있었다. 차두리와 기성용 두 사람도 억센 선수들 틈에 껴서 굵은 구슬땀을 흘리고 있었다. 이 두 친구는 멀리서도 쉽게 찾아낼 수 있어서 참 좋다. 기성용은 우월한 기럭지 덕분에 금방 눈에 띄고 차두리는 새하얀 이 덕분에 자신의 위치를 금방 드러낸다. 빡빡머리도 튀지만 차두리는 언제나 웃는 모습이어서 그 하얀 이가 유난히 눈에 잘 들어오는 재미있는 친구다.

클럽하우스 본관으로 들어와 자리를 잡고 인터뷰 준비를 하고 있다 보니 정오가 조금 지나 담당자 로나가 기성용과 차두리를 대동하고 나타났다. 사실 인터뷰 전까지 조그만 걱정거리가 있었다. 기성용 때문이었다. 남아공 월드컵에서 맹활약하며 대한민국의 사상 첫 해외 원정 16강의 주역으로 떠올랐지만 소속팀 셀틱에선 아직 확실하게 자리를 잡지 못했기 때문이다. 지금 앞에 앉아있는 것은 한국 국가대표팀의 기성용이 아니라 셀틱의 기성용이다. 더군다나 마음에 상처 받기 쉬운 너무나 어린 나이. 솔직히 차두리는 셀틱에서의 성공 여부를 나름대로 자신하고 있었다. 실력을 떠나 풍부한 경험과 함께 스코틀랜드에선 필수 덕목인 강한 체력을 갖췄고 든든한 지원자 가족까지 꾸리고 있는 가장이기 때문이다. 셀틱에서 충분히 성공할 수 있는 모든 조건을 갖춘 상태다. 하지만 이야기를 시작하면서 젊디젊은 기성용에 대한 걱정이 아저씨 특유의 노파심 탓이었다는 사실을 금방 깨달을 수 있었다. 차두리가 자기뿐 아니라 아홉 살 후배 기성용에게도 행복 바이러스를 마구 전염시키고 있었기 때문이다. 성격 좋은 차두리는 어리고 귀여운 기성용을 보기만 해도 마냥 즐겁다. 선배에게 깍듯한 기성용의 예의도 차두리에게는 대만족. 어느새 외국 타지에서 서로를 챙겨주는 형님, 아우가 된 모습이었다.

두 선수가 짧은 시간 안에 극도로 가까워진 것은 많은 공통점을 갖고 있다는 점에서 출발한다. 차두리는 "성용이를 보면 예전 독일에서의 나를 보는 것 같아요"라며 기성용을 그 누구보다 이해하고 있었다. 차두리 역시 독일에서 혼자 지내면서 늘 힘들게 주전 경쟁을 펼쳐야 했다. 기성용에게 차두리는 표본이자 모델일 수밖에 없었다. 어려운 시기를 이겨낸 장본인이었고 그의 말이라면 기성용에게는 진심 어린 충고나 다름없었다. 차두리도 2002년 월드컵 직후 외지에서 혼자 밥을 해 먹거나 훈련이 끝나고 텅 빈 집을 들어가야 했었기에 지금 기성용의 처지를 누구보다 잘 알고 있었다. 현실감 넘치는 경험이 기성용에게는 큰 도움이 됐다.

"두리 형 같은 경우 차 감독님도 축구인이시고 어렸을 때부터 외국에 살았잖아요. 사실 저도 그렇고요. 두리 형이 자기가 겪었던 일들을 얘기해준 게 큰 도움이 되고 있어요. 두리 형이 독일에서 그런 경험이 없었다면 제가 여기에서 무슨 생각을 하고 어떤 상황인지를 아마 이해하지 못했을 거예요."

차두리의 밝은 성격이 인터뷰를 하는 장소를 환하게 비치는 듯한 느낌이 들 정도로 인터뷰는 시간 가는 줄 모르고 빠르게 진행되었다. 차두리 덕택에 기성용도 인터뷰를 아주 편하게 임하는 듯 보였다. 즐겁게 문답을 주고받다가 문득 '홀몸' 기성용이 무엇을 먹고사는지 궁금해져 불쑥 잘하는 음식이 무어냐고 물었다. 아무래도 자취 생활에서의 가장 큰 걱정은 매일 먹어야 하는 식사, 특히 저녁 식사가 아닐까 싶었다. 해먹자니 귀찮고, 그렇다고 또 직접 요리한들 맛이 있을 리도 만무하고, 그런 게 자취생의 퀴퀴한 일상 아닌가. 역시나 기성용의 입에서 요리방법이 간단한 음식 이름들이 나왔다. 그의 단골 저녁 메뉴는 계란밥이란다. '계란밥'이라는 명칭에 "무슨 요리지?"라고 솔깃해할 필요는 없을 것같다. 당사자에겐 미안하지만 무진장 간단한 요리! 계란에 간장, 참기름을 비벼

먹는 계란 비빔밥이다. 하지만 기성용 나름대로 자부심이 대단한 요리였다.

"무슨 소리예요? 계란밥 만들 때는 계란의 익는 정도, 참기름과 간장의 양 조절이 얼마나 중요한데요."

나름대로는 노하우라며 주장하지만 사실 그런 반응이야말로 자취생의 전형인지라 크게 웃고 말았다. 자신의 요리 개그가 먹혔다고 생각했는지 기성용은 내친김에 김치찌개를 잘 끓인다고 우쭐거렸다. FC서울 동료였고 친구인 볼턴의 이청용도 반했다고 강조한다.

그런데 정말 희한한 기성용만의 요리가 하나 더 있으니 바로 그만의 특별한 '기성용 글래스고 라면' 이다. 옆에 있던 차두리도 인정하는 '독특함' 이 있다. 우선 끓지 않는 물에 면을 담궈 살짝 익을 때까지 계속 저어준다. 면이 약간 덜 익었다고 보이는 상태에서 불을 끄고 스프를 넣고 다시 비빈다. 적당히 마무리가 되면 식탁 세팅(?)을 시작한다. 젓가락, 밑반찬을 챙겨놓고 노트북에 시청할 방송 프로그램까지 준비하면 오케이. 이제 준비해 놓은 라면을 가져오면 된다. 식탁 세팅 시간 동안 라면이 조금 더 먹기 좋게 익어 훨씬 맛있게 된다는 것. 정확한 타이밍이 중요한 기성용만의 독특한 라면 끓이는 방식이란다. 그만의 '희한한' 라면 이야기에 요리방법 논란이 한창이던 때 밖에서 닐 레넌 감독이 안을 슬쩍 엿본 뒤, 머리를 들이밀고 "너희 지금 뭐가 그리 재미있냐?"라며 장난스러운 참견을 해댄다. 조심스럽게 시작된 인터뷰, 그러나 라면 이야기로 빵 터진 데다 '기차 듀오' 에 애정 담은 간섭을 하는 레넌 감독의 장난까지 겹쳤던 시즌 첫 인터뷰는 새벽 기차의 피곤함을 깨끗이 날려줬다.

★잉글랜드 축구를 움직이는 스코틀랜드 지도자

현대 축구의 발상지가 잉글랜드의 명문 학원가라는 사실에는 이견이 없다. 하지만 세계적 브랜드로 발전한 영국 축구의 근간은 스코틀랜드 축구라는 사실. 가장 대표적인 예가 알렉스 퍼거슨 감독이다. 영국 축구 현존 최고 지도자로 평가 받는 퍼거슨 감독이 스코틀랜드인이라는 사실은 너무나 잘 알려져 있다. 퍼거슨 감독은 스코틀랜드의 수도 글래스고 출신으로 레인저스의 홈구장 아이브록스 근처에서 유년 시절을 보냈다. 당연히 레인저스 팬으로 성장했고 스타플레이어로 떠올랐던 곳 역시 1967년부터 3년간 활약했던 레인저스였다. 현역 은퇴 후 애버딘에서 대성공을 거둔 지도력을 평가 받아 1986년 맨체스터 유나이티드의 새 사령탑으로 부임한 것이 현재 맨유제국의 시초였다.

그런 퍼거슨 감독이 가장 존경해 마지 않는 선배 감독이 바로 맷 버스비 감독인데 그 역시 스코틀랜드 출신이다. 글래스고의 인근 도시인 벨실에서 태어난 버스비는 1945년 맨체스터 유나이티드의 감독으로 취임해 수많은 역사를 썼다. 1952년 예상을 뒤엎고 1부 리그 우승을 차지했고 잉글랜드축구협회와의 반대를 무릅쓰고 유러피언컵 출전을 고집했다. 1958년 독일 뮌헨 공항 참사에서 기적적으로 살아남은 버스비는 사고로부터 10년 뒤 런던 웸블리 스타디움에서 포르투갈의 벤피카를 꺾고 유러피언컵 정상에 등극하는 드라마를 완성시켰다. 버스비 체제 하에서 일개 지역팀에 불과했던 맨유는 수많은 드라마를 통해 세계적 클럽으로 발돋움할 수 있었다. 지금도 올드 트라포드 스타디움 앞에는 버스비 감독의 동상이 서있다.

리버풀의 빌리 섕클리 감독도 영국 축구사에서 빠질 수 없는 명장 중 명장이다. 글래스고 남부 글렌벅에서 태어난 섕클리는 1959년부터 1974년까지 리버풀 감독으로 재직하면서 수많은 업적을 남겼다. 유러피언컵 우승은 1973년 한 번뿐이었지만 우리가 지금 알고 있는 리버풀의 모든 전통을 만든 인물이 바로 생클리였다. 그가 도입한 직육면체 슈팅 연습 도구는 아직도 리버풀의 멜우드 훈련 구장에서 사용되고 있을 정도다. "축구가 생사가 달린 문제라고? 아니다. 그것보다 훨씬 더 중요해!"라는 영국축구사 최고의 어록을 남긴 것으로 유명하다. 리버풀 특유의 '사회주의 축구' 철학의 시초 역시 생클리 감독이었다.

★ 인류 역사상 최초의 A매치

지금이야 당연해진 'A매치'라는 국가대항전도 시초를 가진다. 역사상 최초의 국가대항전은 1872년 11월 30일 스코틀랜드 글래스고 서쪽에 자리잡은 '해밀턴 크레센트 크리켓 그라운드'에서 열린 스코틀랜드와 잉글랜드의 경기로 기록되고 있다. 관중은 약 4천 명이었고 결과는 0-0 무승부. 스코틀랜드 대표팀은 전원 당시 최강팀이었던 퀸즈파크 소속 선수들로 구성되었고, 잉글랜

1872년 잉글랜드 대표팀 선수의 유니폼이 전시되어 있는 축구박물관.

드 대표팀의 대부분은 옥스포드 대학교 학생들이었다. 세계에서 가장 오래된 축구 경기장인 프레스턴 노스엔드의 '딥데일(Deepdale)' 경기장에 있는 축구박물관에는 당시 경기에서 잉글랜드 대표팀 선수가 입었던 유니폼이 전시되어 있다. 조선시대로 따지면 '고종 9년'에 해당하는 때였으니 얼마나 오래 전 이야기인지 쉽게 알 수 있다.

2. FA컵 새 역사를 쓴 블루 드래곤

카타르에서 아시아 제패의 비원 달성에 실패한 이청용은 1월 28일 우즈베키스탄과의 3/4위 결정전을 끝으로 아쉬움 많았던 아시안컵 일정을 끝마쳤다. 그리곤 소속팀 볼턴으로 복귀하기가 무섭게 2월 2일 울버햄턴전에 선발 출전했다. 카타르에서 경기를 마치고 비행기편을 통해 볼턴으로 날아와 또 다시 거칠디 거친 프리미어리그 경기에 복귀하기까지 이청용에게 주어진 시간은 고작 닷새였다. 이청용의 에이전트는 평소 걸걸한 스타일 대로 "젊은 놈이 그냥 뛰는 거지 뭐!"라고 말했지만 대화 중간중간에 섞인 한숨 소리가 마음에 걸렸다. 이청용을 아들처럼 돌보는 사람의 마음이 편할 리가 만무하다. 울버햄턴전에 나선 이청용은 역시 피곤해 보였다. 선발 출전이긴 했지만 봄이 천근만근이었다. 후반 23분, 약간 이른 시간에 오언 코일 감독은 이청용을 벤치로 내려 앉혔다. 다행히 이청용이 팀을 떠났던 12월 말부터 이 경기 전까지 단 1승도 거두지 못하던 볼턴은 이청용의 '피곤한' 복귀전에서 절묘하게도 1-0 승리를 거

현지에서 팔고 있는 이청용 포스터.

두며 악몽의 터널에서 빠져나올 수 있었다.

이 경기 이후 코일 감독은 시즌을 통틀어 가장 '결정적'이었다고 할 수 있는 판단을 내렸다. 붙박이 이청용을 후보로 내리기로 한 것이다. 하지만 단순히 이청용을 못 믿어서가 아니었다. 살인적 시즌 소화로 컨디션이 평소의 70% 수준으로 떨어졌다고 판단했기 때문이다. 하지만 코일 감독은 정말 영리했다. 팀 성적에 급급하지 않고 이청용을 로테이션 기용시키면서 그 70%의 컨디션을 전부 뽑아낼 줄 알았기 때문이다. 어차피 무리하게 써봤자 기능이 더 떨어진다면 체력을 적절히 안배하면서 지금 당장 갖고 있는 능력을 모두 끌어내는 편이 훨씬 더 효과적이고 현실적인 방법이라는 사실을 코일 감독은 알고 있었다.

이청용은 위건과의 32강전, 풀럼과의 16강전에서 선발 풀타임 출전하며 팀의 8강 진출을 이끌었다. 하지만 곧바로 이어진 뉴캐슬과의 프리미어리그 원정 경기에선 또 다시 제외되었다. 코일 감독이 이청용을 의심이라도 하는 건가? 전혀 그렇지 않았다. 뉴캐슬 현지 호텔에서 경기 장소인 세인트 제임스 파크로 떠나는 구단 버스에 오르기 전 코일 감독은 이청용에게 다가와 살짝 "청이, 너 이번 경기는 뛰지 않을 거니까 푹 쉬어. 그냥 마음 편하게 경기 구경이나 하면서 쉬도록. 알았지?"라며 귀띔했다. 선수의 심리와 체력, 컨디션, 경기력을 모두 아우를 줄 아는 감독이었다.

온두라스와의 한국 국가대표팀 평가전3월 25일을 앞둔 이청용은 3월 12일 버밍엄 시티와의 FA컵 8강전에 나서기 위해 추억의 그곳 세인트 앤드류스 스타디움에 입성했다. 부푼 꿈을 안고 잉글랜드로 넘어온 이청용이 자신의 프리미어리그 데뷔골을 터트렸던 바로 그곳이었다. 경기 막판 터졌던 당시의 결승골로 인해 이청용은 팀 내 동료와 볼턴 팬들에겐 강한 믿음을, 버밍엄 팬들에겐 악몽을 심어줬다. '그까짓 일 년 전 골을 아직도 기억하랴' 라는 분도 계시리라. 절대로 그렇지 않다. 축구의 나라 영국에서는 악몽을 심어준 상대팀 선수를 절대로 잊지 못한다. 세인트 앤드류스 스타디움에 이청용이 몸을 풀기 위해 그라운드 위로 올라서자 관중석 여기저기서 야유가 쏟아져 나왔다. 버밍엄 팬들은 "야, 작년에 우리한테 골 넣었던 자식이 또 나왔어. 나쁜 자식!"이라는 듯이 이청용이 볼을 만질 때마다 야유를 보냈다. 참 재미있는 축구 세상에서나 경험할 수 있는 분위기라고밖에 달리 표현할 방법이 없을 것 같다. 더군다나 본 경기는 ESPN 채널을 통해 영국 전역으로 생중계되었다. 볼턴은 비인기 팀으로 분류되어 〈스카이스포츠〉가 대부분의 중계를 내보내는 프리미어리그 TV생중계에서 철저히 외면 당하는 게 현실이다. 이렇게 전국파를 타는 경기에서 이청용이 맹활약을 해준다면 지역구에서 전국구로 올라설 수 있는 절호의 기회다.

최근 절정의 컨디션을 과시 중인 이반 클라스니치가 선발 명단에 이름을 올렸고 이청용은 벤치에서 경기를 시작했다. 경기는 치열하게 전개되었다. 경기 초반부터 거친 태클이 나오면서 분위기가 일찌감치 뜨겁게 달궈졌다. 관중석 여기저기서 버밍엄 홈 관중의 불타오르는 복수심이 그대로 전해져 왔다. 경기 내용도 축구에서 만끽할 수 있는 최상의 시나리오 대로 흘러갔다. 전반 21분 엘만데르가 선제골을 넣으며 기선을 제압하자 버밍엄의 카메론 제롬이 전반 38분 통렬한 동점골로 응수했다. 전반전이 1-1로 마무리되었고 경기 분위기가 나쁘지 않게 흐르자 코일 감독은 자칭 '최고의 선수' 클라스니치를 빼고 이청용을 투입시켜 승부수를 띄웠다. 이청용의 움직임은 아시안컵 복귀 직후와는 전혀 달랐다. 예전의 날카로운 돌파와 깔끔한 터치가 돋보이면서 단번에 경기 흐름을 볼턴 쪽으로 가져왔다. 그리곤 투입 5분 만에 주장 케빈 데이비스가 페널티킥을 성공시켜 2-1로 한 골 앞서가기 시작했다. 하지만 앞서 말한 것처럼 이 경기는 명승부의 조건을 모두 갖추고 있었다. 버밍엄 팬들이 괴성에 가까운 응원을 보내던 후반 35분 프리미어리그 백전노장 케빈 필립스가 아크 정면에서 환상적인 루핑숏Looping Shot, 높이 솟구쳤다가 뚝 떨어지는 슈팅 기술을 터트리며 승부를 원점으로 돌려놨다. 레전드가 터트린 경기 막판 동점골은 세인트 앤드류스 스타디움을 가득 메운 버밍엄 관중을 열광시키기 충분했다. 속으로는 물론 이청용을 응원하고 있었지만 이 순간만큼은 필립스의 팬이 되고 말았다.

　필립스의 '달인' 동점골이 터진 이후 경기는 후반 44분이 지나면서 부심이 추가시간 표식을 높이 치켜들었다. 속으로 '아, 버밍엄 정말 끈질기구나' 라고 생각하면서 무승부에 맞춰 경기 상보를 정리하고 있었다. 경기장 안에 있는 모두가 그렇게 생각하고 있었다. 그런데 뒤에 날아간 롱패스가 페널티박스 안에 있던 '헤딩의 달인' 데이비스의 머리에 정확히 얹혔다. 골대와 거리가 있었던 터라 데이비스는 숏이 아니라 골키퍼 앞 공간에 볼을 떨궜다. 순간 가냘픈 허벅지 두 개가 빠르게 교차하며 돌아 들어가더니 공중으로 솟구쳐 볼을 버밍엄 골대 오른쪽 구석으로 콕 찍어 넣었다. 후반 45분 이청용의 결승 헤딩골이 터진 것이다.

프리미어리그 데뷔골과 완벽한 데자뷔였다. 골을 넣은 이청용은 움직임 방향 그대로 달려가 볼턴 원정 서포터즈석 앞에서 포효했다. 어쩜 이렇게 장할 수가 있는지, 어쩜 이렇게 결정적일 수 있는지. 솔직히 말도 나오지 않았다. 2년 연속으로 똑같은 선수에게 똑같은 막판 결승 실점을 허용한 버밍엄 팬들은 망연자실. 같은 곳에서 일생 몇 번 경험할까 말까 한 극적인 승리를 두 시즌 연속으로 맛본 볼턴 원정 팬들은 한 마디로 ‘미친 듯이’ 날뛰며 “리Lee~~~”를 외쳤다. 축구선수란 직업이 한없이 부러워지는 그런 순간이 아닐 수 없었다.

“골이 들어간 순간에 아무것도 생각 안 나더라고요. 정말 미칠 뻔 했어요, 하하. 너무 기분 좋고요. 제가 골을 넣어서 웸블리에 가게 됐다는 사실도 안 믿겨져요. 진짜 좋아요. 지난 시즌 버밍엄 구장에서 첫 골이면서 데뷔골도 넣었잖아요. 제겐 좋은 기억이 남아있는 경기장이에요. 뭐 일단 버밍엄이 잔류했으면 싶어요, 하하.”

이청용의 결승골은 볼턴에게 12년만의 FA컵 4강 진출이라는 쾌거를 선물했다. 1999/2000시즌 당시 본 대회에서 준결승에 진출한 이래 볼턴은 실로 오랜만에 영광의 무대에 다시 설 수 있게 되었고 그 역사가 바로 이청용에 의해 쓰여진 것이다.

이청용이 볼턴에 선사한 역사적 선물이 또 하나 있으니 바로 ‘뉴 웸블리 스타디움 데뷔’였다. 2007년 지금의 모습으로 재개장한 ‘축구 성지’ 웸블리 스타디움에서 볼턴은 지금까지 한 번도 경기를 가져본 적이 없었다. 컵 대회에서 상위권에 들지 않는 한 이 웅장한 21세기 풋볼 콜로세움에 서보는 일은 불가능하다. 이 세상 모든 선수의 꿈 웸블리 스타디움의 역사에 드디어 볼턴이 자기 이름을 새겨 넣은 것이다. 비록 준결승전에서 스토크 시티에 의외의 5-0 참패를 당하긴 했지만 드넓은 웸블리의 푸른 잔디 위에서 땀을 흘려봤다는 사실 자체만으로도 약팀 볼턴에는 대단한 경험이자 자랑거리가 아닐 수 없다.

2009년 여름 이후 축구의 신은 이청용의 기도와 바람을 모두 들어줬다. 하지만 유일하게 들어주지 않은 소원이 '버밍엄의 리그 잔류'였다. 2010/2011시즌 버밍엄 시티는 칼링컵 우승에도 불구하고 챔피언십 강등의 운명을 맞이하고 말았다. 당시 경기 후 버밍엄이 잔류했으면 좋겠다고 말한 것을 이청용이 기억하고 있을까, 라는 생각에 웃음이 절로 나온다.

★TV에 살고 TV에 죽고

전세계 수많은 스포츠 컨텐츠 중에서도 프리미어리그의 인기는 단연 최고다. 지구 반대편에 있는 한국에서도 전국 TV네트워크를 통해 가장 많이 방영되는 리그도 국내 K리그가 아닌 프리미어리그다. 인기가 좋은 만큼 프리미어리그의 TV 중계권 수입은 상상을 초월한다. 프리미어리그는 TV중계권 판매에 관한 모든 권한을 리그 측에서 소속 클럽들에게 위임 받아 처리한다. 리그가 한꺼번에 묶어서 협상, 판매, 수입 배분을 통괄한다. 2009/2010시즌 기준으로 프리미어리그 20개 클럽에 배분된 총 금액이 무려 1조4,252억 원에 달한다. 해외 판매분은 20개 팀이 동등하게 나눠 갖지만 영국 내 수입은 50:25:25 원칙으로 차등 지급된다. 국내 판매 수입의 절반은 균등 배분되고, 25%는 최종 순위에 따라, 그리고 나머지 25%는 TV중계 횟수에 따라 차등 지급된다. 볼턴 같은 비인기 팀은 바로 TV중계 횟수에서 밀려 인기팀들에 비해 혜택이 줄어들게 된다. 예를 들어 2010/2011시즌 우승팀 맨체스터 유나이티드의 경기는 총 24회 생중계되어 이 항목에서만 223억 원을 리그로부터 지급받았다. 반면 볼턴 경기가 생중계된 것은 고작 10회. TV생중계 항목에서 볼턴은 107억 원을 받아 맨유보다 절반 이하의 중계권 판매 수입을 올렸다. 그나마 리그 측과 TV생중계권자 사이에서 하한선을 그어놓은 덕분이다. 그렇지 않고 방송사 측에 경기 편성 전권을 줘버리면 맨유, 첼시, 리버풀, 아스널 등의 인기팀들에만 쏠릴 게 뻔하기 때문이다. 하지만 일각에서는 이렇게 인기팀과 비인기팀을 구분하는 정책을 비난하기도 한다. 부익부 빈익빈 현상을 부추긴다는 논리다.

2009/2010시즌 프리미어리그 TV중계권료 배분 현황

최종순위	구단명	TV 생중계 횟수	총 지급액(억 원)
1	첼시	22	906
2	맨체스터 유나이티드	24	908
3	아스널	23	886
4	토트넘 홋스퍼	20	848
5	맨체스터 시티	22	851
6	애스턴 빌라	16	787
7	리버풀	22	823
8	에버턴	13	735
9	버밍엄 시티	11	704
10	블랙번 로버스	13	707
11	스토크 시티	10	669
12	풀럼	10	655
13	선덜랜드	10	641
14	볼턴 원더러스	10	627
15	울버햄턴 원더러스	10	614
16	위건 애슬레틱	10	600
17	웨스트 햄 유나이티드	11	595
18	번리	11	581
19	헐 시티	10	559
20	포츠머스	10	545

＊해외 TV중계권 수입 : 균등 지급
＊국내 TV중계권 수입 : 50%(균등)–25%(순위)–25%(TV생중계 횟수)
＊프리미어리그에는 우승 상금이 없음

풋볼
지식
사전

★ 최악의 통제불능 스타플레이어

축구란 자고로 '팀 스포츠'다. 박지성이나 이청용이 소속팀 감독들에게 극진한 사랑을 받는 이유도 바로 '팀을 위한 태도' 덕분이다. 세상 축구선수들이 모두 박지성이나 이청용 같다면 아마 감독이란 직업 자체가 필요 없을지도 모른다. 여기 역사상 통제불능 최고봉 에드문두(Edmundo Alves de Souza Neto)를 소개한다.

브라질 대표팀으로 1998년 프랑스 월드컵에 출전하기도 했던 에드문두는 환상적인 개인기로 전세계 축구 팬들의 눈을 즐겁게 해줬다. 그러나 감독들은 단 1초도 마음을 놓을 수 없었다. 언제 어디서 터질지 모를 시한폭탄 같은 존재였던 탓이다. 공격수였던 그는 한 시즌에만 일곱 번이나 퇴장 당하는 전무후무한 기록을 남겼다. 자신을 취재하던 TV카메라를 때려부숴 일주일간 철창 신세를 진 것은 애교. 직접 차를 몰다가 인도 위에 있던 행인을 덮쳐 세 명이 목숨을 잃었다. 변호사 덕분에 그는 무죄 판결을 받고 이탈리아의 피오렌티나로 도망치듯 이적했다. 세리에A 우승 직전 팀 내 간판스타 가브리엘 바티스투타가 부상을 당하자 피오렌티나는 에드문두가 절실히 필요했지만 그는 경기 출전을 거부했다. 고향 브라질에서 열린 리오 카니발에 가느라고!

이탈리아에서 쫓겨난 에드문두는 다시 브라질로 복귀한다. 아무리 사고를 쳐도 그가 가진 '악마의 재능'에 현혹된 클럽들이 있기 마련이기 때문이다. 브라질 명문 바스코 다 가마에 입단한 에드문두는 엉뚱하게도 한 서커스단으로부터 동물학대 혐의로 고소를 당했다. 사연인즉슨 에드문두가 자기 아들의 생일잔치를 위해 고용한 서커스단의 침팬지에게 맥주와 위스키를 마구 마시게 했다는 것이다.

에드문드(Edmundo Alves de Souza Neto)

- 생년월일 : 1971년 4월 2일

- 국적 : 브라질

- 포지션 : 2선 공격수

- 클럽 경력 : 바스코 다 가마 ➡ 팔메이라스 ➡ 플라멩고 ➡ 코린티안스 ➡ 바스코 다 가마 ➡ 피오렌티나 ➡ 바스코 다 가마 ➡ 산투스 ➡ 나폴리 ➡ 크루제이루 ➡ 도쿄 베르디 ➡ 우라와 레즈 ➡ 바스코 다 가마 ➡ 플루미넨세 ➡ 노바 이구아쿠 ➡ 피구에이렌세 ➡ 팔메이라스 ➡ 바스코 다 가마 (1990~2008년, 총 13개 팀, 바스코 다 가마에서만 다섯 번 등록)

3. 킬러 펀치

영국 현지에서 박지성을 소개할 때 썼던 표현은 손에 꼽을 정도로 딱 정해져 있었다. 'Unsung Hero숨은 영웅', The most underrated player가장 과소평가 받은 선수', 'Hard-working for the team팀을 위해 열심히 뛴다' 등이다. 물론 모두 '찬사'이긴 하지만 차범근 전 수원 감독과 함께 대한민국 축구 역사상 최고의 슈퍼스타로 박지성을 칭송하는 한국 팬들에겐 부족함이 많은 '과소평가' 표현이다. 하지만 박지성을 향한 그런 인식은 2010/2011시즌을 기점으로 완전히 돌아섰다. 이제는 맨체스터 유나이티드에 있어서 없어서는 안 될 존재로 영국 현지 언론도 인식하고 있다. 이젠 누구도 박지성을 아시아 마케팅용이라는 꼬리표를 붙여 언급하지 않는다. 박지성은 실력과 결과로 모든 편견을 뛰어넘었다.

운명의 장난처럼 보였다. 유럽축구연맹UEFA 챔피언스리그 8강에서 잉글리시 프리미어리그의 양대산맥 맨유와 첼시가 다시 만났다. 프리미어리그에서도 우승 경쟁을 펼치고 있는데 '별들의 향연'에서까지 맞붙게 되자 영국 현지 분위기는 단번에 후끈 달아올랐다. 특히 첼시 팬들은 저마다 뒷주머니에 숨겨놨던 '복수심'을 꺼내 들고 비장한 각오로 서걱서걱 갈아대는 듯한 모습이었다. 2008년 모스크바에서 거의 손에 넣었다고 생각했던 유럽 챔피언 메달을 마지막 순간에 낚아채간 바로 그 맨유였기 때문이다.

1차전은 첼시의 홈구장인 스탬퍼드 브릿지에서 먼저 열렸다. 지하철에서 내려 밖으로 나오자 이미 경기장 주변은 수많은 팬들로 붐비고 있었다. 똑같은 장소에서 똑같은 팀과 상대하지만 프리미어리그에 비해 훨씬 더 비장감이 감돌고 있었다. 경찰과 안전요원이 만든 인간띠 안에 갇혀있는 3천여 명의 맨유 팬들은 경기 시작과 동시에 회심의 응원가 '비바, 존 테리Viva, John Terry'를 목청껏 부르기 시작했다. 원래 크리스티아누 호날두의 응원가였지만 2008년 UEFA챔피언스리그 결승전의 승부차기에서 결정적인 실수를 저질러 맨유에게 우승을 헌납한 테리에게 고맙다는 내용으로 개사해서 맨유 팬들 사이에선 이미 최고 인기곡으로 사랑 받고 있다. 내용은 이렇다. 첼시의 안방에서 그 노래를 부르니 맨유 팬들은 더 신날 수밖에 없고 첼시 팬들은 약이 올라 죽을 지경이다.

맨유는 원정 경기임에도 불구하고 안정적인 경기 운영을 보였다. 하비에르 에르난데스가 최전방 원톱으로 서고 그 뒤에 웨인 루니가 폭넓은 활동 반경을 보이며 공수의 링크 역할을 했다. 경기는 전반전에 터진 루니의 선제 골이 그대로 결승골로 굳어져 맨유가 원정에서 1-0 신승을 거두었다. 하지만 이날 그라운드에선 선발 출전해 후반 추가시간에서야 교체되어 나간 박지성의 전술적 움직임이 반짝반짝 빛났다. 왼쪽 측면에 배치된 박지성은 첼시의 오른쪽 윙어 하미레스와 그 뒤에 있는 주제 보싱와를 꽁꽁 묶어놨다. 공격수인 박지성이 자기 앞

경기일마다 올드 트라포드 주변에 등장하는 명물 핫도그 매점과 머플러 노점.

에 서있는 두 선수의 전진 길목을 완전히 틀어막아준 탓에 첼시의 공격 날개 한쪽이 완전히 꺾여버렸다. 실력이 엇비슷한 상대를 이기려면 날개 두 쪽을 모두 펴서 힘껏 펄럭거려야 하는데 한쪽 날개가 박지성이란 올가미에 걸려 아무 힘도 쓰지 못했으니 첼시의 공격이 원하는 대로 이뤄졌을 리가 없다. 경기가 끝나고 기자실에 모인 현지 기자들은 모두 박지성의 역할이 놀랍다며 칭찬을 늘어놓기 바빴다.

운명의 올드 트라포드 2차전까지는 불과 6일밖에 기다리지 않았다. 맨체스터로 올라가는 고속도로에서 첼시의 푸른 머플러로 장식된 차량 행렬이 길게 이어져 있었다. 역전의 희망을 품고 결전의 장소 올드 트라포드로 올라가는 첼시 팬들이었다. 물론 런던에 사는 맨유 팬들도 유럽으로 가는 길에 뒤섞였다. 휴식을 위해 들린 고속도로 휴게소마다 붉은 맨유 팬들과 푸른 첼시 팬들이 삼삼오오 모여 영광스러운 '유러피언 나이트'를 즐기고 있었다. 극심한 정체 탓에 런던을 떠난 지 여섯 시간 만에 결전의 장소 올드 트라포드에 도착할 수 있었다. 장시간 운전에 몸은 지칠 대로 지쳐 있었지만 경기장 안으로 들어서는 순간 웅장한 올드 트라포드 안에 가득 찬 챔피언스리그 무대만의 묘한 감흥이 그대로 혈관 안으로 흘러 들어왔다.

그렇지만 관심사는 단 하나, 박지성이 이 경기에서 출전하는지, 또 활약하는 지다. 기자실 안에 준비된 식사로 대충 허기를 채운 뒤 기자석에 자리를 잡고 앉은 지 20여 분 뒤 맨유의 언론담당 직원이 흰색 A4용지 한 다발을 옆구리에 끼고 나타나 앞줄부터 나눠주기 시작했다. 내심 '당연히 선발' 이라고 믿으면서도 마음 한 켠에는 '혹시나' 라는 걱정이 항상 도사리고 있었다. 2008년 5월 모스크바에서 된통 당했던 일종의 트라우마라고도 할 수 있다. 하지만, 그 이후로는 예상이 빗나간 경우가 거의 없었다. 받아든 출전명단에는 '13. Ji-Sung Park' 이란 글씨가 또렷이 새겨져 있었다. 알렉스 퍼거슨 감독은 일주일 전에 있었던 1차전 선발 11인 중에서 안토니오 발렌시아를 나니로, 존 오셰이를 하파엘로 교체했을 뿐 기본 골격을 그대로 유지했다. 1차전에서 1-0으로 패한 첼시는 당연히 공격적으로 나올 수밖에 없고 그런 조급한 상대를 괴롭히는 데 박지성보다 더 좋은 특효약은 없다.

전반 43분 에르난데스가 골을 넣은 맨유가 합산 스코어에서 두 골을 앞선 채로 후반에 돌입했다. 누가 봐도 맨유가 절대적으로 유리할 수밖에 없는 상황이었지만 후반 32분 디디에 드로그바의 추격골이 터지자 모든 게 확 뒤바뀌었다. 합산 스코어에서는 맨유가 여전히 2-1로 앞서고 있지만 첼시가 한 골만 더 넣으면 원정득점 우선원칙에 따라 첼시가 4강에 진출하게 되는 챔피언스리그만의 독특한 규정 때문이었다. 더군다나 드로그바는 선발 출전한 페르난도 토레스와 하프타임에 교체되어 투입되었다. 첼시 팬들 중에는 900억 원이라는 거액을 퍼부어 데려온 토레스가 골을 터트리지 못하자 불만이 대단했는데, 그런 토레스를 대신해 '구관' 드로그바가 천금 같은 추격골을 터트려주자 지옥 불구덩이에서 솟아올라 갑자기 천국의 문턱까지 다다른 듯한 표정들이었다.

　　반대로 맨유 팬들은 1년 전 악몽이 되살아나는 듯했다. 지난해 바로 이 단계에서 맨유 팬들은 바이에른 뮌헨의 아르연 로번에게 실점을 허용해 원정득점에서 뒤져 8강 탈락의 고배를 마셨기 때문이다. 올드 트라포드를 가득 채운 맨유 팬들이 순식간에 정적에 빠져들었다. 드로그바의 골이 들어갔을 때 솔직히 '아, 박지성이 빠지고 베르바토프가 들어가겠구나' 싶었다. 맨유로서는 골이 절실했기 때문이다. 박지성이 아무리 올 시즌 공격력이 날카로워졌다고 해도 프리미어리그 득점 선두 베르바토프에 비할 순 없다. 그러나 그 생각은 1분도 채 흐르지 않은 사이에 노파심으로 판명 났다. 드로그바의 득점 이후 재개된 첫 번째 공격에서 라이언 긱스의 짧은 크로스를 받은 박지성이 가슴 트래핑 후 환상적인 왼발 슈팅으로 첼시의 가슴을 갈갈이 찢어놨다. 골이 터진 순간 첼시 팬들은 물론 맨유 팬들도 지금 눈앞에서 무슨 일이 벌어졌는지 금방 와 닿지 않은 듯 일순 멈칫하며 짧은 정적이 흘렀다. 그리곤 환성이 폭발했다. 박지성이 첼시가 쥐었던 일말의 지푸라기를 홀라당 태워버리며 팀을 UEFA챔피언스리그 준결승에 올려놓은 것이다.

　　박지성이 결정적인 골을 터트리자 기자석 주위에 있던 현지 기자들이 경이롭다는 표정으로 앞다투어 축하 인사를 보내왔다. 괜히 어깨가 으쓱해지는 순간이었다. 경기가 끝나고 곧바로 공동취재구역으로 내려가서 자리를 잡고 있으니 외신 기자들이 어느새 한국 취재진들 뒤에 와서 진을 쳐 완전히 포위되고 말았다. 한국 취재진뿐만 아니라 외신 매체들 역시 박지성의 소감 한 마디가 이날의 최고 기삿거리였기 때문이다. 너도나도 까만머리 취재진에게 "박지성 인터뷰할 거죠? 인터뷰 끝나면 뭐라고 했는지 좀 알려줘요. 꼭이요!"라며 부탁하느라 정신이 없었다. 이런 경사스러운 날 못해줄 것 뭐 있겠나? 풀이 죽은 첼시 선수들이 모든 인터뷰 요청을 거부한 채 취재진 사이를 빠르게 지나갔고, 신이 난 맨유 선수들은 저마다 흥분된 소감을 밝히느라 공동취재구역은 시장바닥처럼 시끄러웠다. 그런데 아무리 기다려도 '우리 님'이 나타나지 않는다. 결국 양팀 선수가 모두 빠져나간 후까지 박지성은 나오지 않았다. '오늘 같은 날 인터뷰 안 하면 도대체 어떻게 하라고'라며 다들 노심초사하고 있던 터에 맨유의 언론담당자가 다가와 미안하다는 듯한 표정으로 충격적인 뉴스를 전해줬다.

"오늘 박지성 선수가 도핑 테스트 검사 대상자로 결정돼서 공동취재구역에 오지 못해요. 지금 검사 받고 있어요. 죄송합니다. 그런데 오늘 경기 정말 대단했죠?"

외신 기자들 입에서 "Oh, No!"이라는 탄식이 튀어나왔다. 한국 취재진은 서로 얼굴을 쳐다보면서 허탈한 웃음을 지을 수밖에 없었다. 하지만, 확실한 기삿거리는 하나 건졌다. 박지성은 더 이상 맨유의 '숨은 영웅'이 아니라는 사실이었다. 그는 수많은 팬들 앞에서 찬란하게 빛나는 영웅이었다.

★공동취재구역의 최고 인기스타는 누구?

공동취재구역의 최고 인기 선수인 크리스티아누 호날두.

축구 경기가 끝나면 취재진을 위한 공동취재구역(Mixed Zone)이 운영된다. 경기를 마친 선수들은 반드시 이 구간을 지나 경기장에서 빠져나가야 하고, 취재진은 지나가는 선수들을 요령껏 붙잡아서 마음껏 인터뷰를 할 수 있는 권리를 가진다. 피곤한 선수들을 왜 괴롭히냐고 생각할 수도 있겠지만 대회 주최 측으로서는 선수와 취재진의 접촉 기회를 조금이라도 더 많이 부여해서 경기 자체의 홍보 효과를 높이기 위함이다. 박지성은 공동취재구역에서 꽤 친절하다. 특히 한국 취재진에게는 대부분 '잡혀' 준다. 그렇다면 '공동취재구역' 계 최고의 인기 선수는 누굴까? 굉장히 의외로 들릴 수도 있겠지만 티에리 앙리와 크리스티아누 호날두다. 두 선수는 마이크를 들이대는 취재진을 그냥 지나치지 않고 친절하게 답변을 해준다. 물론 평소에는 두 선수 모두 독점 인터뷰 따기가 하늘에 별 따기 같은 슈퍼스타지만 공동취재구역에서만큼은 최고의 '친절남' 듀오로 기자들에게 인기가 좋다. 두 선수 모두 공동취재구역을 한 번 지나가는 데에만 평균 30분 이상이 소요된다. 똑같은 질문은 물론 다소 무례하거나 어이없는 질문을 받기도 하지만 두 선수 모두 웃어넘기면서 인상을 쓰는 일이 거의 없다. 하지만 이 구간에서도 평소 인터뷰를 하기 싫어하는 선수들은 취재진의 간곡한 부탁도 본체만체 지나가버리기 일쑤다. 지금은 은퇴한 폴 스콜스는 거의 병적으로 인터뷰를 싫어한다. 아무리 이름을 외치고 불쌍한 표정을 지어도 스콜스는 앞만 바라보고 자기 갈 길을 갈 뿐이다. 한국 선수들 중 인터뷰 기피증이 심한 선수는 단연 박주영이다.

★맨유만 유나이티드냐? 우리도 유나이티드다!

한국에서는 '맨유'가 가장 일반적인 호칭이 되었지만 사실 영국 현지에선 거의 사용되지 않는 낯선 이름이다. 영국에서 일반적으로 통용되는 약칭은 '유나이티드'다. 맨유가 발행하는 공식 잡지의 이름도 〈인사이드 유나이티드〉이지만 한국에서는 〈인사이드 맨유〉라는 바뀐 명칭을 사용한다. 그런데 가끔 이 약칭도 헷갈릴 때가 있다. 영국에는 이름에 '유나이티드'라는 단어를 사용하는 클럽이 20개나 되기 때문이다. 이들 대부분 자기 팀을 '유나이티드'라고 약칭해서 부른다. 가장 대표적인 클럽이 웨스트 햄 유나이티드다. 홈구장인 업튼 파크에 가면 여기저기서 "유나이티드! 유나이티드!"라는 응원 구호를 쉽게 들을 수 있다.

클럽명 ('유나이티드'라는 단어를 사용하기 시작한 연도)

세필드 유나이티드 (1889)

뉴캐슬 유나이티드 (1892)

스컨소프 유나이티드 (1899)

웨스트 햄 유나이티드 (1900)

맨체스터 유나이티드 (1902)

칼라일 유나이티드 (1904)

사우스엔드 유나이티드 (1906)

하틀풀 유나이티드 (1908)

에어 유나이티드 (1910)

리즈 유나이티드 (1919)

던디 유나이티드 (1919)

토키 유나이티드 (1921)

헤러포드 유나이티드 (1924)

로더험 유나이티드 (1925)

보스턴 유나이티드 (1933)

콜체스터 유나이티드 (1937)

캠브리지 유나이티드 (1951)

옥스포드 유나이티드 (1960)

에어드리 유나이티드 (2002)

4. 같은 상대, 연속 선발
그러나

"**왜** 박지성 인터뷰 안 올라와?"

"갔어요."

"뭔 소리야? 어딜 가?"

"인터뷰 안 하고 그냥 갔어요."

"야, 말이 되냐? 모스크바에서 엔트리 제외됐을 때도 인터뷰했었는데. 무슨 수를 써서라도 잡았어야지."

"경비원 앞뒤로 세워놓고 정말 작심하고 휙 지나갔어요. OO선배는 잡으려고 팔까지 뻗었다니까요. 우리도 깜짝 놀랐어요."

2011년 5월 28일, UEFA챔피언스리그 결승전이 막 끝난 웸블리 스타디움의 기자석에서 오간 대화 내용이었다. 녹색 그라운드 위에 내려앉은 우승 축하 색종이 조각들이 야간 조명을 받아 반짝거렸고, 광고판 뒤쪽으로 거미줄처럼 연결되어있던 TV방송장비용 케이블을 정리하는 일꾼들의 모습이 부산하다. 한 시간 전까지 박지성은 바로 저 그라운드 위에서 자기 안에 있던 모든 에너지를 쥐어 짰다. 리오넬 메시를 죽어라 쫓아가서 깊은 백태클로 기어이 볼을 빼앗아내고야 말았고, 패스를 받기 위해 쉼 없이 움직이며 공간을 만들어냈다. 3년 전 모스크 바에서 당했던 엔트리 제외의 굴욕, 2년 전 로마에서 맛봤던 처절한 패배가 머리 와 가슴 속 깊숙이 남긴 상처를 이제는 깨끗이 잊어버리고 싶다는, 무엇보다 축 구선수로서 올라갈 수 있는 최고의 경지까지 올라가보고 싶다는 위대한 꿈을 이 루기 위해 뛰는 박지성의 마음이 기자석까지 그대로 전달되었다. 그러나 박지성 이 믿었던 축구의 신은 잔인했다. 3년 전보다 더 큰 굴욕을 안겨줬고 2년 전보다 더 참혹한 패배를 던져줬다1. 이날 바르셀로나는 맨유를 3-1로 꺾고 유럽 최정 상에 올랐다. 박지성은 인터뷰도 거절한 채 곧바로 돌아가고 말았다.

시간을 거슬러 웸블리 결승전으로부터 이틀 전. 영국은 그야말로 축구 광풍 에 휩싸여 있었다. 2년 전 완패에 대한 빚을 갚아야 한다는 복수심, 현대 축구의 종갓집을 상징하는 바로 웸블리 스타디움에서만큼은 절대로 질 수 없다는 역사 적 사명감이 한데 뒤섞여 영국 언론의 기대심을 마구마구 부추겼다. 물론 자국 클럽이라고 해서 모두가 당연히 우승할 거라곤 예상하지 못했다. 상대는 다름아 닌 역사적 전력을 갖춘 바르셀로나인 탓이다. 바르셀로나는 이미 동시대를 뛰어 넘어 축구 역사상 가장 위대한 팀 중 하나로 손꼽힐 정도로 전세계인의 숭배를 받고 있는 분위기를 영국 언론이라고 해서 무시할 순 없는 일이었다. 이런 분위

---

1 2008년 5월 UEFA챔피언스리그 결승전에서 박지성은 18인 엔트리에서 제외되는 아픔을 겪었다. 2009년 5월 UEFA챔피언스리그 결승전에서 선발 출전한 박지성은 바르셀로나의 높은 벽만 실감한 채 팀의 2-0 완 패를 지켜봐야 했다.

기 속에서 영국 언론이 '완벽한' 바르셀로나를 쓰러트리기 위해 알렉스 퍼거슨 감독이 내세울 수 있는 유일한 카드가 바로 박지성이었다.

올 시즌 박지성은 맨유 입단 이래 최상의 활약을 펼치며 자신의 존재감을 만방에 떨치고 있었다. 프리미어리그 경기에선 안토니오 발렌시아를 중용하는 퍼거슨 감독은 빅매치 때마다 어김없이 박지성 카드를 꺼내 들었고 백전노장 감독의 노림수는 언제나 들어맞았다. 단순히 '열심히 뛰는' 선수였던 박지성은 2011년 5월 퍼거슨 감독과 맨유, 그리고 영국 축구의 모든 자존심을 두 어깨에 짊어진 역사적 스포트라이트의 주인공으로 떠올랐다.

하이드 파크에 설치된 UEFA챔피언스리그 팬존을 취재하기 위해 옥스포드 스트리트를 따라 걸어갔다. 유럽에서 가장 큰 단일 쇼핑가 옥스포드 스트리트에는 언제나 양손에 쇼핑백을 잔뜩 든 유럽 각지 관광객들로 부산하다. 소나기를 피하기 위해 잠시 커피숍에 들렀다가 현지 언론의 반응을 살피기 위해 셀프리지 백화점 지하에 있는 뉴스 판매대를 찾아 당일 일간지를 몽땅 샀다. 신문을 한 움큼 들고 커피숍으로 돌아와 스포츠 섹션을 펼치면서 깜짝 놀랐다. 어느 신문 어느 곳을 봐도 박지성의 대형 사진으로 도배가 되어 있었다. 다들 박지성의 선발 출전은 물론 거함 바르셀로나를 꺾기 위한 맨유의 필승 카드로 박지성을 꼽고 있었다. 전세계 어느 미디어든 뭔가 특별하고 독특한 '스토리 메이킹'을 사랑한다. 이번 결승전에서 영국 현지 언론이 뽑은 최고의 이야깃거리가 바로 박지성인 것이다. 박지성의 앙갚음, 복수, 명예회복, 꿈의 실현이 그대로 맨유와 퍼거슨 감독의 승리를 의미한다고 현지 언론은 믿고 있었다.

결승전으로부터 나흘 전. 캐링턴 트레이닝 센터로 들어가는 길목은 수많은 차량 행렬로 꽉 막혀버렸다. UEFA챔피언스리그 결승전을 앞둔 맨유의 공개훈

챔스 결승전 전날 웸블리 공개훈련에서 퍼거슨과 독대하는 박지성(위). 공개 훈련 중인 박지성(아래).

련 및 공식 기자회견에 참석하기 위해 전세계 취재진이 한꺼번에 몰린 탓이었다. 가뜩이나 훈련구장으로 들어갈 수 있는 유일한 좁은 도로가 백여 대의 차량으로 빼곡히 들어찼다. 훈련구장 정문에 겨우 다다르자 평소 안면이 있는 경비원도 이날만큼은 무서운 표정을 지어 보이며 신분증 제시를 요구해왔다. 뻔히 얼굴을 알고 있는 사이였지만 '그래, 오늘 같은 날이라면 저 친구도 당연히 예민해지겠지' 라는 생각에 순순히 프리미어리그 취재증을 건넸다. 기자회견실 안에서는 좋은 자리를 차지하려는 방송 카메라와 사진기자들 간에 자리싸움이 옥신각신 벌어지고 있었다. 여기저기서 영어는 물론 스페인어가 시끄럽게 허공 속으로 날아다녔다.

퍼거슨 감독은 예정된 시간보다 30분 이상 늦게 모습을 나타냈다. 인터뷰는 영어와 스페인어로 순서대로 진행되었다. 리턴매치를 앞둔 각오, 웸블리 스타디움 결승전에 대한 감회 등이 질문의 주를 이뤘다. 한창 섹스 스캔들로 곤욕을 치르고 있던 라이언 긱스와 관련된 질문을 받지 않겠다는 구단 측 경고를 무시하고 대담하게 이 주제를 건드린 기자는 대답도 얻지 못한 채 향후 구단 출입 금지 조치에 처해졌다. 선발 라인업에 관한 질문을 받은 퍼거슨 감독은 "박지성과 치차리토하비에르 에르난데스의 활용방안을 놓고 고민 중이다"라고 짧게 대답했다. 묘한 뉘앙스를 풍기지만 두 선수가 선발로 나설 거라는 예상에는 변함이 없었다. 왜냐면 퍼거슨 감독은 선발로 낙점한 선수에 대해선 조금이라도 더 애매하게, 그렇지 않은 선수에 대해선 굉장한 칭찬을 늘어놓는 버릇이 있기 때문이다.

기자회견과 공개훈련이 모두 끝나고 실내 연습 시설 안에서 밝은 표정의 박지성과 만났다. 물론 그는 한국 기자들만의 취재 대상이 아니었다. 스페인의 한 방송사에서 나온 여성 리포터가 박지성을 먼저 붙잡았다. 억센 스페인어 억양을 듬뿍 담은 영어로 그녀는 "개구리 즙을 먹었다는 게 사실인가요?"라고 대뜸 물었고, 전혀 예상치 못한 질문 공격을 받은 박지성이 멈칫한 뒤 재미있다는 듯한 표정으로 "네, 사실입니다"라고 대답했다. 맛이 어땠냐고 하는 질문에 박지성은 "솔직히 정말 맛이 없어요"라고 대답하자 이내 이 문답을 듣고 있던 취재진 사이에서 폭소가 터졌다. 축구와는 별로 상관없는 이런 류의 질문은 가끔 분위기를 썰렁하게 만들기도 하지만 때로는 이때처럼 '아이스 브레이킹' 해주는 쏠쏠한 역할도 해준다. 내심 박지성에게 딱딱하고 정해진 모범답안식 답변만 듣게 될지도 모른다고 걱정했는데 다행히도 스페인 리포터의 개구리즙 질문에 분위기가 부드러워질 수 있었다. 박지성과의 인터뷰를 단단히 준비라도 해온 듯 그녀는 인터뷰가 끝나고 "감사합니다"라며 한국어로 말해 다시 한 번 박지성을 웃음짓게 했다. 이윽고 한국 취재진과 마주한 박지성.

"당연히 복수전을 하고 싶은 생각도 듭니다. 운동선수라면 누구나 승부욕을 갖고 있으니까요. 한 번 패배를 한 상대에게 같은 무대에서 또 패배를 당할 순 없습니다. 꼭 이기고 싶습니다. 선수들도 많이 달라졌다고 생각해요. 그간 경험이 쌓인 만큼 선수로서 성장할 수 있었다고 봅니다. 결승전 이후에는 경기가 없잖아요. 제 모든 걸 쏟아부을 거예요. 많은 분들께서 성원해주신 덕에 제가 좋은 활약을 펼칠 수 있었어요. 이번 결승전에서도 만약 경기에 출전한다면 좋은 모습을 보여주기 위해 노력하겠습니다. 많은 성원 부탁드립니다."

2005년 그가 맨체스터 유나이티드에 입단한 이후 지금까지 시즌당 최소한 15회 이상 인터뷰를 했으니 여섯 시즌을 모두 합치면 무려 90번이다. 기타 인터뷰 건까지 다 합치면 족히 100번도 넘게 박지성과 인터뷰를 해왔다. 워낙 자기 속내를 쉽게 밝히지 않는 성격 탓에 그렇게 많이 인터뷰를 했다고 해도 그의 입에서 나오는 단어와 문장들로부터 진심이 묻어나는 경우는 그리 많지 않았다. 거짓말쟁이라는 게 아니라 박지성은 언론의 파급력을 잘 알고 있는 탓에 가장 적절한 답변을 한다는 뜻이다. 그러나 이날의 인터뷰에서는 승부에 대한 그의 진심이 고스란히 전달되었다. 반드시 이기고 싶다는 승부욕, 또 질 수 없다는 간절함, 그리고 자기 힘으로 최고의 자리에 서보고 싶다는 축구선수로서의 원대한 꿈을 향한 열정을 그대로 느낄 수 있었다. 짧지 않았던 인터뷰를 마치고 박지성은 한국 취재진에게 짧게 인사를 건넨 뒤 주차장으로 사라졌다. 이번만큼은 꼭 이길 것 같은 느낌이 들었다.

★원정 경기 이동수단

축구팀들은 시즌 중 항상 원정을 다닌다. 국내 리그는 물론 국제 클럽 대회에 출전하게 되면 빠듯한 시간을 쪼개 장거리 원정에 나선다. 프리미어리그 클럽들은 어떻게 그런 원정을 다닐까? 울버햄턴, 레딩, 풀럼에서 뛰며 수많은 원정을 다녔던 설기현에게 직접 들어보자.

근거리 원정 ➜ 버스

두 시간 이내로 갈 수 있는 곳은 버스를 대절한다. 경기 하루 전날 클럽하우스에 모여 버스를 이용해 이동한다. 영국에서는 버스가 아니라 '코치(Coach)'라고 부르는 대형 버스가 있다. 차내에 화장실을 비롯 4인용 테이블도 여러 개 딸려있어 이동 시간 동안 선수들은 지루하지 않게 시간을 보낼 수 있다.

장거리 원정 ➜ 기차 또는 전용기

기차로 이동할 경우 한 칸을 통째로 대여한다. 프리미어리그 클럽들은 보통 일등석 칸을 전세 내어 이용한다. 하지만 일반 승객과 동선이 겹치진 않는다. 선수단을 태운 버스가 아예 기차가 정차해 있는 플랫폼까지 진입할 수 있도록 기차역 측에서 배려해주기 때문이다. 버스에서 내리자마자 곧바로 기차로 옮겨 타니 일반 승객과 프리미어리그 스타플레이어들이 복잡한 역사 안에서 마주칠 일은 없다.

전용 비행기도 가끔 이용하긴 하지만 전용기 자체가 워낙 소형 비행기인 탓에 선수들이 선호하지 않는다. 36인용 프로펠러 비행기가 보통인데 기체가 워낙 작아서 기류 변화 때마다 비행기가 아예 추락하는 듯이 흔들려서 선수들이 가장 피하려고 하는 원정 이동수단이다. 구단에서는 장거리 원정에 앞서 선수들에게 이동 수단을 결정할 수 있도록 의견을 물어보는데 선수들은 백이면 백 기차를 선택한다고 한다.

원정, 아무리 늦게 끝나도 반드시 귀가한다

하루 전날 출발해 원정 경기장으로부터 가까운 곳의 호텔에서 1박을 한다. 보통 오전 훈련을 끝마치고 원정길에 나서는데, 이동 후 원정지 숙소에 도착한 뒤 휴식을 취한다. 경기 당일에는 경기 전 별도 훈련 없이 숙소에서 휴식을 취하고 난 후 경기 킥오프 한 시간 반 전 경기장에 도착해서 경기 직전 워밍업을 하고 경기에 나선다. 경기를 마친 뒤에는 곧바로 짐을 싸서 귀가한다. 통상적으로는 원정지에서 개별 귀가도 가능하다. 아무리 밤 늦게 경기가 끝나도 반드시 귀가한다. 선수단 화합보다 가족과 함께하는 휴식이 더 중요하다고 생각하기 때문이다.

 ★ 역사상 가장 비싼 축구 기념품

오랜 역사만큼이나 영국에는 축구 관련 기념품 경매가 활발하다. 영국인 특유의 역사적 의미 부여를 사랑하는 민족적 취향도 그들만의 경매를 부추기는 요인이 된다. 지금까지 영국 축구 역사상 가장 비싸게 거래되었던 경매 톱3 기념품을 소개한다.

1위 : 가장 오래된 FA컵 우승 트로피 (1896~1910)

낙찰가＝8억2,300만 원

현존 최고(最古) FA컵 우승 트로피가 2005년 경매에서 8억2,300만 원에 낙찰되면서 세계신기록을 세웠다. 본 우승 트로피는 1896년부터 1910년까지 FA컵 대회에서 실제로 사용된 진품이다. 낙찰자는 웨스트 햄 유나이티드의 공동 구단주 중 한 명인 데이비드 골드였다. 골드는 기록적인 입찰 이유를 "FA컵은 영국 축구의 상징이자 영혼이다. 외국인 수집가에게 낙찰되어 이 귀중한 국가 유산이 해외로 빠져나가는 일은 절대로 벌어져선 안 된다고 생각했다"라고 설명했다. 골드는 낙찰한 우승 트로피를 프레스턴에 위치한 축구박물관에 기증했다. 진정한 축구 애국자다.

2위 : 알란 볼의 1966년 월드컵 우승 메달

낙찰가=2억8,400만 원

2007년 작고한 잉글랜드 월드컵 영웅 알란 볼이 1966년 잉글랜드 월드컵 우승 당시 받았던 진품 우승 메달이다. 해외 팬들에겐 당시 우승 멤버 중 보비 무어, 제프 허스트 등이 유명하지만 잉글랜드 국내에선 볼이야말로 진정한 월드컵 우승의 영웅으로 칭송 받고 있다. 현역 시절 활약했던 에버턴의 홈구장 구디슨 파크 입구에는 볼의 동상이 서있다. 2005년 자금난을 겪은 손자 가족이 할아버지를 설득해 이 메달을 경매에 내놓았다는 약간 우울한 배경이 담긴 낙찰가 기록이다.

3위 : 1970년 월드컵 결승전 당시 펠레가 입었던 유니폼

낙찰가=2억7,100만 원

현존하는 가장 비싼 축구 유니폼의 주인공은 역시 '축구 황제' 펠레. 1970년 월드컵 결승전에서 펠레가 입고 뛴 노란색 브라질 대표팀 유니폼(등번호 10번)이 경매에 부쳐진 결과 2억7,100만 원이라는 기록적인 낙찰가를 기록했다. 당시 브라질은 이탈리아를 펠레의 선제 헤딩골을 시작으로 4-1로 대파하

며 줄리메컵을 영구 소장하게 되었다. 당시 경기에서 카를로스 알베르토가

넣었던 팀의 네 번째 골은 축구 역사상 가장 아름다운 골로 추앙 받는다.

5. 생애 첫 트로피

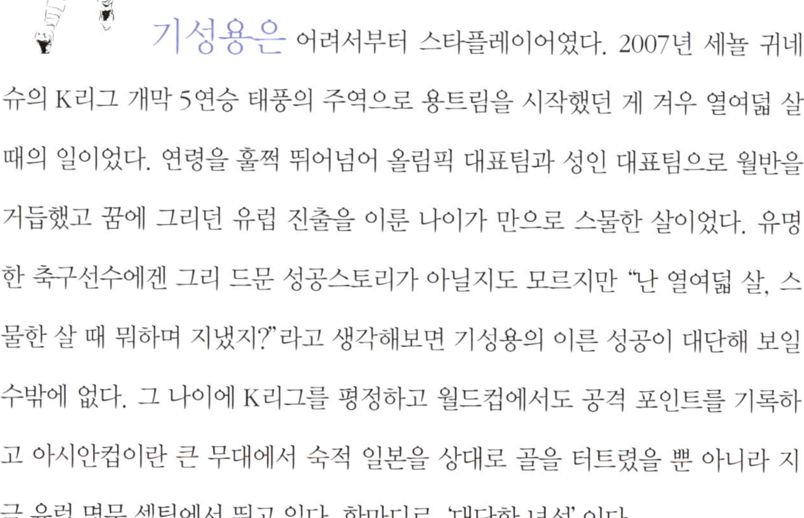

기성용은 어려서부터 스타플레이어였다. 2007년 세뇰 귀네슈의 K리그 개막 5연승 태풍의 주역으로 용트림을 시작했던 게 겨우 열여덟 살 때의 일이었다. 연령을 훌쩍 뛰어넘어 올림픽 대표팀과 성인 대표팀으로 월반을 거듭했고 꿈에 그리던 유럽 진출을 이룬 나이가 만으로 스물한 살이었다. 유명한 축구선수에겐 그리 드문 성공스토리가 아닐지도 모르지만 "난 열여덟 살, 스물한 살 때 뭐하며 지냈지?"라고 생각해보면 기성용의 이른 성공이 대단해 보일 수밖에 없다. 그 나이에 K리그를 평정하고 월드컵에서도 공격 포인트를 기록하고 아시안컵이란 큰 무대에서 숙적 일본을 상대로 골을 터트렸을 뿐 아니라 지금 유럽 명문 셀틱에서 뛰고 있다. 한마디로 '대단한 녀석'이다.

하지만 한 가지 기성용에게 부족한 게 있었으니 바로 우승 트로피다. 2006년 프로 1군에 등록된 이래로 기성용은 지금까지 우승 메달, 우승 반지, 우승 트로피 등 진정한 성공의 상징을 손에 쥐어본 적이 한 번도 없었다. 한 시즌 동안 우승을 몇 번이나 하느냐가 관심의 대상인 스코틀랜드 리그 절대강자 셀틱으로 갔을 때만 해도 기성용은 생애 첫 우승 감격을 이룰 것처럼 보였지만 세상 일이 꼬여도 이렇게 꼬일 수가 없었다. 시즌 도중 합류했던 2009/2010시즌 리그 2위, 스코티시컵 4강, 리그컵 8강으로 무관에 그쳤다. 2010/2011시즌에도 리그에서 레인저스와 치열한 사투를 벌인 끝에 결국 2위, 리그컵 결승전에선 레인저스에 막판 결승골을 내주며 준우승에 머물렀다. 시

셀틱 파크 내부에 있는 VIP 접견실에서 기성용 인터뷰를 끝내고 한 컷.

즌 최종전 마더웰과의 스코티시컵 결승전 한 경기만 남겨놓은 상황이다. 기성용이 과연 프로 데뷔 이래 첫 우승을 안을 수 있을까?

2011년 5월 19일, 오랜만에 글래스고의 셀틱 파크를 찾았다. 이틀 후 햄든 파크에서 벌어질 마더웰과 셀틱 간의 스코티시컵 결승전을 위한 미디어 데이 행사가 있었고, 한두 달 전부터 셀틱 측과 시기를 조율해왔던 기성용의 단독 인터뷰가 바로 이날 잡혔기 때문이다. 셀틱의 언론담당관은 이메일을 보내와 "이날 경기장에서 겸사겸사 인터뷰까지 진행합시다"라는 기쁜 소식을 전해왔다. 결승전에 임하는 닐 레넌 감독의 각오부터 기성용의 단독 인터뷰까지 한꺼번에 처리할 수 있는 '누이 좋고 매부 좋고'의 출장이 되었다.

스코티시컵 결승전 직전 셀틱 팬들의 카드섹션이 눈길을 끈다(위). 기성용의 생애 첫 트로피를 안겨준 스코티시컵. 우승컵을 들고 서포터즈석으로 가는 셀틱 선수들(아래).

인터뷰는 셀틱 파크 내부에 있는 VIP 접견실에서 이루어졌다. 고풍스러운 목조 인테리어를 기본으로 수많은 우승 트로피들이 장식되어 있는 공간이었다. 아름답지만 이런 이질적인 공간에서 한국인 선수와 기자가 얼굴을 마주하고 인터뷰를 진행하는 광경은 대단히 흥미로울 수밖에 없다. 이런 게 바로 축구 시장의 세계화가 아닌가 싶은 생각마저 들었다. 훈련을 마치고 트레이닝복 차림으로 온 기성용의 표정은 밝았다. 아무리 프로 6년차의 중고참이라고 해도 그는 여전히 대학생 나이밖에 되지 않는 젊은 선수이다. 신세대답게 어떤 질문을 받아도 가장 적당한 모범답안을 찾기 위해 각종 접속사와 두리뭉실한 표현으로 대답에 뜸을 들이는 그런 모습은 전혀 찾아볼 수 없었다. 자신의 생각을 솔직하고 깔끔하게, 그리고 당당하게 밝힌다.

"레인저스와 경기가 너무 재미있어요. 많은 관중들의 응원이 재미있고, 전혀 새로운 경험이에요. 레인저스랑은 6경기를 뛰었는데요, 경기가 치열한 덕분에 오히려 저를 알릴 수 있는 계기가 된 것 같아요. 다른 팀과의 경기보다 선수들이 정신적으로 육체적으로 강해집니다. SPL에 그 정도 팀이 2~3팀만 더 있다면

EPL만큼 재미있는 리그가 될 수 있을 텐데 라는 아쉬움도 생겨요."

'전쟁', '혈투' 등의 섬뜩한 표현으로 불리는 올드 펌을 기성용은 "재미있다"라고 표현했다. 이런 젊고 능력 있는 친구와의 인터뷰는 언제나 즐겁다.

변덕스러운 날씨가 며칠째 이어지고 있던 터라 결승전 당일인 5월 21일의 글래스고 하늘에서는 굵은 비가 그치지 않았다. 아침만 하더라도 해가 떠 있었지만 경기 시간이 다가오자 갑자기 어디선가 나타난 시커먼 먹구름이 햄든 파크 상공을 뒤덮고 있었다. 그러나 그런 우울한 날씨가 셀틱 팬들의 우승을 향한 기대까지 어둡게 만들 순 없어 보였다. 영국 축구의 역사를 상징하는 햄든 파크 주변에서 만날 수 있었던 셀틱 팬들의 얼굴에는 스코티시 프리미어리그와 리그컵 결승전에서 레인저스에게 당했던 상처를 이번 스코티시컵 결승전에서 치유할 수 있으리라는 기대감으로 충만했다. 5만 2천여 명을 수용할 수 있는 아름다운 햄든 파크의 녹색 잔디 위로 양팀 선수들이 올라가 몸을 풀기 시작했다. 당당히 선발 명단에 이름을 올린 기성용도 특유의 앳된 얼굴에 옅은 미소를 띠운 채 길다란 팔과 다리를 움직이며 결승전을 준비하고 있었다. 스코틀랜드 전통의상인 퀼트체크 무늬의 남자용 치마 차림의 연주자가 부는 백 파이프 리듬에 맞춰 양팀 선수들이 긴장된 발걸음을 전장을 향해 옮겼다. 드디어 결승전이다.

객관적 전력에서 월등히 앞서는 셀틱이었지만 마더웰의 초반 압박이 대단했다. 마더웰 선수들의 저돌적인 몸싸움에 밀려 셀틱은 좀처럼 자기만의 팀 플레이 리듬을 타지 못했다. 자기 선수들의 선전에 힘입은 마더웰의 서포터즈 응원 소리가 덩달아 커진 햄든 파크의 내부 분위기는 마치 지지리도 풀리는 일이 없는 올 시즌 셀틱의 불운을 대변하는 것처럼 보였다. 초조함이 감돌던 전반 32분, 아크 정면에서 셀틱의 크리스 커먼스가 수비수들이 자기 쪽으로 쏠리자 왼쪽에 있던 기성용에게 횡패스를 내줬다. 수비수들이 미처 자기 자리를 찾지 못한 덕분에 기성용의 앞으로 널찍한 공간이 열렸다. 누가 봐도 완벽한 슈팅 타이밍이었다. 그의 긴 왼쪽 다리가 뒤쪽에서 앞 방향으로 바람을 가르며 돌아갔고, 그의 발을 떠난 볼은 마더웰의 왼쪽 골대와 골키퍼 사이를 정확히 꿰뚫어 골네트가 잔뜩 머금고 있던 빗물을 힘차게 털어냈다. 불안하게 흐르는 분위기에 쐐기를 박은 것은 물론 이 한 방으로 셀틱은 자신감을 얻었고 마더웰에겐 좌절감을 안겨줬다. 단순히 한 골 이상의 골.

결국 기성용의 환상적인 중거리포로 분위기 반전을 만든 셀틱은 후반전 두 골을 보태 3-0으로 승리했다. 경기 종료 휘슬이 울리자 벤치에 있던 차두리가 뛰어나가 기성용을 끌어안으며 어린 후배의 생애 첫 우승을 축하해줬다. 기자석에서 꽤 멀리 떨어져있는 탓에 경기 후 기성용과 차두리 두 명의 동선을 따라가느라 미간을 잔뜩 찌푸려야 했다. 이날 경기를 영국 전역으로 TV생중계했던 〈스카이스포츠〉의 리포터와 TV카메라가 부산한 걸음으로 그라운드 주변에서 움직이더니 기성용을 붙잡았다. '맨 오브 더 매치'로 기성용이 선정되었다는 사실을 직감할 수 있었다. 〈스카이스포츠〉 측에서 기성용이 영어가 가능하다는 사실을 알았기 때문에 가능한 현장 직격 인터뷰인 셈이었다. 통역 없이 그라운드 위에서 기성용은 영어로 자신의 생애 첫 우승 소감을 전달했고 인터뷰가 끝나자 리포터는 기성용에게 엄지손가락을 세워 보이는 모습이 멀리서 보였다.

우승 트로피 증정, 세리머니, 하늘 높이 치솟았다가 반짝거리며 떨어지는 색종이 조각들이 기성용의 우승을 축하해줬다. 곧장 공동취재구역으로 내려갔다. 물론 기성용을 기다리는 것은 나뿐만이 아니었다. 현지 취재진도 우승의 주역, 심지어 영어까지 유창한 기성용을 마다할 리가 없기 때문이다. 하지만 한 시간이 넘도록 기성용은 나올 줄을 몰랐다. 양팀의 모든 선수들은 이미 경기장을 빠져나가 구단 버스에 탑승한 상황이었다. 셀틱의 언론담당관이 나타나 취재진에게 "키Ki, 지금 버스에 탄 것 같은데요"라는 청천벽력 같은 소리를 하는 게 아닌가. 다들 어리둥절하며 서로의 얼굴을 쳐다보던 바로 그때 거짓말처럼 문이 열리면서 기성용이 나타났다. 언론담당관도 현장에서 기성용을 놓치는 바람에 버스에 탔다고 착각한 것이다. 기성용은 생글생글 웃으면서 다가와 인사를 했다. 이런 어메이징한 녀석 같으니라고!

"프로에 와서 첫 우승이라 뜻깊죠. 거기에서 제가 골까지 넣어 너무 감격스러워요. 우승은 이제 시작일 뿐이에요. 다음 시즌에는 더 많은 우승 트로피를 들어올려야죠. 차두리 형도 함께 뛰었으면 더 행복했을 텐데……."

너무 많은 인터뷰를 소화하다 보니 레넌 감독을 비롯해 선수단 전원이 버스에 이미 탑승해있는 상태에서 기성용 혼자만 달랑 남아있던 상황인지라 오래 붙잡고 있을 수가 없었다. 하지만 커다란 키에 뽀얀 피부, 그리고 양쪽 귀에 달린 그의 미소를 보며 스물세 살 축구 청년의 프로 데뷔 첫 우승을 축하해주고 싶은 마음에는 변함이 없었다.

★ 스코틀랜드 축구의 심장 '햄든 파크'

햄든 파크는 스코틀랜드축구협회 소유의 국립축구경기장이다. '축구 성지'로 일컬어지는 잉글랜드의 웸블리 스타디움과 같은 존재라고 생각하면 된다. 1903년 개장 당시부터 1950년 브라질의 마라카낭이 개장하기 전까지 반세기 가까이 세계 최대 축구 경기장의 위용을 자랑했다. 이곳에서 열린 최초의 스코티시컵 결승전은 1904년 벌어진 올드 펌이었는데 당시 64,672명의 관중을 동원했다. 입석이 존재했던 덕분에 햄든 파크의 관중 동원 기록은 대단하다. 1908년 스코틀랜드와 잉글랜드의 A매치에서는 121,452명의 관중이 기록되었고, 1937년 셀틱과 에버딘의 스코티시컵 결승전 공식 관중수는 무려 147,365명이었다. UEFA 챔피언스리그 역사상 가장 화려한 결승전으로 일컬어지는 1960년 레알 마드리드와 아인라흐트 프랑크푸르트의 맞대결에는 13만 명이 들어왔는데 그 중 한 명이 바로 '축구 소년' 알렉스 퍼거슨이었다. 1992년 스코티시 리그컵 결승전을 마지막으로 입석(테라스)이 금지되어 햄든 파크는 전좌석 경기장으로 탈바꿈해 현재의 52,000명 수용으로 안착했다. 2002년 UEFA챔피언스리그 결승전에서 지네딘 지단의 그 유명한 발리슛이 터진 곳도 바로 이곳 햄든 파크였다. 당시 독일의 바이에르 레버쿠젠을 상대로 지단은 왼쪽 측면에서 로베르토 카를로스가 높이 올려준 크로스가 거의 수직으로 떨어지는 것을 아크 정면에서 그대로 왼발 발리슛을 쏴 레버쿠젠의 골망을 흔들었다. 이 골은 1970년 FIFA 월드컵 결승전에서 기록된 브라질의 네 번째 골과 함께 축구 역사상 가장 아름다운 골로 추앙받고 있다. 글래스고 지역에서 햄든 파크는 워낙 상징적인 존재로 통용되다 보니 일상생활 속에서도 그 흔적을 쉽게 발견할 수 있다. 글래스고에서 "햄든 어떤가요?"라는 질문은 "지금 스코어가 몇 대 몇이죠?" 또는 "잘 지내세요?"라는 뜻의 인사말로 통한다.

★ 축구 경기에서는 바로 이 영어!

외국 축구 경기를 보면 경기 중 "패스!", "앞으로 나가!" 등의 짧고 명확한 표현들을 듣게 된다. 축구 경기에서만 '엉뚱하게' 통용되는 영어 표현을 소개한다.

Back door!

자기 앞에 있는 동료에게 볼을 뒤로 빼서 패스하라는 뜻이다. 앞에서 상대팀 선수와 마주하고 있는 동료의 뒤통수를 향해 이렇게 소리지르면 "야, 볼 뒤로 빼" 또는 "뒤에 있어!"라는 소리가 된다.

Feet!

공간이 아니라 발 앞으로 패스를 달라는 뜻이다.

Hold it!

그나마 뜻을 알 수 있는 표현이다. 상대 진영에서 볼을 갖고 고립된 동료에게 "볼 지켜!", "기다려!"라고 소리치는 것이다. 주로 9번 공격수(타깃맨)를 향해 동료들이 공격 진영으로 뛰어들어가면서 이렇게 소리친다. 경기 중 이 소리를 가장 많이 내뱉는 주인공은 당연히 감독이다.

Leave it!

경기 중 한창 흥분한 동료에게 다가가 "야, 잊어"라고 말해줄 필요가 있을 때 사용할 수 있는 말이다. 상대팀 선수와 말다툼을 벌이거나 자신의 실수에 집착해 안절부절못하는 동료에게 "야, 빨리 잊어버리고 경기에 집중해!"라고 말할 때 이 말 한마디를 툭 던져준다.

Stand Up!

앉아있지 말고 서라고? 아니다. 공격 당하고 있는 자기 수비수에게 경솔하게 태클이나 맨투맨 방어를 하지 말고 자기 포지션을 지키고 서있으라는 뜻이다. 당연히 테크니컬 에어리어에서 양팔을 휘두르며 고래고래 소리치는 감독이 주로 사용하는 말이다. 우리 식으로 하면 "자리 지켜!" 정도가 된다.

Off!

"퇴장시켜!"라는 뜻이다. 원정팀 선수가 레드카드가 나올 만한 거친 반칙을 범하면 홈팀 관중은 일제히 "Off! Off! Off!"를 외치며 심판을 압박한다. TV 중계를 보다 보면 백태클이나 양발 태클이 나오는 장면에서 관중 현장음을 잘 보시라.

Bang it!

사전적 의미대로 슈팅 찬스가 열릴 때 "때려!"라는 의미다. 'Bang'이란 단어는 보통 있는 힘껏 볼을 때렸을 때 사용된다. 비슷한 뜻으로 'Hit it!', 'Shoot!' 등이 있다.

I'm in.

코너킥이나 프리킥 공격시 동료에게 다가가 이 말을 하면 "내가 페널티박스 안으로 들어갈게"라는 뜻이다. 즉, 내가 페널티박스 안으로 들어갈 테니 나를 향해 크로스를 보내라는 의지 표현이다.

Man on!

동료를 향해 "야, 저 자식 막아!"라고 소리칠 때 사용하는 표현이다.

- Square pass/ball : 횡패스.

- Dressing room : 선수 탈의실. 영국에서는 '로커룸' 대신 이 표현을 많이 사용한다.

- Ref : 심판(Referee)의 준말. 경기 중 "레프!"라고 소리치는 선수들을 자주 볼 수 있다.

- Hospital ball : 동료를 위험에 빠트리는 엉성한 패스.

- Tiki-taka football : FC바르셀로나처럼 숏패스를 정교하게 연결시키는 패싱 게임.

- Bus-parking : 골대 앞에 버스를 주차시켜놓은 듯한 밀집수비 스타일. 스토크 시티가 유명하다.

- Put everybody behind the ball : 전원수비를 펼치다.

- Laces : '레이스'라고 하면 약간 야한 어감이지만 영어에서는 축구화 끈 또는 끈이 덮여있는 발등 부위를 의미한다.

부족한 기억을 채워 넣기 위해서 선반을 채우고 있던 영국 시절 자료를 뒤적거렸다. 현장에 갔었던 경기의 매치데이 프로그램과 출전명단, 스크랩해놓은 신문들이 오랜만에 책상 위에 펼쳐졌다. 두툼한 서류 봉투가 있어 내용물을 확인해보니 기자수첩들이었다. 마치 평생 잊고 살다가 이삿날에야 갑자기 나타나는 어릴 적 일기장과 만난 기분이었다. 영국에서 프리미어리그를 취재할 시절 들고 다녔던 수첩에는 그날 그날의 포메이션과 경기 상황 등이 깨알 같이 적혀 있었다. 어떤 감독이 무슨 말을 했는지, 박지성이 골을 넣고 무슨 말을 했는지 등등이 어지럽게 무질서하게 휘갈겨져 있었다. 지금도 회자되는 명승부 메모가 있었는가 하면 어떤 메모는 "내가 왜 이런 경기까지 갔었지?"라는 생각이 들 정도로 기억에서 깨끗이 삭제된 경우도 있었다. 진한 점, 옅은 점, 다양한 점들이 모여 프리미어리그 취재기의 선이 되었다.

영국 축구 무대에 도전장을 내민 한국인 축구선수들도 마찬가지라는 생각이

들었다. 어떤 선수는 영국에서만 벌써 7년째 뛰고 있는가 하면 리그를 떠난 선수, 새롭게 뛰어든 선수 등이 제각각 나름대로의 족적을 남겼고, 그 흔적이 이어져 프리미어리그에서 한국 축구의 자리를 지키고 있다. 모든 축구 선수가 그렇듯 모든 경기에서 항상 최고의 경기력을 보일 순 없는 노릇이다. 아무리 아시아 축구의 슈퍼스타라고 해도 박지성 역시 어떤 경기에선 평점 4점을 받기도 한다. 위가 있으면 아래가 있고, 부浮가 있으면 침沈이 있다. 중요한 건 선이 계속 이어지고 있다는 사실이다.

이야기를 풀기 시작하면서도 새로운 프리미어리거가 탄생했다. 약관의 지동원이 선덜랜드로, 국가대표팀 주장 박주영이 아스널로 날아갔다. 영국 무대에 도전하는 한국 선수들은 다른 국가 출신의 선수들에 비해 히트율이 이상하리만치 높다. 예전 같으면 '유럽 중소 리그에서 경험을 쌓은 다음 프리미어리그로 가야 한다' 라는 조언이 있었지만 이젠 프리미어리그 스카우트들이 먼저 그런 과정을 생략한 채 K리그 선수를 데려간다. 끊어지나 싶다가도 여지없이 또 다른 도전자가 날아와 보란 듯이 선을 잇는다. 이어지고 또 이어진다. 뿌리도 내리지 못한 채 금방 쫓겨나는 선수들이 훨씬 더 많은 치열한 프리미어리그에서 한국인 선수들은 도전도 잘하고 적응도 잘한다. 덕분에 한반도에 있는 축구 팬들은 자야 할 시간에 TV 앞에 앉아있어야 하지만 그런 수고와 번거로움 쯤이야 기꺼이 감수한다.

솔직히 프리미어리그에서 한국인 선수의 명맥이 이렇게 이어질 줄 몰랐다. 영국의 고된 기차 여행을 버텨가면서 우리는 "지금이야 한국 선수들이 있으니 다행이지 다들 떠나고 나면 프리미어리그도 별 것 아닐 거야"라며 자조 섞인 대화를 자주 나눴다. 90년대말 일상 속에서 미국 메이저리그의 LA다저스가 얼마나 큰 사랑을 받았는가. 토미 라소다 감독은 대한민국 공식 '영감님' 이었고, LA 다저스는 '국민 야구팀' 이었지만 박찬호가 다저스를 떠나 쇠락의 길을 걷기 시작하자 국내에서 메이저리그의 인기도 급락했다. 박지성이 떠나면 당연히 프리미어리그에 대한 관심도 낮아질 거라고 생각했다. 그러나 박지성의 롱런과 함께 후배들이 속속 도전장을 내밀었고 성공을 장식했다. 플레이 스타일상 영국보다는 스페인이나 이탈리아가 적합할 것 같았던 이청용이 터트린 기대 이상의 대박으로 여전히 프리미어리그는 한국 팬들의 관심 대상 1호 스포츠 콘텐츠로서의 자리를 굳건히 하고 있다.

한국 축구 역사상 최고의 슈퍼스타 박지성, 세계 축구 역사상 가장 위대한 축구팀 중 하나인 FC바르셀로나, 그리고 신선계神仙界에서 강림한 듯한 리오넬 메시와 크리스티아누 호날두에 이르기까지 위대한 영웅들의 전성기를 생생히 즐기고 있는 2012년 대한민국 축구 팬들은 어쩌면 최고의 행운아들일지 모른다. 전세계 최고의 프로축구리그를 누비는 한국인 프리미어리거들의 활약을 지금 이 순간 마음껏 즐기자.